清华大学电子工程系核心课系列教材

Introduction of Electronic Information Science and Technology

电子信息科学与技术导引

王希勤　黄翊东　李国林　葛　宁
马洪兵　吴　及　王昭诚　王生进　编著

清华大学出版社
北京

内 容 简 介

本书全面系统地阐述电子信息科学与技术知识体系的七个层次：场与电荷载体、电势与电路、比特与逻辑、程序与处理器、数据与算法、数据包与网络、媒体与认知，展示知识体系七个层次之间的内在关联性和每个层次内部的基本问题，突出知识体系的全面性和系统性，构建了电子信息科学与技术知识体系的核心框架，使得电子信息学科的课程知识安排有了清晰的脉络主线，为相关核心课程的建设提供了理论依据。通过本课程的学习，新生、读者将初步建立电子信息学科知识的核心概念，理解课程体系设置的背景，有助于自主安排后续专业课程的选修及确立未来的研究方向。

本书针对电子信息相关专业本科生和研究生、电子信息相关领域工程师，具有高中毕业水平的电子信息爱好者。本书是电子信息学科学生、读者的入门 MAP 指引型教材。

本书封面贴有清华大学出版社防伪标签，无标签者不得销售。
版权所有，侵权必究。举报：010-62782989，beiqinquan@tup.tsinghua.edu.cn。

图书在版编目(CIP)数据

电子信息科学与技术导引/王希勤等编著. —北京：清华大学出版社，2021.1(2025.1重印)
清华大学电子工程系核心课系列教材
ISBN 978-7-302-55128-7

Ⅰ. ①电… Ⅱ. ①王… Ⅲ. ①电子信息—高等学校—教材 Ⅳ. ①G203

中国版本图书馆 CIP 数据核字(2020)第 047969 号

责任编辑：文　怡
封面设计：王昭红
责任校对：梁　毅
责任印制：沈　露

出版发行：清华大学出版社
　　　　网　　址：https://www.tup.com.cn，https://www.wqxuetang.com
　　　　地　　址：北京清华大学学研大厦 A 座　　　邮　编：100084
　　　　社 总 机：010-83470000　　　　　　　　　邮　购：010-62786544
　　　　投稿与读者服务：010-62776969，c-service@tup.tsinghua.edu.cn
　　　　质量反馈：010-62772015，zhiliang@tup.tsinghua.edu.cn
　　　　课件下载：https://www.tup.com.cn，010-83470236
印 装 者：三河市龙大印装有限公司
经　　销：全国新华书店
开　　本：185mm×260mm　　印　张：13.25　　字　数：317 千字
版　　次：2021 年 1 月第 1 版　　　　　　　　 印　次：2025 年 1 月第 6 次印刷
印　　数：4601～4900
定　　价：49.00 元

产品编号：086740-01

丛 书 序

作者简介

　　王希勤,清华大学电子工程系教授,清华大学常务副校长。长期从事信号处理理论、算法和系统实现方面的研究。2006年任电子工程系主任,发起并主持系教学改革,深入研究电子信息科学与技术知识体系,并推动新课程体系建设,获2012年北京市高等教育教学成果一等奖。

清华大学电子工程系经过整整十年的努力，正式推出新版核心课系列教材。这成果来之不易！在这个时间节点重新回顾此次课程体系改革的思路历程，对于学生，对于教师，对于工程教育研究者，无疑都有重要的意义。

一

高等电子工程教育的基本矛盾是不断增长的知识量与有限的学制之间的矛盾。这个判断是这批教材背后最基本的观点。

当今世界，科学技术突飞猛进，尤其是信息科技，在20世纪独领风骚数十年，至21世纪，势头依然强劲。伴随着科学技术的迅猛发展，知识的总量呈现爆炸性增长趋势。为了适应这种增长，高等教育系统不断进行调整，以把更多新知识纳入教学。自18世纪以来，高等教育响应知识增长的主要方式是分化：一方面延长学制，从本科延伸到硕士、博士；一方面细化专业，比如把电子工程细分为通信、雷达、图像、信息、微波、线路、电真空、微电子、光电子等。但过于细化的专业使得培养出的学生缺乏处理综合性问题的必要准备。为了响应社会对人才综合性的要求，综合化逐步成为高等教育的主要趋势，同时学生的终身学习能力成为关注的重点。很多大学推行宽口径、厚基础本科培养，正是这种综合化趋势使然。通识教育日益受到重视，也正是大学对综合化趋势的积极回应。

清华大学电子工程系在20世纪80年代有九个细化的专业，20世纪90年代合并成两个专业，2005年进一步合并成一个专业，即"电子信息科学类"，与上述综合化的趋势一致。

综合化的困难在于，在有限的学制内学生要学习的内容太多，实践训练和课外活动的时间被挤占，学生在动手能力和社会交往能力等方面的发展就会受到影响。解决问题的一种方案是延长学制，比如把本科定位在基础教育，硕士定位在专业教育，实行五年制或六年制本硕贯通。这个方案虽可以短暂缓解课程量大的压力，但是无法从根本上解决知识爆炸性增长带来的问题，因此不可持续。解决问题的根本途径是减少课程，但这并非易事。减少课程意味着去掉一些教学内容。关于哪些内容可以去掉，哪些内容必须保留，并不容易找到有高度共识的判据。

探索一条可持续有共识的途径，解决知识量增长与学制限制之间的矛盾，已是必需，也是课程体系改革的目的所在。

二

学科知识架构是课程体系的基础，其中核心概念是重中之重。这是这批教材背后最关键的观点。

布鲁纳特别强调学科知识架构的重要性。架构的重要性在于帮助学生利用关联性来理解和重构知识；清晰的架构也有助于学生长期记忆和快速回忆，更容易培养学生举一反三的迁移能力。抓住知识架构,知识体系的脉络就变得清晰明了,教学内容的选择就会有公认的依据。

核心概念是知识架构的汇聚点,大量的概念是从少数核心概念衍生出来的。形象地说,核心概念是干,衍生概念是枝、是叶。所谓知识量爆炸性增长,很多情况下是"枝更繁、叶更茂",而不是产生了新的核心概念。在教学时间有限的情况下,教学内容应重点围绕核心概念来组织。教学内容中,既要有抽象的概念性的知识,也要有具体的案例性的知识。

梳理学科知识的核心概念,这是清华大学电子工程系课程改革中最为关键的一步。办法是梳理自1600年吉尔伯特发表《论磁》一书以来,电磁学、电子学、电子工程以及相关领域发展的历史脉络,以库恩对"范式"的定义为标准,逐步归纳出电子信息科学技术知识体系的核心概念,即那些具有"范式"地位的学科成就。

围绕核心概念选择具体案例是每一位教材编者和教学教师的任务,原则是具有典型性和时代性,且与学生的先期知识有较高关联度,以帮助学生从已有知识出发去理解新的概念。

三

电子信息科学与技术知识体系的核心概念是:信息载体与系统的相互作用。这是这批教材公共的基础。

1955年前后,斯坦福大学工学院院长特曼和麻省理工学院电机系主任布朗都认识到信息比电力发展得更快,他们分别领导两所学校的电机工程系进行了课程改革。特曼认为,电子学正在快速成为电机工程教育的主体。他主张彻底修改课程体系,牺牲掉一些传统的工科课程以包含更多的数学和物理,包括固体物理、量子电子学等。布朗认为,电机工程的课程体系有两个分支,即能量转换和信息处理与传输。他强调这两个分支不应是非此即彼的两个选项,因为它们都基于共同的原理,即场与材料之间相互作用的统一原理。

场与材料之间的相互作用,这是电机工程第一个明确的核心概念,其最初的成果形式是麦克斯韦方程组,后又发展出量子电动力学。自彼时以来,经过大半个世纪的飞速发展,场与材料的相互关系不断发展演变,推动系统层次不断增加。新材料、新结构形成各种元器件,元器件连接成各种电路,在电路中,场转化为电势(电流电压),"电势与电路"取代"场和材料"构成新的相互作用关系。电路演变成开关,发展出数字逻辑电路,电势二值化为比特,"比特与逻辑"取代"电势与电路"构成新的相互作用关系。数字逻辑电路与计算机体系结构相结合发展出处理器(CPU),比特扩展为指令和数据,进而组织成程序,"程序与处理器"取代"比特与逻辑"构成新的相互作用关系。在处理器基础上发展出计算机,计算机执行各种算法,而算法处理的是数据,"数据与算法"取代"程序与处理器"构成新的相互作用关系。计算机互联出现互联网,网络处理的是数据包,"数据包与网络"取代"数据与算法"构成新的相互作用关系。网络服务于人,为人的认知系统提供各种媒体(包括文本、图片、音视频等),"媒体与认知"取代"数据包与网络"构成新的相互作用关系。

以上每一对相互作用关系的出现,既有所变,也有所不变。变,是指新的系统层次的出现和范式的转变;不变,是指"信息处理与传输"这个方向一以贯之,未曾改变。从电子信息的角度看,场、电势、比特、程序、数据、数据包、媒体都是信息的载体;而材料、电路、逻辑(电路)、处理器、算法、网络、认知(系统)都是系统。虽然信息的载体变了,处理特定的信息载体的系统变了,描述它们之间相互作用关系的范式也变了,但是诸相互作用关系的本质是统一的,可归纳为"信息载体与系统的相互作用"。

上述七层相互作用关系,层层递进,统一于"信息载体与系统的相互作用"这一核心概念,构成了电子信息科学与技术知识体系的核心架构。

四

在核心知识架构基础上,清华大学电子工程系规划出十门核心课:电动力学(或电磁场与波)、固体物理、电子电路与系统基础、数字逻辑与CPU基础、数据与算法、通信与网络、媒体与认知、信号与系统、概率论与随机过程、计算机程序设计基础。其中,电动力学和固体物理涉及场和材料的相互作用关系,电子电路与系统基础重点在电势与电路的相互作用关系,数字逻辑与CPU基础覆盖了比特与逻辑及程序与处理器两对相互作用关系,数据与算法重点在数据与算法的相互作用关系,通信与网络重点在数据包与网络的相互作用关系,媒体与认知重点在媒体和人的认知系统的相互作用关系。这些课覆盖了核心知识架构的七个层次,并且有清楚的对应关系。另外三门课是公共的基础,计算机程序设计基础自不必说,信号与系统重点在确定性信号与系统的建模和分析,概率论与随机过程重点在不确定性信号的建模和分析。

按照"宽口径、厚基础"的要求,上述十门课均被确定为电子信息科学类学生必修专业课。专业必修课之前有若干数学、物理基础课,之后有若干专业限选课和任选课。这套课程体系的专业覆盖面拓宽了,核心概念深化了,而且教学计划安排也更紧凑了。近十年来清华大学电子工程系的教学实践证明,这套课程体系是可行的。

五

知识体系是不断发展变化的,课程体系也不会一成不变。就目前的知识体系而言,关于算法性质、网络性质、认知系统性质的基本概念体系尚未完全成型,处于范式前阶段,相应的课程也会在学科发展中不断完善和调整。这也意味着学生和教师有很大的创新空间。电动力学和固体物理虽然已经相对成熟,但是从知识体系角度说,它们应该覆盖场与材料(电荷载体)的相互作用,如何进一步突出"相互作用关系"还可以进一步探讨。随着集成电路的发展,传统上区分场与电势的条件,即电路尺寸远小于波长,也变得模糊了。电子电路与系统或许需要把场和电势的理论相结合。随着量子计算和量子通信的发展,未来在逻辑与处理器和通信与网络层次或许会出现新的范式也未可知。

工程科学的核心概念往往建立在技术发明的基础之上,比如目前主流的处理器和网络分别是面向冯·诺依曼结构和TCP/IP协议的,如果体系结构发生变化或者网络协议发生变化,那么相应地,程序的概念和数据包的概念也会发生变化。

这套课程体系是以清华大学电子工程系的教师和学生的基本情况为前提的。兄弟院校可以参考,但是在实践中要结合自身教师和学生的情况做适当取舍和调整。

清华大学电子工程系的很多老师深度参与了课程体系的建设工作,付出了辛勤的劳动。在这一过程中,他们表现出对教育事业的忠诚,对真理的执着追求,令人钦佩!自课程改革以来,特别是2009年以来,数届清华大学电子工程系的本科同学也深度参与了课程体系的改革工作。他们在没有教材和讲义的情况下,积极支持和参与课程体系的建设工作,做出了重要的贡献。向这些同学表示衷心感谢!清华大学出版社多年来一直关注和支持课程体系建设工作,一并表示衷心感谢!

王希勤

2017年7月

目 录

绪论 电磁学与分析数学史概览 ··· 1

第1章 电磁场与物质 ··· 11
    1.1 电磁波——传播的电磁场 ·· 12
        1.1.1 电磁波的概念 ·· 12
        1.1.2 描述电磁波的物理参量 ·· 16
        1.1.3 电磁波的粒子性 ··· 18
    1.2 物质——电磁波的介质 ·· 18
        1.2.1 晶体的概念 ··· 18
        1.2.2 晶体中电子的能带 ·· 19
        1.2.3 人工纳米结构 ·· 22
    1.3 电磁场与物质的相互作用 ··· 24
        1.3.1 非共振相互作用 ··· 24
        1.3.2 共振相互作用 ·· 27
        1.3.3 电磁场与导体的相互作用 ··· 30

第2章 电势与电路 ··· 31
    2.1 电路功用 ·· 32
        2.1.1 对电能量进行处理 ·· 32
        2.1.2 对电信息进行处理 ·· 33
        2.1.3 用电路实现信息的远距离传递：一个射频通信系统实例 ········· 38
    2.2 电路抽象 ·· 42
        2.2.1 基本单元电路与基本器件 ··· 42
        2.2.2 电路基本定律 ·· 49
        2.2.3 基本分析方法 ·· 60
        2.2.4 电路抽象三原则 ··· 61
    2.3 数字抽象 ·· 63
        2.3.1 数字化就是离散化 ·· 64

	2.3.2 数字化后信息受损了吗	64
	2.3.3 二进制与开关	66
	2.3.4 开关与数字电路	67
	2.3.5 集成电路与数字化趋势	68
2.4	能量处理和信号处理的一些额外说明	69
	2.4.1 能量处理：能量转换与传输	69
	2.4.2 信号处理：信号与系统问题	71
2.5	小结	74
	2.5.1 发展趋势	74
	2.5.2 新兴热点	75
	2.5.3 扎实基础	75

第3章 比特与逻辑 77

3.1	概念与内涵	78
	3.1.1 比特的定义	78
	3.1.2 比特的物理观	79
	3.1.3 比特的数学观	80
	3.1.4 比特的电子工程观	81
3.2	编码映射与布尔代数	82
	3.2.1 编码	82
	3.2.2 逻辑的由来	84
	3.2.3 布尔代数	86
3.3	权重与计算	89
	3.3.1 权重编码	89
	3.3.2 算术	90
3.4	不确定与信息度量	91
	3.4.1 信息的定义	91
	3.4.2 信息的作用	92

参考文献 94

第4章 程序与处理器 95

4.1	程序和程序设计语言	96
	4.1.1 计算机程序	96
	4.1.2 程序设计语言	96
4.2	历史的视角：从算盘到 ENIAC	100
	4.2.1 早期计算工具	100
	4.2.2 机械式计算机	102
	4.2.3 电子计算机	103

4.3 处理器的基本原理 ··· 104
　　4.3.1 二进制运算电路 ·· 104
　　4.3.2 冯·诺依曼计算机 ·· 106
　　4.3.3 指令集体系结构 ·· 108
　　4.3.4 处理器如何工作 ·· 108
4.4 现代处理器设计技术 ·· 113
　　4.4.1 处理器的性能 ··· 113
　　4.4.2 CISC 与 RISC ··· 114
　　4.4.3 指令级并行处理 ·· 115
　　4.4.4 Cache 和新总线技术 ·· 119

第 5 章　数据与算法 ··· 121

5.1 数据 ··· 122
　　5.1.1 什么是数据 ·· 122
　　5.1.2 数据处理技术 ··· 123
　　5.1.3 数据的重要性 ··· 125
5.2 数学模型 ··· 126
　　5.2.1 什么是数学模型 ·· 126
　　5.2.2 数学模型的种类 ·· 127
　　5.2.3 数学模型与计算机 ·· 128
5.3 算法 ··· 129
　　5.3.1 什么是算法 ·· 129
　　5.3.2 问题与解 ··· 130
　　5.3.3 算法的分析与评价 ·· 131
　　5.3.4 算法的实现方式 ·· 133
　　5.3.5 常用的算法设计思想 ··· 133
5.4 数据与算法的相互作用 ··· 136
参考文献 ··· 139

第 6 章　通信与网络 ··· 140

6.1 概述 ··· 141
　　6.1.1 信息的内涵 ·· 142
　　6.1.2 典型系统介绍 ··· 142
6.2 信息的传输 ··· 145
　　6.2.1 通信系统的组成 ·· 145
　　6.2.2 通信基础理论 ··· 148
　　6.2.3 调制与解调 ·· 149
　　6.2.4 编码技术 ··· 151

6.3 信息的交换 ·· 152
　　6.3.1 复用和多址 ·· 152
　　6.3.2 排队论和网络协议 ·· 154
　　6.3.3 交换技术 ··· 155
　　6.3.4 Internet 实例 ·· 158

第 7 章　媒体与认知 ··· 163
　7.0 前言 ··· 164
　7.1 媒体概念与形式 ·· 165
　　7.1.1 媒体的广义定义 ··· 165
　　7.1.2 多样形式的媒体 ··· 165
　　7.1.3 信息媒体 ··· 165
　　7.1.4 媒体表示形式 ··· 167
　7.2 认知科学 ··· 169
　　7.2.1 认知科学与认知理论 ··· 169
　　7.2.2 认知过程 ··· 170
　　7.2.3 感觉与知觉 ·· 170
　7.3 人的认知机理 ··· 171
　　7.3.1 人的认知控制系统构成 ·· 171
　　7.3.2 人的认知控制系统的层次性 ·· 171
　　7.3.3 人的感知系统特点 ·· 172
　　7.3.4 人的视觉感知特点 ·· 173
　7.4 智能媒体处理 ··· 179
　　7.4.1 媒体内容的特点 ··· 179
　　7.4.2 信号分析方法 ··· 180
　　7.4.3 智能处理方法 ··· 183
　　7.4.4 深度学习方法 ··· 187
　7.5 媒体认知应用 ··· 190
　　7.5.1 媒体与认知的相互作用 ·· 190
　　7.5.2 媒体认知应用领域 ·· 190
　　7.5.3 人工智能应用前景 ·· 195

参考文献 ·· 198

绪论 电磁学与分析数学史概览

电子信息科学与技术**以物理和数学为基础，研究的是通过电磁形式获取、表达、传输各类信息的基本规律，**以及运用这些基本规律实现电子系统的方法。

信息的表达离不开信息的载体，常见的文字、图像、声音都是信息的载体。信息的载体有多种多样的表达形式，究其根本无外乎是各种物质或者能量不同的时空结构。信息可以从一种表达形式转化成另一种表达形式。例如，电话是语音信号和电流信号之间的转化；电视是将空间传输过来的电磁场信号转化成图像信号；而文字信息则可以通过扫描仪转化成电信号以电子文档的形式存储起来。各类信息都可以转化成电磁形式来表达，电磁形式的信息载体是电荷、电磁场/光子，用电磁形式表达信息有其特有的基本规律。电子信息专业不仅要研究这些基本规律，还要运用这些规律来实现各种信息系统。所谓信息系统包括(但不限于)通信网络系统、雷达系统、遥测遥控系统、广播电视系统、多媒体信息处理与传输等。电荷、电磁场/光子这些信息的载体同时也可以作为能量的载体。能量转化和守恒定律保证了不同形式的能量之间可以相互转化，也就保证了各种其他形式的能量都可以转化成电能。由于信息与能量的基本规律具有普适性，因此电子信息科学与技术的学科知识同样适用于与电子信息系统具有同构性质的其他系统，包括(但不限于)金融、管理、物流、交通、人机工程等。可以看到，现代社会的方方面面都与电子信息科学与技术的学科知识紧密相关。

怎样才能学好电子信息科学与技术领域的学科知识呢？对于人类学习过程的研究表明，在一个体系架构的背景下学习，有助于对知识的理解，而且有益于记忆和应用。要学好一个学科的知识，首先需要了解该领域的知识体系。那么，电子信息科学与技术领域的知识体系是怎样的呢？"形而上者谓之道，形而下者谓之器。"(《易·系辞》)知识体系是人类通过实践形成的对具体事物的"道"的认识。一个领域的知识体系构成一个系统。从系统的观点出发分析研究知识体系，有利于更好地把握知识体系的结构。

我们可以把电子信息科学技术的知识架构类比于生物系统(图0.0.1)。生物系统从基本的原子、分子形成蛋白质、细胞器、细胞、组织、器官、系统到个体的人，在不同的层次上形成不同的生物，有低等生物有高等生物，有植物有动物；每一层次既各自独立又相互联系，有着从低到高的递进关系，低层次生物的进化决定了高层次生物的特性和发展。电子信息科学与技术的知识体系与此类似。电子信息学科从基础物理发展而来，它从电磁场和电荷载体的相互作用开始，到电势(电流、电压)和电路之间的相互关系；从电路里分化出逻辑电路,从电势与电路的关系,到比特和逻辑之间的相互关系;在逻辑电路的基础上研制出中央处理器(CPU),从比特与逻辑的关系,发展到指令集和处理器的相互关系;给 CPU 装上操作系统以后,形成计算机,在计算机这个层面上我们不再讨论具体的处理器,而是讲数据和算法;计算机互联形成网络,数据包和网络的相互关系又有质的飞跃;这样一直到人的大脑处理的各种媒体,形成媒体和认知的关系。这几个层次实际上构成了电子信息科学与技术整个知识的脉络,而且每一个层次对问题的描述都有质的、革命性的变化。整个体系从基本系统到多功能复杂系统,与生物系统的变革非常类似。

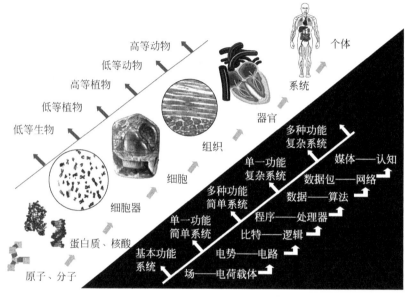

图 0.0.1　电子信息科学与技术的知识架构可以类比于生物系统

在此基础上我们梳理出了电子信息科学与技术学科的知识架构(图 0.0.2)。本学科知识的核心概念可以归纳在"信息载体与系统的相互作用"这样一个整体脉络下。信息载体是带有信息的,信息不能离开载体而存在。本学科涉及的信息的载体有电磁场、电势(电流/电压)、比特、CPU 执行的程序、计算机处理的数据、网络上的数据包、以及人认知到的媒体等形式。不同的信息载体有不同的系统与之相互作用,相应的有物质、电路、处理器、算法、网络、人的大脑等。图 0.0.2 从左下角到右上角,围绕几个层次的信息载体与系统相互作用——具体来说是场和电子、电势与电路、比特与逻辑、程序与处理器、数据与算法、媒体和认知——把整个学科的核心概念整合到了一起。每一个层次上都是不同的信息载体与系统的相互作用,各层次之间相互关联,逐次递进。

本学科下有若干个二级学科:物理电子与光电子、电路与系统、电磁场与微波、信号与信息处理、通信与信息系统……表面上看似乎专业差别很大,而图 0.0.2 所示的知识体系告诉我们,这几个二级学科的知识内容的本质都是信息载体与系统的相互作用,只不过它们的信息载体和相应的系统不同,处在不同的层次上。

电子信息的知识体系覆盖从自然界到人类意识活动的整个过程,结构严谨,覆盖面

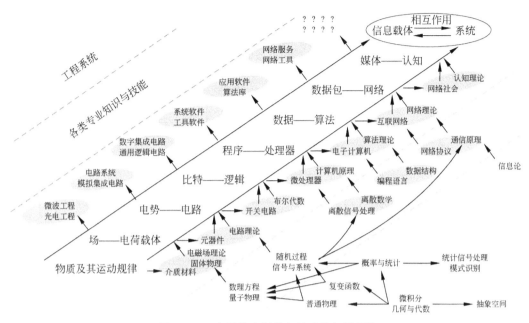

图 0.0.2 电子信息科学与技术的知识架构

宽,渗透性强。信息技术带动了整个工业的进步,这一过程尚在进行当中,有大量工作需要做。各类交叉学科和新兴产业与信息有密切关系,某种意义上可以认为信息载体与系统的相互作用具有普适性。电子信息科学与技术服务于人的途径是电子媒体。实际上,电子媒体是人类新的文明载体,它可能催生出新的文化和艺术。人类文明史上,有了动作而产生舞蹈,会发声音而形成音乐和戏曲,有了语言以后我们会去讲故事、表演话剧,有了文字以后我们会写诗、写小说,有了电子媒体以后人们会干什么?电影《阿凡达》大量采用电子媒体的虚拟表现形式,或许是一例,未来这种发展会更加丰富多彩。电子信息科技在应用方面存在巨大的发展潜力。

图 0.0.2 右下角到左上角反映了从基础数学物理到电子信息各专业的关系。

电子信息科学与技术的知识体系是在数学、物理、电子学的发展过程中逐步形成各类专业知识的。数学和物理学认识上的几次飞跃促成了电子学的产生与发展,而电子学的每一次进步也带来了数学和物理的不断深化。回顾电磁学与分析数学的历史有助于了解电子信息科学与技术的发展历程。

图 0.0.3 标出了电磁学和相关数学发展历史上一些代表性进程的时间节点。

人类很早就注意到自然界有电的现象,中国的"卦"里有"震卦",讲的就是雷电;公元前 5 世纪的古希腊时代,有用木棒子或者琥珀摩擦吸引轻小物体现象的记载;中国的古书里也提到"玳瑁吸楮"。实际上我们现在使用的"电"这个词,就来源于几千年前古希腊文的琥珀(electron)。人类对磁的认识,亦可追溯到公元前 6—7 世纪。中国古代的《管子》一书中记载了"山上有磁石者,其下有金铜"。《吕氏春秋》里有对磁石吸铁特性的生动描述:"慈招铁,或引之也。"将其喻为慈爱的父母对子女的吸引一样,所以称之为"磁"(慈)。由于自然界有天然的磁石,人们在注意到磁现象的同时很快将其应用在了实际生活中。战国时期就已经利用天然磁石来制作"司南之勺"——指南勺,东晋的《古今注》中

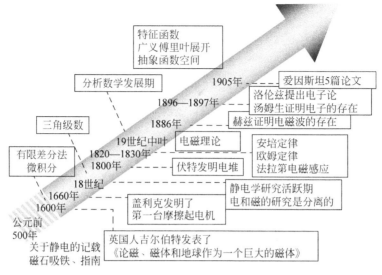

图 0.0.3 电磁学与分析数学的发展史

图 0.0.4 司南之勺和指南鱼

也谈到"指南鱼"(见图 0.0.4)。

1600 年,英国人吉尔伯特的著作《论磁、磁体和地球作为一个巨大的磁体》标志着人类对电磁现象系统研究的开始。在这部著作中,吉尔伯特总结了前人对磁的研究,周密地讨论了地磁的性质,记载了大量实验,使磁学变成了科学。在这里,吉尔伯特朦胧地意识到电和磁是有关系的。他发现,相当多的物质经摩擦后都具有吸引轻小物体的性质,但是并不具备磁石那种指南北的性质。为了表明与磁性的不同,他采用琥珀的希腊字母拼音把这种性质称为"电的"。

研究静电要比研究静磁困难得多,因为当时没有一种产生可控静电的方式。真正对电进行系统研究是从 1660 年(吉尔伯特的著作发表 60 年之后)盖利克发明摩擦起电机开始的。盖利克用硫磺制成形如地球仪的可转动球体,用干燥的手掌摩擦转动球体,使之获得静电(图 0.0.5)。盖利克的摩擦起电机提供了稳定地重复获得静电的方法,使得静电的研究成为可能,从而带来了 17 世纪之后静电研究的高潮。

图 0.0.5 摩擦起电机

几乎与此同时,15—17 世纪是发现、征服新大陆的航海世纪。数学在航海、天文的驱动下,有了很大的发展,特别是有限差分法和微积分。航海需要天文、数学的知识,因为航海者必须在茫茫大海中清楚地知道自己在什么地方。当时人们是通过看星象来判断自己的位置。但是观测星象需要繁重的测定仪器，只能在陆地上进行。所以人们需要从已知的陆地上的数据，推算出在海上的位置。即知道了一个函数的值，要推出这个函数在另一个点的值。于是出现了有限差分法，导致了 Taylor 级数的发现——用一个点的函数值以及这个点的多阶导数来表示它相邻的另一点的函数值。级数的发现是一件非常重要的事情，人们可以用简单、熟知的函数形式来表示比较复杂的函数形式。级数的出现为后来微积分真正走上实用起到了非常关键的作用。17 世纪至少有十几位大数学家探索过微积分的问题，贡献最大的是牛顿。微积分为电磁学的发展奠定了非常坚实的基础。

到了 18 世纪，静电学的研究非常活跃，但这个时候电和磁的研究还是分离的。1720 年，格雷研究了电的传导现象，发现了导体与绝缘体的区别，随后发现了静电感应；1733 年，杜菲通过实验区分出有两种不一样的电——正电和负电，而且发现同性相斥，异性相吸；1745—1746 年，发明了莱顿瓶。所谓莱顿瓶就是可以存储电荷的电容，人们可以把感应产生的电荷存储起来并且在需要时放电；1747 年，富兰克林提出了电荷守恒原理和电流体假说，1754 年康顿用电流体假说解释了静电感应现象；1750 年，米切尔提出磁极间的作用力服从平方反比律；1785 年，库仑公布了电力的平方反比定律，使电学的研究进入定量研究阶段。于是库仑定律——电磁学的基本定律之一——在这个时候应运而生。

库仑定律既是实验经验的总结，也是理论研究的成果。当时电磁测量的仪器很原始，获得的实验数据误差很大。库仑从牛顿万有引力的平方反比定律中得到启示，将电磁力和万有引力类比，先验地认为电力分别与相互作用的两个电荷量呈正比，就像万有引力分别与相互作用的两个物体的质量呈正比一样。正是在这样的平方反比律概念的引导下，在当时有限的实验条件下，很快得到了严格的库仑定律的表达式。

再看看数学的发展。三角级数在这个时候出现了。我们知道，天文学中的很多现象都是由周期函数构成的，例如行星围绕恒星的运动等。这种周期函数引起了当时大科学家欧拉、拉格朗日等人的兴趣。三角函数在物理上描述一个简谐振动，在数学上具有正交性，很多周期函数都可以展开成三角级数（尽管当时人们并不清楚什么样的函数可以展成三角级数）。三角级数的出现对电磁学乃至对整个信息学科的发展影响深远。实际上电磁场本身就是一个周期函数，而简谐振动是电磁场最一般的表达形式。

在这之后，数学进入了分析数学的快速发展期。这里值得一提的重要历史事件就是 1822 年傅里叶发表了《热的解析理论》这篇论文。这是分析数学最经典的一篇论文，从偏微分方程出发导出一般函数可以展开成三角级数。由于这一成果的重要性，三角级数被称为傅里叶级数，现在与周期函数相关的问题往往都会用到傅里叶级数。这篇经典的论文最初并没有被当时学术界的权威们所接受，初稿写成 15 年后才得以发表。傅里叶级数是傅里叶在研究热传导过程中温度分布函数时发现的。正如库仑定律的发现得益于万有引力的启示一样，数学的发展与物理学的进程紧密结合着，同时，数学的成果又反过来对电磁学的发展产生了深刻的影响。傅里叶级数的出现为后来电磁场数学表达式的形成及其研究提供了一个非常有用的工具，成为 19 世纪初数学领域一道亮丽的风景线。傅里叶级数的收敛性和唯一性问题一直是分析数学的难题。1829 年狄里赫利找到傅里叶级数收敛的充分而非必要条件，即狄里赫利条件。1870 年海涅证明了满足狄里赫利条件时，函数的傅里叶级数是唯一的。尽管傅里叶级数的收敛性和唯一性问题并未圆满解决,但丝毫没有影响其广泛应用。傅里叶解偏微分方程的思想也被数学家们应用于积分方程求解,导致广义傅里叶展开的发现,为抽象函数空间研究奠定了基础。

物理学在 19 世纪初也发生了一个历史类性事件:1800 年伏打(也可译成伏特,就是我们电压的单位)发明了电堆(见图 0.0.6)。至此人们有了一种获得动电的方法,使得研究电与磁之间的关系成为可能,因为只有动电才能产生磁场。可以说伏打电堆的发明和盖利克发明摩擦起电机有着同样重要的历史价值。电堆的发明带来了电磁学发展的一次飞跃。

图 0.0.6　伏打发明电堆(电池)

欧姆、安培、法拉第是这个时期电磁学发展的代表人物。1826 年由欧姆确定的欧姆定律是处理电路问题时非常便于使用的公式。欧姆定律的提出是受到傅里叶那篇《热的解析理论》论文的启示,类比于热的传递需要温度差,欧姆想到电流的产生是由于电势差,在此基础上形成了众所周知的欧姆定律。安培通过研究载流导线之间的相互作用,提出了右手定则,用电流解释了地磁的起因,建立了电动力学的基础。实际上,安培提出电流与电流相互作用的"超距力",即不通过相互接触即可产生作用力,也是受了牛顿的万有引力的启示。遗憾的是安培没有真正建立起电力线和磁力线的概念,他发现了电流和电流之间、电流和磁场之间的相互作用,但是没有再进一步揭示磁场中运动的导体是可以产生电流的,与电磁感应失之交臂!是法拉第于 1831 年发现了电磁感应现象,即在磁场中以某种方式运动的导体可以产生电流。法拉第提出了电力线和磁力线的概念,证实了电现象和磁现象的统一性。张三慧老师在《大学物理学》教科书中有这样一段话来评价法拉第的贡献:"全面揭示了电和磁的联系,使得在这一年出生的麦克斯韦后来有可能建立一套完整的电磁场理论,这一理论在近代科学中得到了广泛的应用。因此,怎样估计法拉第的发现的重要性都是不为过的。"

在这些电磁学成果的基础上,电磁理论终于诞生了。先是威廉·汤姆生受傅里叶的影响,把电磁现象与热流现象类比,并利用法拉第力线的思想建立了电磁作用的统一理论雏形。之后,年轻的麦克斯韦在 1856—1862 年发表了一系列论文:《论法拉第力线》《论物理力线》《电磁场的动力学理论》等,全面完整地论述了电磁场理论。不得不承认,麦克斯韦是一位伟大的科学家。在当时尚未有实验可以证明电磁场存在的情况下,他凭借高深的数学造诣和丰富的想象力,把电学、磁学、光学统一起来,明确指出光就是一种电磁场,并且把电磁场的理论用非常简洁对称且完美的数学形式表达出来了,这就是精妙绝伦的麦克斯韦方程组。

在麦克斯韦预言电磁场近 30 年后,赫兹的著名实验证明了电磁波的存在。赫兹采用一个放电的小球,通过空间传到了另一个感应线圈上,证明了电磁波的存在,而且测算出电磁场的传播速度就是光速，从而验证了麦克斯韦的另一个预言：光就是一种电磁场。这时人们才意识到麦克斯韦的伟大。为了纪念这个著名的实验，电磁场频率的单位以赫兹的名字来命名。

在麦克斯韦发表电磁场理论之前的1845年，基尔霍夫提出了包括电流定律和电压定律的电路基本定律，统称为基尔霍夫定律。这是分析和计算较为复杂电路与电势（电流/电压）关系的基础。基尔霍夫定律可以由麦克斯韦方程组导出，因此，麦克斯韦的电磁场理论是基尔霍夫定律的原理，给出了场和电荷载体相互作用的规律，比电路的理论更为基础。

至此电磁学经过了几百年发展，日趋成熟。但是，电的本质是什么一直还是个谜，直到洛伦兹1896—1897年提出电子论才揭开了这个谜底。洛伦兹预言在原子内部存在一种实体粒子，有质量，带着电荷，叫做电子。他预言了电子的运动规律，包括其在磁场中的变化，非常理想地解释了光谱在磁场中发生分裂的塞曼效应，并因此与塞曼一起分享了1902年的诺贝尔物理学奖。不久之后，J.J.汤姆生的实验就证明了这种神秘粒子——电子的存在。洛伦兹的贡献远不止于此。洛伦兹提出光的产生是由于电子运动的频率发生了变化，这已经非常接近爱因斯坦提出的跃迁理论了；洛伦兹还发现麦克斯韦方程在坐标系变换的情况下，光速是不变的。为了解决这个问题，提出了洛伦兹变换公式。这些发现给了爱因斯坦很大的启示，爱因斯坦在此基础上发展了狭义相对论。爱因斯坦曾经坦言，对其学术思想影响最大的伟人是洛伦兹。

1905年是物理学发展的一个重要的年头，这一年爱因斯坦发表了他的5篇论文。这5篇论文中每一篇都对物理学的发展产生了历史性的意义。100年后，为纪念爱因斯坦这5篇论文发表100周年，2005年被定为国际"物理年"。在这5篇论文中，爱因斯坦除了提出"相对论"的概念，还讨论了光的粒子性。我们知道，自从赫兹的实验证实了光是一种电磁场，持续了几百年的关于光的本质属性是粒子还是波动的争论似乎有了结果，波动说大获全胜，被公众所认可。而爱因斯坦又一次"旧话重提"，用光的粒子性——光波能量的量子化：光子——来解释光电效应，并得到验证。正是爱因斯坦提出的能量量子化的概念为量子力学的诞生提供了重要的依据。而戏剧性的是，对于崭新的划时代的量子力学理论，爱因斯坦却是持保留态度的。他接受量子力学的一些观点，但对量子力学的不确定性却是非常地反感。他认为"上帝是不掷骰子的"，伟大的爱因斯坦也有他的局限性。

这时期分析数学又有了新的发展。二十世纪初特征值、特征函数的概念出现了，希尔伯特发现了积分方程与微分方程之间的关系，提出广义傅里叶展开，施密特建立了由正交函数集构成抽象函数空间的概论，巴拿赫、冯·诺依曼等人于1929—1930年发展出抽象函数空间的公理体系，为量子力学及后来的信息理论奠定了坚实的数学基础。

电磁学发展的每一个结点都伴随着推动社会发展的重大发明发现（见图0.0.7）。从最初电磁理论的诞生，安培定律、欧姆定律、法拉第电磁感应直接导致了1831年发电机的发明；1837年摩尔斯实现了有线电报（见图0.0.8）；1876年贝尔发明了电话；1885年爱迪生发明电灯，斯坦利发明了变压器……

最早人们没有意识到电和磁之间有着不可分割的关系，电和磁的研究也是分离的。经麦克斯韦预言，1886年赫兹证明了电磁波的存在，人们终于明白电和磁是不可分的，有电就有磁，还可以在空间传播。之后短短5年，1890年美国就建成了实用的交流输电系统；1901年马可尼和波波夫第一次实现了无线通信——通过空间电磁波来传递信息；同年，电影机被发明了。

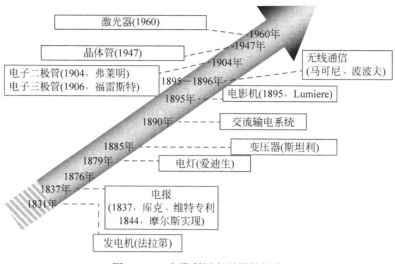

图 0.0.7　人类利用电磁学的历史

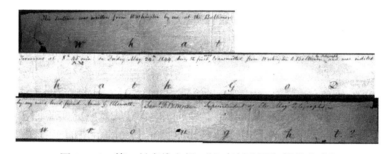

图 0.0.8　第一封有线电报:"上帝创造了何等的奇迹"

那个时期人们还搞不清楚电磁的本质,同样搞不清楚的是物质的组成,当然不可能去研究电磁场和物质的相互作用。洛伦兹提出的电子论告诉人们所有物质都是由原子、电子组成的,人们自然会想到,电子是带电的,那么肯定与电磁场有相互作用!于是,不到十年的时间,人们学会了控制真空管中电子和电磁场的相互作用,从而发明了电子二极管和电子三极管。电子管的发明引发了一系列"管子"的出现,振荡器、滤波器、放大器的实现成为可能,大大推动了无线电通信向实用化的发展,也促成电子计算机的发明。

图 0.0.9 是 1946 年研制的第一台电子管计算机 ENIAC。当然,受限于电子管的工作原理,电子管计算机的体积之大、耗电之高是今人无法想象的。随着对物质认识的进一步深入,人们发现,在自然界的晶体材料中存在着非常丰富的电子运动的现象,不光有电子,还有空穴。利用晶体中电子和空穴的运动规律,1947 年人们发明了晶体管。这是一个巨大的革命,从根本上解决了电子管体积大、能耗高的问题,孕育出了对社会发展产生重大影响的集成电路。我们现在所有的电子用品:笔记本电脑、手机、数码相机等,都是通过集成电路实现的。可以说,没有晶体管的发明就没有当今信息社会的发展。在这之后爱因斯坦发现的能级间电子跃迁-受激辐射现象揭示了电磁场与物质相互作用的另一个重要规律,为 1954 年微波量子振荡器、1960 年第一台红宝石激光器的发明奠定了理论基础,是开创光电子时代的里程碑。

图 0.0.9　第一台电子管计算机

随着电磁学的发展带来的各种电子器件的发明、完善,电子信息技术应运而生。1920年声音广播出现,1929年图像广播出现,1935年实用雷达投入军用。苏联与美国分别于1957年和1958年发射了自己的第一颗地球卫星,1962年美国发射第一颗通信卫星。中国于1970年发射了第一颗地球卫星,开启了自己的航天时代。

随着电子信息技术的应用,信息理论也逐步发展成熟。1921年Rainey获得PCM编码专利,提出模数转换(A/D)串行传输、数模转换(D/A)思想,离散处理技术发端。1924—1928年奈奎斯特(Nyquist)发表采样理论。1948年维纳(Wiener)发表控制论(Cybernetics),香农(Shannon)发表信息论(Information Theory),1968年贝塔朗菲(Bertalanffy)发表一般系统论(System Theory)。三者可合称为"SCI三论",是现代信息理论的基石。

20世纪中叶,集成电路技术和信号处理理论相互促进,推动了电子信息技术的快速发展:
- 1960年,卡尔曼滤波器发表。
- 1965年,库利和图基发表FFT算法。
- 20世纪70年代中期,MOS大规模集成电路广泛应用。
- 1975年,Intel推出4004和8080处理器,微型计算机问世。
- 1978年,出现数字信号处理器DSP。

这些发明推动人类进入数字时代,电子信息科学技术也从电势与电路的相互作用发展至比特与逻辑的相互作用,并进一步发展至程序与处理器的相互作用。

20世纪下半叶,数字技术、个人计算机和互联网技术推动了产业和科学技术的革命:
- 20世纪70年代中期以前,模拟集成电路是主流。
- 20世纪70年代中期之后,数字集成逐步成为主流(主要因为模拟技术设计困难,工艺离散度大,成品率低,在线测试困难,存储部件、电感、电容等难以集成等)。
- ……

此后,集成规模遵循摩尔定律增长。
- 1981年8月12日,IBM推出个人计算机(PC),采用MS-DOS操作系统,Intel 8088微处理器,主频4.77MHz,64KB内存,160KB单面软驱,标准键盘,80列字符显示器,售价2880美元,配件标准化,可克隆。

此后,个人计算机的速度、容量、功能飞速发展。电子信息科学技术也从程序与处理器的相互作用发展至数据与算法的相互作用。
- ARPAnet：1969 年美国军方机构 ARPA（现称为 Defense Advanced Research Project Agency,DARPA）支持构建了一个实验性的计算机网络，把军方和院校的计算机连接起来，共享资源，以 E-mail 通信，开发了 TCP/IP 协议簇。
- 1983 年 APRAnet 分裂为 APRAnet 和 MILNET。
- 1990 年 NSFnet 取代 APRAnet。

此后，局域网和广域网迅速发展，Internet 进入商业应用。电子信息科学与技术也从数据与算法的相互作用发展至数据包与网络的相互作用。

20 世纪下半叶至今，电子信息科学技术在通信与信息系统、信号与信息处理、电磁场与波、电路与系统、物理电子学与光电子学、复杂系统与网络等领域蓬勃发展，推动信息产业迅猛发展，彻底改变了人类的生存状态。电子信息科学与技术也上升到媒体与认知的相互作用层次，大数据、人工智能、类脑等技术蓬勃发展。从场和物质的相互作用到媒体与认知的相互作用，电子信息科学技术从物质世界出发，直至自然界进化产生的人脑，既是层次的上升，也是对自然的回归。

回顾电磁学和分析数学的发展史可以看到，一方面，数学和物理学的发展是相互促进的。物理学的研究不断给数学提出新的问题，推动了数学的发展；数学的发展反过来为人们进一步探究物理世界的奥秘提供了重要的工具。另一方面，物理学中各个领域的研究也是相互联系的。表面上看力学、热学、电磁学这些不同领域的研究对象似乎不同，但是由一些内在的规律总结出的公式却是惊人地相似。把它们联系在一起的是数学！换言之，数学把各种不同的物理现象背后的本质东西提取抽象出来了，建立起一种内在的联系。

学习电磁学和分析数学的发展史，体会到前人为我们建立了如此辉煌的科学殿堂，我们徜徉其中难免感觉到自己的渺小。我们在感叹前辈科学家卓越才智的同时也应该认识到，任何一位在科学史上做出卓越贡献的科学家都是普普通通的人，而不是神。他们也会对重要的学术问题做出错误的判断，也会受各自思维定式的局限而不接受学科的新发展。破除神话，建立信心，每一位同学都有可能成为下一位推动科学发展的伟人。

要学好电子信息科学与技术专业的知识，将来在这一学科领域有所作为，首先要了解这一学科是怎样逐步形成的，学科知识体系内在的联系是什么，学科的未来会向哪里发展。学习历史可以帮助我们把握学科整体发展趋势，理解学科发展的内在和外在动力究竟是什么。一般来说，学科发展的过程是从量变到质变，发展的动力源自技术突破、理论创新、工程发明、应用牵引。目前，我们的学科在分子级制造技术、纳米技术等新材料、新工艺，量子信息为代表的量子物理工程化，生物信息技术为代表的信息与生命的结合，人工智能，泛在通信，射频数字化、智能化，认知无线电，复杂系统，平行社会，新型能源技术等方面面临着挑战和发展的机遇，传统的量子理论、相对论、电磁场理论、系统论、信息论、控制论也有可能突破现有的框架……

要学好某个领域的学科知识，需要了解该领域的知识体系。图 0.0.2 给出的电子信息科学与技术的知识架构，围绕"信息载体与系统的相互作用"这一核心概念出发，几个层次的相互作用关系——电磁场和电子、电势与电路、比特与逻辑、数据与算法、通信与网络、媒体和认知构成了我们学科知识体系的主干。

本教材将从这几对相互作用关系入手，全面介绍电子信息科学与技术的核心概念。

第1章 电磁场与物质

作者简介

黄翊东,清华大学学术委员会副主任,教育部"长江学者"特聘教授,"新世纪百千万人才工程"国家级人选。现任中国光学学会常务理事、微纳光学专业委员会委员,中国电子教育学会副理事长、高等教育分会副会长,美国光学学会会士(Fellow of OSA),ACS Photonics 杂志副主编。历任清华大学电子工程系副系主任、系主任,清华大学天津电子信息研究院院长。研究方向是光电子物理及器件,在光纤通信 DFB 激光器的研究中,提出并实现多项创新技术发明,获得国外授权专利18项,被授予 NEC 一等研究功绩奖。2003年回国后,带领研究小组在光子/光声晶体、表面等离子体波导器件、片上集成自由电子光源、量子光源以及硅基光电子集成器件的研究中取得重要进展,发表论文300余篇,被引用数千次。多年从事本科及研究生教学管理工作,致力于电子信息领域知识体系和人才培养的研究,是清华大学电子信息课程体系的主要创建人之一。

绪论中介绍了电子信息科学与技术学科以"信息载体与系统的相互作用"为核心概念的知识架构。正如绪论图0.0.2中所示，电磁场与物质中电荷载体之间的相互作用是构成整个学科核心知识框架的基础、源头。

除了整日充满我们视线的"光"这种电磁场，人们更多地是通过电磁场与物质的相互作用来"感知"电磁场的。从远古的"玳瑁吸楉"、磁石吸铁，到通过极光研究地球本身的磁性，就像看不见摸不着的风通过树枝小草的晃动被感觉到一样，电磁场在与物质相互作用的过程中被人们意识到它的存在。现在，打开电视我们就看到了电磁场，拿起手机我们就听到了电磁场。人类在感知电磁场的同时，正是通过设计、控制这种电磁场与物质的相互作用来实现各种功能的器件，构筑起电子信息科学与技术学科所研究的各类电子系统。

就像盖房子要用到的各种建筑材料，如果把电子系统比作是一个建筑物，那么构成这些电子系统的各种各样的器件就是建筑材料。盖什么样的建筑取决于选什么样的建筑材料，泥巴、茅草只能盖茅草屋，没有钢筋、混凝土盖不起高楼大厦。同样，电子系统的发展，器件起了决定性的因素。我们要掌握电子系统，首先要搞清楚构成电子系统的器件是怎样工作的；要发展新的电子系统，也必须从研究新功能器件入手。

我们学科涉及的器件种类很多，大体上可以分为电子器件和光电子器件两大类。无论是电子器件还是光电子器件，它们的工作原理都离不开电磁场与物质中电荷载体的相互作用。我们知道，器件的材料本身是由原子核、电子等电荷载体构成的。运动的电荷周围存在电磁场，电荷处在电磁场中要受到电磁力的作用，电荷受力产生加速运动的结果又改变了周围的电磁场分布。这种电磁场与电荷载体的相互作用就是各种电子和光电子器件的物理基础。从这个角度不难理解，为什么我们说电磁场与物质的相互作用是构成整个学科核心知识框架的基础、源头。

1.1 电磁波——传播的电磁场

1.1.1 电磁波的概念

中学课本中有一些关于电场和磁场的基本知识，其中包括电流的磁效应和电磁感应现象（见图1.1.1），变化的电场会产生磁场，变化的磁场会产生电场。这清楚地表明着电

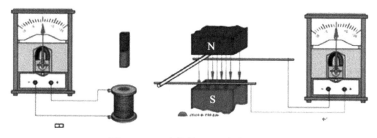

图1.1.1 法拉第电磁感应定律

场和磁场之间存在着某种联系。所谓电磁场,不是简单的电场加磁场。电磁场是一个完整的不可分割的整体,电场总是伴随着磁场,同时磁场也总是伴随着电场,电场和磁场是不能单独存在的。

周期性变化的电场周围产生的磁场也是周期性变化的,而且变化的频率与电场相同,这个变化的磁场又会产生相同频率变化的电场;变化的电场和磁场相互联系在一起,形成一个不可分离的统一的场——电磁场。电场、磁场的不断产生就仿佛我们向一个平静的水面扔一个石子一样,一片涟漪激发一片涟漪,一点一点的水波就传开了。我们的电磁场也是类似的。在电场、磁场的不断产生过程中传播开来,我们又称这种不断变化传播的电场、磁场为电磁波。我们的生活空间充满了电磁场,只要手机铃声一响,我们就知道电生磁、磁生电,电磁波过来了。

图 1.1.2 给出了某一个时刻空间电磁波的图景。电磁波是一种矢量波,图中箭头的方向即是电场磁场矢量的方向,它们是彼此垂直的;箭头线段的长短代表电场和磁场强度的大小。图 1.1.2 描述了某一个特定时刻电场和磁场矢量在空间各个位置上的方向和强度。可以看到,无论是电场矢量还是磁场矢量都在周期性的变化,而且有着同样的空间周期。想象一下,下一个时刻电场、磁场的空间分布:每个位置的电场和磁场矢量都会按照其周期变化的规律发生变化。随着时间的移动,电磁波就会向前移动。如果观察空间某一固定点上不同时刻的电场、磁场强度,它们随时间也应该是周期性变化的。

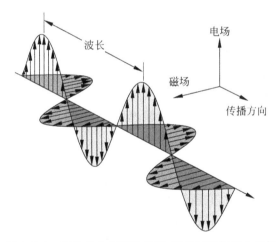

图 1.1.2　变化的电场产生磁场,变化的磁场产生电场　　　　彩色原图

现在我们都知道,光波就是一种电磁波,当然电磁波的传播速度就是光的速度。历史上人们经过了几千年才认识到电磁波的存在,认识到光和电磁波是一回事。绪论中已经提到,天才的麦克斯韦在 19 世纪中叶建立起电磁场理论,将电学、磁学、光学统一起来,预言了电磁波的存在,指出光是电磁波的一种形式。在前人成就的基础上,麦克斯韦对整个电磁现象作了系统、全面的研究,凭借他高深的数学造诣和丰富的想象力对前人和他自己的工作进行了综合概括,将电磁场理论用简洁、对称、完美数学形式表示出来:

$$\nabla \times \boldsymbol{E}(r,t) = -\frac{\partial}{\partial t}\boldsymbol{B}(r,t) \tag{1.1.1}$$

$$\nabla \times \boldsymbol{H}(r,t) = \boldsymbol{J}(r,t) + \frac{\partial}{\partial t}\boldsymbol{D}(r,t) \tag{1.1.2}$$

$$\nabla \cdot \boldsymbol{D}(r,t) = \rho(r,t) \tag{1.1.3}$$

$$\nabla \cdot \boldsymbol{B}(r,t) = 0 \tag{1.1.4}$$

这就是麦克斯韦方程组。其中 $\boldsymbol{E}$ 是电场，$\boldsymbol{H}$ 是磁场；$\boldsymbol{B}$ 是磁场强度，有 $\boldsymbol{B}(r,t) = \mu_0 \mu_r \boldsymbol{H}(r,t)$；$\boldsymbol{J}$ 是电流密度，$\boldsymbol{D}$ 是电位移矢量，ρ 为电荷密度，有 $\boldsymbol{D}(r,t) = \varepsilon_0 \varepsilon(r) \boldsymbol{E}(r,t)$；这里，$\mu_0$ 和 μ_r 分别是真空中的磁导率和材料的相对磁导率，ε_0 和 $\varepsilon(r)$ 分别是真空的介电常数和材料的相对介电常数（为简单起见，"相对磁导率"和"相对介电常数"一般就称为"磁导率"和"介电常数"）。

麦克斯韦方程组是总结了包括库仑、安培、法拉第等一系列前人的研究结果而得出的。麦克斯韦的贡献在于将前人的成果用数学的方法表达出来，用矢量分析的方法对电磁波进行了描述，同时提出重要的位移电流的概念，也就是我们所说的变化的电场会产生磁场。这一概念的引入使得电场、磁场相互之间的转换过程完整了：在电磁场内，电场可以不因为电荷而存在，而由于磁场的变化而产生；磁场也可以不是由于电流的存在而存在，而是由于电场的变化所产生。电磁场可以存在于这样的空间范围内，该处即没有电荷，也没有电流，而且也没有任何物体。换言之，电磁波可以独立于电荷及电流而存在，是电磁场的基本运动形式。任何随时间变化的电场，都要在邻近空间激发磁场；充满了变化电场的空间，同时也充满变化的磁场；二者互为因果，形成电磁场。电场与磁场之间的联系，不仅使电磁场在没有电荷和电流时能够存在，而且使这个场能够不通过任何导体在空间传播。就这样，麦克斯韦预言了电磁波的存在，同时指出了光是电磁波的一种形式。遗憾的是在麦克斯韦的有生之年并没有看到他的预言被实验精确地验证。

最早证实电磁波存在的是赫兹。1887 年（麦克斯韦去世 8 年后），赫兹通过实验首次验证了电磁波的存在，同时测量出它在空间的传输速度为光速，证明了光就是一种电磁场。

图 1.1.3 是赫兹实验的示意图。实验装置是一个感应线圈，有两个距离很近的电极，加上电压之后，通过电极之间的放电会产生电火花。在一定的距离之外设置了像天线一样的接收器，当电极间的电火花产生时，它所激发的电磁波通过空间传播，可以被接收线圈感应，在天线上的缝隙处也会相应地出现电火花。在赫兹的实验中，每次都是电极放出电火花之后，天线缝隙处才出现电火花。这就证明了能量通过电磁波从感应线圈传播到了接收线圈，以电火花的形式释放出来。这个在电磁学史上著名的实验第一次验证了电磁波的存在。进一步，赫兹利用驻波的原理，测量了电磁波的波长，由此确认了电磁波的速度确实是光速。正因为赫兹的贡献，我们现在频率的单位是以赫兹（Hz）命名的。

实际上，赫兹的实验还有一些重要的"副产品"。这个经典物理学的实验孕育了量子物理的种子。赫兹发现当有紫外线照射这个接收线圈时，产生的电火花会大一些、容易一些，这个现象就是光电效应。爱因斯坦正是因为发展了能够解释光电效应的理论而获得了诺贝尔物理学奖，也打开了量子理论的大门。

电磁波发现以后不久，1901 年马可尼和波波夫第一次实现了无线通信——通过空间电磁波来传递信息，无线电报穿越大西洋，一个无线通信的新时代开始了。

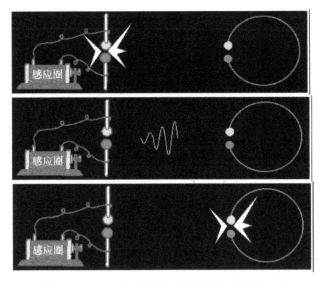

图 1.1.3　1887 年赫兹实验证明了电磁场的存在

但是,马可尼和波波夫在获得无线通信成功的同时也给科学家们带来了不小的困惑。因为根据麦克斯韦方程组可以推导出电磁波是直线传播的。在当时,人们已经知道地球是圆的了。从直观的角度来讲,直线传播的电磁波怎么可能走一个圆弧轨迹,从大西洋的此岸传播到彼岸呢?所以,在马可尼做这个实验之前就有人预言是不会成功的。但是事实证明,电报确实跨过大西洋传播过去了。这是为什么呢?因为大气中有电离层。根据马可尼的实验,一些科学家预言了在大气层上面会有一层导电的电离层存在,如图 1.1.4 所示。日后的进一步研究证实了电离层的存在。正是这层电离层和地面构成一个导引电磁波的通道——"波导",使得无线电信号可以通过这个波导结构反射并沿着弯曲的地球表面传播。电离层的发现过程给了我们重要的启示,即:有时候所谓的科学原理并不应该成为限制我们进行尝试的一个理由,因为现有的科学原理并不能对所有自然现象进行完备的描述。在当时认识下,马可尼进行跨越大西洋的电报传输实验似乎是违反科学原理的,但是不去尝试就不知道会有什么结果。所以对于实验物理学家来说,勇于实践、勇于去挑战已有的理论体系、勇于去做一些被预言是不可能的事,才有机会取得突破和创新。

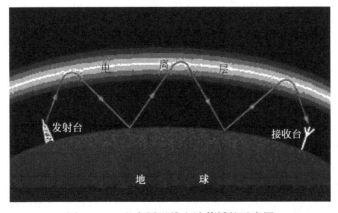

图 1.1.4　电离层无线电波传播的示意图

1.1.2 描述电磁波的物理参量

要描述一个电磁波,我们会用到一些物理参量。前面提到,电磁波是随时间和空间周期性变化的。电场矢量可以用下式表示:

$$E(r,t) = A\sin(\omega t + k \cdot r) \qquad (1.1.5)$$

式中,A 是电磁波的振幅;ω 是角频率,与频率 ν 的关系为 $\omega = 2\pi\nu$;k 是波矢,对于波长为 λ 的电磁波有波数 $|k| = \dfrac{2\pi}{\lambda}$。式(1.1.5)把电磁场表示成时间和空间的函数,在空间中的任一点,场是时间的正弦函数;而在任意给定的时刻,场又是空间的正弦函数。振幅 A、频率 ν(角频率 ω)、波矢 k 等都是描述电磁波的物理参量。

振幅 A 描述的是电磁波随时间、空间变化时的最大值,表示的是该电磁波的强弱程度。一般来说电磁波在传输时会损耗能量,其振幅会随着传输距离的增加而逐渐减小。如果是在有外加馈源的增益材料中,振幅 A 会增加,即实现了电磁波的放大。

描述电磁波最基本的物理参量是频率 ν(或角频率 $\omega = 2\pi\nu$)。频率是一个电磁波区别于其他电磁波的标志性物理参量。电磁波的频率范围很广,图 1.1.5 是电磁波的频谱。从极高频率的 X 射线到紫外线、可见光、红外线以至频率依次降低的微波、短波、中波、长波……,不同频率电磁波的用途各不相同。我们看见世界的视觉是在可见光波段,对于光纤通信而言,最重要的是近红外波段,而对于无线电通信而言,关心的则是微波、毫米波波段。

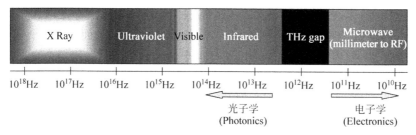

图 1.1.5　电磁波的频谱　　　　　　　　　　彩色原图

一般来说,红外线以上的频段对应光电子学-光电子器件,微波以下的频段对应的是电子学-电子器件。这里特别要提到的是频率处在 0.1~10THz(Tera Hertz,1THz = 10^{12} Hz)波段内的,称为"太赫兹(THz)波"的电磁波。太赫兹波位于红外线和微波之间,既不同于用于光纤通信的光子学所研究的波段,又不同于传统无线通信的微波、毫米波波段,它处于宏观电子学向微观光子学的过渡阶段。早期太赫兹在不同的领域有不同的名称,在光学领域被称为远红外,而在电子学领域则被称为亚毫米波、超微波等。在 20 世纪 80 年代中期之前,太赫兹波段两侧的红外和微波技术发展相对比较成熟,但是人们对太赫兹波段的认识仍然非常有限,形成了所谓的 THz Gap。实际上,自然界广泛存在太赫兹射线。大多物体的热辐射都有太赫兹辐射,宇宙背景辐射的频谱也大部分都在太赫兹频段。太赫兹波的很多独特性质赋予其广泛的应用前景。例如,它对人体有一定的穿透力,而与 X 射线相比,对人体的危害要小得多,很适合用在机场等场所进行安全检测;等等。

目前,太赫兹的发射、接收、传输等相关技术及器件仍处在研究阶段,具有较大的发展空间。

与电磁波频率相关的另一个参量是波长 λ。如果不考虑非线性效应,电磁波在不同介质中传输时频率一般是不发生变化的,而波长则会由于介质的不同而有所变化。

什么是介质呢?广义地说,一种物质存在于另一种物质内部时,后者就是前者的介质;某些波状运动(如声波、光波等)借以传播的物质称为这些波状运动的介质。电磁波借以传播的物质称为电磁波的介质,介质的成分、形状、密度、运动状态等决定了电磁波传播的方向和波长。下面用"介质"一词来表示传播电磁波的物质。

介质中频率与波长之间有:

$$\omega = \frac{ck}{n} \tag{1.1.6}$$

的关系。这里 c 是真空中的光速;n 是介质的折射率,在磁导率为1的非磁性介质中,有 $n=\sqrt{\varepsilon}$;$|k|=\frac{2\pi}{\lambda}$ 是式(1.1.5)中已经出现过的波数。前面提到,电磁波可以不通过任何导体在空间传播。所以真空也是一种电磁波的介质,真空的折射率 $n=1$。不同的材料有不同的折射率,于是,同一种频率的电磁波在不同介质中波长不同。从式(1.1.6)可以看出,折射率大的介质中波长会更小些。这就好似两个步行者迈步子的频率相同而步幅大小不一,行进的速度自然不同,步幅大的那位行进速度要快些。所以,介质的折射率决定电磁波在该种介质中传播的速度。式(1.1.6)所示描述的频率与波长(波数)之间关系的曲线被称为介质的"色散曲线"。当介质的折射率为常数时,介质的色散曲线为一直线,斜率由材料的折射率决定。

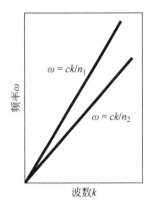

图 1.1.6 介质的色散曲线

电磁波的相位是一个独立于振幅、频率的描述电磁波特性的物理参量,在深入学习电磁场知识时会体会到相位的重要性。例如,在讨论光频段电磁波时,经常提到的"干涉""衍射"等现象,就是由各路电磁波的相位关系决定的。在通信里涉及的"相干检测"概念,也是与相位信息有关的。

电磁波的偏振(极化)是另一个描述电磁波特性的独立物理参量。如图 1.1.2 所示,电磁波是一个矢量波,电场矢量与磁场矢量的方向彼此垂直。电场、磁场的矢量方向在光学领域称为"偏振",在微波或者无线电领域则被称为"极化",其实说的是同一件事情。现实生活中涉及偏振的概念比较多,例如,看 3D 电影时戴的眼镜实际上就是一个偏振片,两个眼镜片上偏振片的方向不一样。专业课程"光电子学导论"中会告诉大家为什么这样一对方向不同的偏振片可以产生立体的视觉效果。

当然对于复杂的电磁波的描述,还需要一些其他的物理参量,这些将在课程"电动力学"或"电磁场理论"中学到。

上面所介绍的振幅、频率(波长)、相位、偏振(极化)等描述电磁波的物理参量都可以作为信息的载体。我们可以人为地控制电磁场这些物理参量的变化,使其变化量代表某种信息,即我们将信息加载到电磁波的这些物理参量上。随着电磁波的传播,被加载的信息就被传送到远方,这就是我们现在所说的"通信"的概念。通信按照电磁波传输的形式,分为无线通信和有线通信;按照电磁波的频率,又可以分为长波通信、短波通信、微波通信、光波通信等。关于通信的核心概念,第 6 章将有详细介绍,更深入的知识可以在课程"通信与网络"中学到。

1.1.3 电磁波的粒子性

前面我们介绍了描述电磁波——电磁场以波的形式传播——的各种物理参量,同时,强调了光就是某一个频段的电磁波。但是,我们知道有"光子"的说法,光的本质究竟是"粒子"还是"波动"? 从 17 世纪中期,光的微粒说和波动说就开始了旷日持久的争论大战。其结果是"量子力学"课程中将要学到的"波粒二象性"——光的本质既是波动又是粒子! 更一般的说法是电磁波既是波又是粒子。这里,赫兹证明光是一种电磁波的著名实验不但没有能够否定光的粒子性,还把电磁波也"拉下了水",揭示了它粒子性的一面。而且,正是赫兹实验中发现的光电效应成为人们发现量子物理世界的指路标。

怎样理解电磁波的粒子性呢? 我们引入"电磁场量子"的概念。任意电磁场可以看做是一系列单一频率(频率为 ν)平面电磁波的叠加。量子力学告诉我们,每一个频率为 ν 的单一频率平面电磁波的能量是不连续的、量子化的。存在最小的能量基元 $h\nu$,这个能量基元就是"电磁场量子"。如果 ν 是在光频段,这种电磁场量子则被称为"光子"。这里,$h=6.626\times 10^{-34}$ Js 是普朗克常数。每一个电磁场量子 $h\nu$ 的能量非常小,电磁场就是这些电磁场量子的集合。不同频率的电磁场对应的电磁场量子(光子)不同,频率为 ν 的电磁场的能量一定是电磁场量子所具有的能量 $h\nu$ 的整数倍。如果这个倍数是 N,则称电磁场中有 N 个电磁场量子(光子)。

电磁波粒子性的描述和我们日常生活经验很不符合,往往难于理解和接受。测试仪器在接收电磁场时或者人眼在感知光场时电磁场的能量似乎都是连续的,从没有观测到能量一份一份量子化的现象。原因是普朗克常数 $h=6.626\times 10^{-34}$ Js 是一个非常小的量,电磁场量子 $h\nu$ 的值非常小。即电磁场的能量不连续的现象很不明显,一般的测量仪器很难测量出来。所以电磁场的量子化现象一直没有被发现。光是频率比较高的电磁场,光子的能量 $h\nu$ 比起低频电磁场量子要相对大一些,所以,光波量子化的一些蛛丝马迹最早被注意到。但是人们又无法否认光波明显的波动性,才有了光究竟是微粒还是波动的困惑。在 1.3 节中将介绍到,很多物质能带之间的能量差恰好与一个光子的能量相当,这就为人们探测光子的存在提供了天然的"探测器"。相应地,要描述光场与物质的共振相互作用也就不能忽视光波的粒子性,必须要用到量子理论。

1.2 物质——电磁波的介质

1.2.1 晶体的概念

物质的广义定义是指一切自然存在,狭义定义则是构成宇宙万物的实物、场等客观事物,也有称物质是能量的一种聚集形式。物质存在的空间形式有两种:一种是实体性物质(气、液、固态物体等),另一种是能量性场物质(电场、磁场、引力场、电磁场等)。我们这里讨论与电磁场相互作用的"物质"仅限于第一种实体性物质。

自然界中的实体性物质结构复杂多样,不同的学科有不同的分类方法。在物理学中,物质可以分为固态、液态、气态和等离子态。固、液、气三态是众所周知的,而所谓的第四态——等离子态一般并不为常人所知。实际上宇宙空间里大部分物质的存在状态都是等离子态,地球上的很多现象也与等离子态相关,如闪电、极光、霓虹灯等。我们所说的电离层,实际上就是一层等离子态的物质。

前面提到过,电磁波借以传播的物质称为电磁波的介质,介质的成分、形状、密度、运动状态,决定了电磁波传输的方向和波长;介质中电荷载体与电磁场的相互作用是所有电子、光电子器件的基础。

一般情况下,可以制成器件的电磁波的介质材料是固态的。固体材料由大量原子或分子组成,每立方厘米中大约有 10^{23} 个原子/分子。如此巨大数目的原子/分子以一定的方式排列,原子/分子排列的方式称为固体的结构。固态材料依照原子/分子排列的规则程度可分为晶体和非晶体。晶体内原子/分子是严格有序地按照一定方式重复排列的,所以晶体具有规则的几何外形、固定的熔点、晶面角守恒、物理性质的各向异性等基本特征。晶体还可以分为单晶与多晶。当原子/分子排布的周期性贯穿整个物体时,则称为单晶;而排布的周期性局域在每一个较小的称为子晶的区域里,这些子晶混在一起则称为多晶。多晶的每一个足够小的区域里面是严格周期排列的原子/分子,而从整个物体来看并没有宏观的周期性。本学科用于器件研究的材料目前基本上都是晶体,其中半导体材料就是典型的晶体。图 1.2.1 是两种最常用的半导体的晶体结构,一个是金刚石结构,另一个是闪锌的结构。金刚石结构是最重要的半导体硅(Si)和锗(Ge)的晶体结构,而闪锌矿结构是光电子器件的材料 InP(磷化铟)和 GaAs(砷化镓)的基本晶体结构。

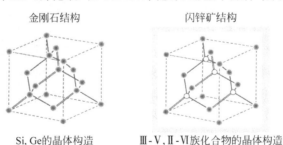

金刚石结构　　　　闪锌矿结构

Si, Ge的晶体构造　　Ⅲ-Ⅴ,Ⅱ-Ⅵ族化合物的晶体构造

图 1.2.1　最常见的半导体晶体结构:金刚石结构和闪锌矿结构

1.2.2　晶体中电子的能带

晶体中原子/分子的排布方式将直接决定材料各种电、光、磁的性质。关于晶体中原子/分子排布的规律、特点及其与晶体各种性质之间的关系将在课程"固体物理基础"中系统学习。这里我们简要介绍晶体中由于原子/分子的周期性排列所形成的能带的概念。

要理解能带的概念,首先看一下原子的构成。我们知道,原子是由原子核和围绕原子核运动的电子组成的。原子核中有质子和中子。图1.2.2是一个硅原子的模型。最外面的四个电子称为价电子。

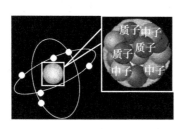
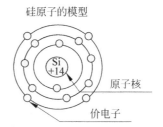

图1.2.2 原子的构成

要描述原子中电子的运动规律要用到波函数的概念。

在1.1.3节中提到了量子力学中的重要概念——波粒二象性,同时,用电磁场量子(光子)来描述了电磁波的粒子性。实际上,"波粒二象性是辐射和实物粒子都具有的内秉的和不可避免的性质"(波尔)。我们必须认识到,不仅电磁场同时具有波动性和粒子性,世界上所有的物质(广义)都同时具有波动性和粒子性!

首先,除电磁波以外的任何波动(声波、机械振动波等)的能量都是不连续的,都是由该种波的频率决定的能量子组成,这些能量子被相应地称为声子、弹簧振子等。另一方面,实体物质是具有波动性的。以电子这种实物微粒为例,实验观测到的干涉衍射现象无可争议地证实了它的波动性,如图1.2.3所示。很像关于光子本质的争论,电子究竟是粒子还是波也引起了很长时间的争论。结论依然是归结到"波粒二象性"——电子既是粒子又是波。怎样描述电子这种实体物质的波动性呢?既然是波,就要给出描述波的参量:频率和波长。更详细的分析将在"量子力学"课程中学习,我们在这里简单给出结论:一个能量为 E,动量为 p 的实体物质具有波长 $\lambda=h/p$ 和频率 $\nu=E/h$ 的波动性,并且被称为"物质波",用波函数 $\psi(r)$ 来表示。这里必须要说明的是,"物质波"和传统意义上"波"的概念不尽相同。它具有波的相干叠加性,但并不代表某个物理量的波动,而是刻画粒子在空间概率分布的概率波,$|\psi(r)|^2$ 表示在 r 处找到该粒子的概率。

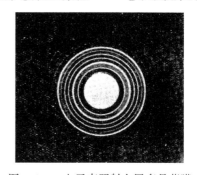

图1.2.3 电子束照射金属多晶薄膜观察到的电子衍射现象

比起谈论电磁场的粒子性,实体物质的波动性更难被接受,这实在是太不符合我们日常的生活经验了!原因还是因为普朗克常数太小了,宏观物体的波长 $\lambda=h/p$ 是一个非常小的值,在宏观世界中实物的波动性很难被察觉到,只有在微观尺度下才可看到其庐山真面目。迄今为止在实验上观测到干涉图像的质量最重、结构最复杂的粒子是 C_{60} 分子。然而,无论人们从宏观的角度如何难以接受实物粒子的波动性,在微观尺度下却无法无视它的存在。要描述原子中电子的运动规律必须要考虑电子的波动性,用电子的波函数来描述电子的运动状态。

电子的运动状态，也就是电子的波函数，是由电子所处的势能环境决定的。独立原子中电子只受一个原子核中心势场的吸引，所允许的电子的能量状态是分壳层和次壳层排列的，这些壳层称为能级，有 1s、2s2p、3s3p3d……，根据泡利不相容原理，每个能级上只能填充两个自旋相反的电子。这些能级所对应的电子波函数如图 1.2.4 所示。

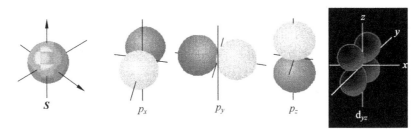

图 1.2.4 电子波函数示意图

与独立与原子不同，晶体中的外层电子是在周期性分布的势场中运动，其电子的波函数是完全不同的。当一个个独立的原子聚集形成晶体时每一个独立的能级就变成了能带。为了理解这个过程，我们先考虑两个原子的情况。当两个原子距离很远时，两者的相互影响可以忽略。各原子中电子的能级与单独原子时的情况相同。当这两个原子逐渐靠近时，它们的电子波函数将逐渐重叠。这时，作为一个系统，泡利不相容原理不允许一个量子态上有两个电子存在。于是，原来孤立状态下的每个能级将一分为二。更多的原子聚集在一起时，同样地，原来独立原子的能级将分裂成更多的能级，分裂出的能级数等于聚集的原子的数目。图 1.2.5 给出了 4 个原子聚集时原来的能级一分为四的示意图。由于能级分裂后的总宽度 ΔE 取决于原子的间距，这基本是一个定值，不因原子的聚集而有太大的改变。而实际晶体中原子的数目非常大，在有限的总宽度中分裂出如此多的能级必然导致能级的间隔非常小，以至于可以认为分裂后的 N（聚集的原子数）个能级形成一个能量准连续的区域，这样的一个能量区域就称为一个能带，或者称为允带，也就是说电子允许存在的能量状态。这些能量区域的间隔是电子不允许存在的能量状态，则称为禁带。

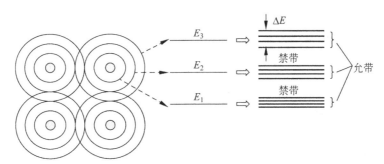

图 1.2.5 独立原子中的能级在多个原子聚集时分裂成为能带

实际晶体中的电子运动状态都可以用能带理论来描述。最外层的能带称为"导带"，次外层的能带称为"价带"。根据能带理论，充满电子的能带不导电，只有部分填充的能带可以导电。图 1.2.6 给出了导体和绝缘体的能带填充图。可以看到，导体的外层能带是部分填充的能带,而绝缘体最外层的能带是被全部填满的。

那么半导体的能带是怎么样的呢?如图1.2.7(a)所示,半导体的能带结构在绝对零度时与绝缘体的能带结构十分类似——最外层的能带是被全部填满的。所不同的是半导体的禁带宽度比较小。我们通常是在室温下研究问题,只要温度高于绝对零度,意味着电子会有热运动的能量,这个能量就会使半导体中一部分满带里的电子被热激发到更外层的能带上去。这时,最外层的能带里有了被激发的电子,成为部分填充的能带,而原来是满带的价带里的一些电子被激发后留下了带正电荷的"空位",称为"空穴",也成为不完全填充的能带(图1.2.7(b))。这时半导体中最外层能带(导带)和次外层能带(价带)都具有导电的特性。与金属材料不同,金属中参与导电的只有电子,而半导体中影响其电特性的除了电子外,还有空穴。

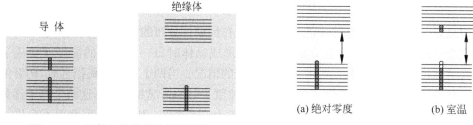

图1.2.6 导体和绝缘体的能带结构　　图1.2.7 半导体的能带结构

上面已经提到了,绝缘体和半导体的最外层都是被全部填满的能带,禁带的宽度决定了该材料是绝缘体还是半导体。一般而言,半导体的禁带宽度小于2eV。这个定义并不是这么严格,近年来的研究热点半导体材料GaN的禁带宽度就大于3eV,比传统意义上半导体材料的禁带要宽,所以称为"宽禁带半导体"。原则上来说,禁带宽度远大于2eV,即使在常温(或者更高的温度)下也不具有导电特性的材料称为绝缘体;而那些禁带宽度不大,由于热激发造成在室温下产生准自由电子、空穴而具有导电能力的一类材料就是半导体。半导体材料是最重要的电磁场介质之一,也是支撑我们学科器件的基础。

1.2.3　人工纳米结构

前面涉及的导体、绝缘体、半导体都是天然的晶体。我们得出晶体最重要的特点是原子或分子的周期性排列。如果我们将这种排列的周期放大几百倍,与光子的波长(几百纳米)接近时,光子会出现类似于电子在天然晶体中的现象,也会出现允许的光子能量范围——光子能带和不允许的光子能量范围——光子禁带,这就是所谓的"光子晶体",典型的人工纳米结构。图1.2.8中给出了一维、二维、三维光子晶体的示意图。光子晶体具有许多天然材料所不具备的特殊的性质,为器件研究提供了崭新的空间。

自然界中的天然晶体的周期一般都小于1nm,周期为几百纳米的光子晶体只能靠人工制作。受限于纳米尺度的加工工艺,光子晶体的概念在1987年首次被提出,十几年后

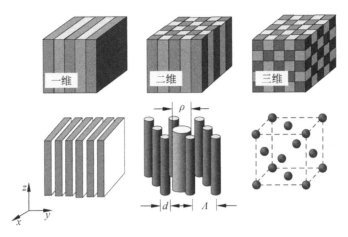

图 1.2.8 光子晶体

才真正得以实现。1nm 是 10^{-9}m，大约能放下 10 个氢原子。在纳米尺度（包括 1nm、10nm、100nm）下控制物质的结构及其与电磁场的相互作用，以获得新的电学效应，研究新功能的电子/光电子器件的学科称为纳米电子学，是纳米科技的一个重要部分。早在 1959 年，著名的物理学家费曼发表的演讲 *There is plenty of room at the bottom*，现在被认为是纳米科技的开端。目前是纳米科技飞速发展并向各个领域渗透的时代，日渐成熟的纳米加工技术使得各种结构的纳米材料成为可能。人们不再依赖于自然界赋予我们的有限的材料，可以随心所欲地制造材料，来实现我们所需要的特性，制造出具有天然材料所无法实现的具有新功能的器件。图 1.2.9 中给出了一些代表性的用于电子/光电子器件的纳米结构。除了光子晶体之外，碳纳米管、纳米线、量子点等都是最常见的纳米结构。

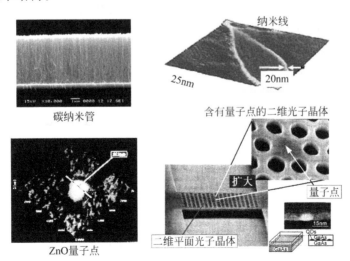

图 1.2.9 各种用于电子/光电子器件的纳米结构

1.3 电磁场与物质的相互作用

1.3.1 非共振相互作用

1.2节中分析了导体和绝缘体、半导体中电子能带结构的差异,这些差异决定了它们与电磁场的相互作用是不同的。我们这里先介绍电磁场与绝缘体和半导体材料相互作用的情况。在这里,绝缘体和半导体统称为电介质。(注意,"电介质"和前面提到的"电磁场的介质"不同,后者是更宽泛的概念,指一切电磁波借以传播的物质,而前者在这里特指绝缘体和半导体。)

电磁场与电介质的相互作用有多种不同的过程。电介质在电磁场作用下发生变化的同时也改变了电磁场,人们正是通过设计、控制这种电磁场与物质的相互作用实现了对电磁场的操纵。我们知道,电荷在电磁场中会受到电磁力的作用,运动的电荷周围存在电磁场。要研究电磁场在不同电介质中的存在形式及其变化规律,电磁场与组成电介质的原子/分子内电荷载体之间的相互作用无疑是占主导地位的。考虑原子外层电子的跃迁过程,这种相互作用可以大致分为非共振作用和共振作用两种过程。当电磁场的频率 ν 较低,电磁场的最小能量单元——电磁场量子的能量 $h\nu$ 小于电介质导带和价带能级之间的差,电磁场量子无法引发电子在能级间的跃迁而产生电磁场的辐射或吸收,即电介质对这个频段的电磁场是透明的。我们把这种情况下发生的作用统称为非共振作用(图1.3.1(a))。电磁场的传输、耦合、谐振等都属于非共振作用。当电磁场的频率 ν 较高,$h\nu$ 大于电介质导带和价带能级之间的差,这时,在电磁场量子的作用下,上下能级之间的电子可以发生跃迁从而辐射或者吸收电磁场,这个过程称为共振作用(图1.3.1(b))。受激吸收、受激辐射都属于有电子跃迁参与的共振作用。这里,我们暂不考虑原子核的热运动等其他效应对电磁场的影响。

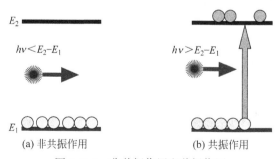

图 1.3.1 非共振作用和共振作用

非共振作用一般可以用原子极化的经典模型来处理。我们知道,电介质中的每一个原子/分子都是一个复杂的带电系统,有正电荷,有负电荷。虽然这些电荷分布在整个原子/分子的体积内，考虑到原子/分子的体积只有 10^{-10} m 数量级，所以每个原子/分子可以看成是一个由正、负点电荷相隔一定距离所组成的电偶极子。所谓电偶极子就是两个相距很近的等量异号点电荷 $-q$ 和 $+q$ 组成的系统，用电偶极距（电矩）$\boldsymbol{P} = \boldsymbol{l} \cdot q$ 描述，其中 l 是两个点电荷之间的距离，$\boldsymbol{l}$ 和 $\boldsymbol{P}$ 的方向规定由 $-q$ 指向 $+q$（图 1.3.2）。在讨论电磁场与电介质相互作用时，可以认为电介质是由大量的微小电偶极子所组成的。电介质与电磁场的相互作用等同于电偶极子的集合与电磁场的作用。

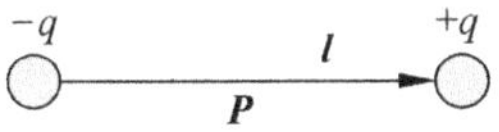

图 1.3.2 电偶极子

原子/分子按照内部电结构的不同，分为极性和非极性两类。极性原子/分子内部电荷分布不对称，其正、负电荷的重心不重合，具有固有电矩；而非极性的原子/分子的电荷分布均匀，正、负电荷的重心重合，固有电矩为零。在没有外加电磁场时，即使是极性原子/分子，由于无规则的热运动固有电矩的取向是随机的，电介质宏观也是不体现极性的。在外加电磁场的作用下，极性原子/分子原有的固有电矩将受电磁力的作用而沿着外场方向取向，当然由于热运动的存在取向不可能完全整齐，外场越强，排列越整齐；非极性原子/分子将沿着外场方向产生感生电矩，外场越强，感生电矩越大（图 1.3.3）。这两种过程的宏观效果都是在电介质表面出现了只有正电荷或只有负电荷的电荷层，这种电荷层称为面极化电荷（亦称为面束缚电荷，区别于导体中的自由电荷）。在外场作用下，电介质表面出现束缚电荷的现象称为电介质的极化。

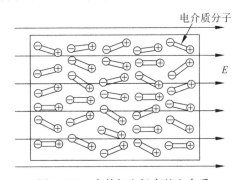

图 1.3.3 在外加电场中的电介质

如果外加电磁场是周期变化的，那么电介质的极化也会周期性地变化。在电磁场相关课程中会学到，这种空间电荷分布的周期性变化将会向外辐射电磁场。这就使得电介质内部和周围的电磁场发生变化，变化后的电磁场反过来又影响电介质的极化过程，如此反复，最终达到稳定（图 1.3.4）。从广义角度来理解，电磁场本身也是物质的一种形态，场和电介质的相互作用实质上是物质和物质的相互作用。物质间有作用，便有反作用。所以极化了的电介质会对电磁场施以反作用，使得原来作用于它的场发生变化。这些变化可能涉及场的振幅、频率和相位。可见，极化乃是场和物质相互作用中的一个重要概念。

稳定时电介质极化所产生的场与初始场的叠加要求等于产生电介质极化的场。当初始场非常小可以忽略不计时，可以认为产生电介质极化的场就是电介质极化所产生的场。这是一个自洽过程，故称之为自洽场。

不同电介质的结构不同，产生的面极化电荷不同，最后叠加形成的稳定自洽场也不相同。所以，电磁场在不同电介质中的存在形式及其变化规律取决于电介质的材料特性。

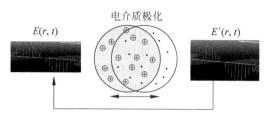

图1.3.4 自洽场——产生电介质极化的场就是电介质极化所产生的场

具体来说,每种材料都有表征其特性的色散曲线(图1.1.6),也就是每种材料都有其特定的折射率 n(或者介电常数 ε)。电介质的折射率体现了其与电磁场相互作用后形成的自洽场的特性。所以从电介质的折射率可以直观地读解出该材料中电磁场的存在形式及其变化规律,如表1.3.1所示。一般来说,相互作用后形成自洽场的波矢较大(波长较小)的物质,折射率较大,所对应的场的传播速度较慢;相反,形成自洽场波矢较小(波长较大)的物质,折射率较小,所对应的场的传播速度较大。真空的折射率最小,为 $n=1.0$,所以真空中电磁场的传播速度最快。

表1.3.1 几种物质的折射率

介质材料	空气	水	硅	锗	玻璃	磷化铟	砷化镓
折射率	1.001	1.33	3.42	4.08	1.52	3.28	3.5

不同的电介质相接处会有界面,界面两侧的材料结构不同,在电磁场中产生的极化也不一样。我们知道在界面处电磁场会有反射、折射现象,满足一定条件时还会产生全反射(图1.3.5),这一切都是界面两侧不同电介质和电磁场相互作用后形成稳定自洽场的必然结果,其规律被总结成在界面处的反射和折射定律,以及发生全反射的条件。

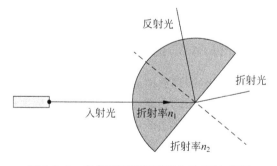

图1.3.5 光在不同材料界面上的反射、折射

一个界面上有反射、折射的现象,两个平行的可以发生全反射的界面就构成了介质波导结构。在光波段最典型的波导就是光导纤维(简称光纤)——光纤通信的最基本的载体,它在 $1.55\mu m$ 波段的传输损耗只有大约 0.2dB/km,甚至远远小于北京地区大气对光的吸收。光纤的发明人,华裔科学家高锟先生因此获得了2009年诺贝尔物理学奖。图1.3.6给出了光纤结构和工作原理的几何光学示意图。

波导除了传输电磁场外,同时也是构成器件的最基本的单元。两个波导传输的电磁

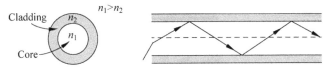

图 1.3.6 光导纤维(光纤)的基本结构和工作原理

场在一定的条件下会发生耦合,这就是耦合器;一个波导的两个端面制作上电磁场的反射结构就构成了谐振腔。基于耦合器、谐振腔可以构造出各种各样的器件。综上所述,无电子跃迁发生的非共振作用覆盖了电磁场的传输、耦合、谐振的相关原理和规律,以及相关的器件。这一部分知识将在专业课程"微波与光导波技术"和"光电子学导论"中详细讲述。

以上所述原子极化的经典模型实际上只是一种近似。因为原子中的电子并不是一个带电小球,它在场的作用下也并非做直线移动。前面已经介绍了,量子力学中电子的运动状态是用波函数来描述的,外场对电子的作用便表现为外场使电子的波函数发生变化。这一变化有可能使得原子体系的电偶极矩的量子力学平均值不再为零,这就是电介质极化的量子力学描述。尽管如此,原子极化的经典模型形式简单而又形象化,并可使某些问题的处理简化,在分析无电子跃迁的非共振相互作用时不失为一种好方法。但是在分析有电子跃迁发生的共振作用时,针对由于材料电子运动状态的变化产生的电磁场的辐射、吸收等物理过程,经典模型不再适用了,这时我们必须要用到量子理论。

1.3.2 共振相互作用

电磁场与电介质的共振作用分为自发辐射、受激吸收、受激辐射三种不同的过程。图 1.3.7 给出了这几种过程的示意图。

1. 自发辐射

如图 1.3.7(a)所示,处于高能带 E_2 的一个原子自发地向低能带 E_1 跃迁,并发射一个能量为 $h\nu=E_2-E_1$ 的光子。这种过程称为自发跃迁,由原子自发跃迁发出的光子称为自发辐射。自发跃迁是一种只与原子本身性质有关而与外加电磁场无关的自发过程。严格地说,这个过程本身不属于电磁场和物质的相互作用。但是,这个自发跃迁过程产生的自发辐射场会影响到电磁场和物质的相互的作用。换言之,自发辐射不决定于场与物质的相互作用,但是在场与物质的相互作用中扮演着一个重要的角色。

2. 受激吸收

如图 1.3.7(b)所示,处于低能带 E_1 的一个原子,在频率为 ν 的辐射场的作用(激励)下,吸收一个能量为 $h\nu=E_2-E_1$ 的光子,并向高能带 E_2 跃迁,这个过程称为受激吸收跃迁。

3. 受激辐射

爱因斯坦在研究物质原子和辐射场的相互作用时提出,还存在另一种原子在辐射场作用下的受激跃迁过程。与受激吸收跃迁过程相反,处于高能带 E_2 的一个原子,在频率

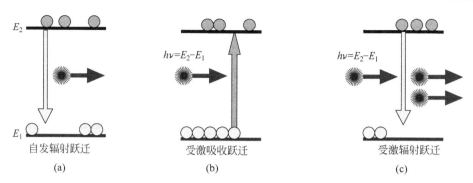

图 1.3.7 电磁场与电介质的共振作用

为 ν 的辐射场的作用下,会向低能带 E_1 跃迁,并放出一个能量为 $h\nu$ 的光子,如图 1.3.7(c)所示。这个过程称为受激辐射跃迁,发出的光子称为受激辐射。

分析受激辐射跃迁和自发辐射跃迁,似乎这两个过程有很多共同点。同样是原子中电子从高能带跃迁到低能带,放出光子,但这是两个完全不同的物理过程。自发辐射的跃迁,顾名思义,是自发的,只决定于原子本身的性质,与电磁场无关。自发辐射出来的光子虽然频率决定于两个能级的差,但是相位、偏振等特性完全是随机的。而受激辐射跃迁是被入射的光子"诱发"的,这个入射光子的能量要与这两个能级之间的差一致。入射光子完成"诱发"的任务后并不消逝,与受激辐射的光子同时存在。受激辐射出来的光子和入射光子在频率、相位、偏振、出射方向等特性上完全一样,就像是入射光子被克隆了一样。与自发跃迁不同,受激跃迁不仅与原子性质有关,其跃迁几率还与辐射场的强度呈正比。在考虑受激跃迁时,不能忽视自发辐射的作用。只要上能级有电子,自发辐射就始终存在。一方面,扮演着为受激辐射提供"诱发"光子的角色,另一方面,它又是我们分析受激辐射场时不得不滤掉的噪声来源。

这里还要注意的是,受激吸收跃迁与受激辐射跃迁是两个完全相反的过程:一个是吸收光子,另一个是放出光子。这两个过程同时存在,对于电磁场的作用是相互抵消的。我们只能观测到抵消后的"净效应"。吸收和辐射哪一个过程更强一些取决于上下能带电子数目的多少。下能带的电子数较多,受激吸收过程占上风,观察到的是电磁场被吸收了;如果材料处于上能带的电子数目较多的状态,那么,受激辐射过程就占上风,体现出来的是电磁场增强了。一般情况下,电子先从低能级开始填充,材料均处于下能带电子数较多的状态,受激吸收过程远远大于受激辐射过程。所以普通的材料即使有受激辐射,也被受激吸收掩盖了。只有材料处于被泵浦的激发状态,即上能带的电子数比下能带电子数多时,才有可能观测到受激辐射现象。正因如此,受激辐射一直到 20 世纪初才被发现。

爱因斯坦在理论上预言的这种受激辐射现象是革命性的。完全不同于传统的通过自由电子与电磁场相互作用来实现电磁波放大和振荡的概念,开辟了利用原子/分子中的束缚电子与电磁场的相互作用来放大电磁波的新路,为光电子器件开拓了一个崭新的时代,直接导致了激光器的出现。

受激辐射是一个可以生产光子的过程,通过这个过程可以产生与入射光子频率、相位、偏振、出射方向完全一样的光子。也就是说,产生出来的光子的特性是可以控制的。前面分析了,要克服受激吸收过程,获得光子的净增加,就要使受激辐射的几率大于受激吸收的几率,也就是说要使上能带的电子数大于下能带的电子数。受激辐射过程中,上能带的电子不断跃迁下来,是一个消耗上能带电子数的过程。要保持受激辐射过程的持续,我们需要有一个外加的机制,不断地把跃迁到低能带的电子再搬回到高能带,从而保持上能带电子在数目上的优势。这个"搬运"过程称为"泵浦"或者"抽运"。一般采用高频率强光照射(光泵浦)或 PN 结载流子注入(电泵浦)的方法实现这个"搬运"过程。从另一个角度来理解,泵浦的能量通过受激辐射转变成了人们想获得的特定频率、相位、偏振的电磁辐射能。受激辐射现象使得入射光子的数目增加,即电磁场的能量增加了,这就是一个光放大器。产生出来的辐射光子又可以去诱导出新的光子,新的光子还可以去诱导出更多的光子,这些新产生的光子都是完全一样、步调一致的。这就形成了一个正反馈的过程,其结果是某一种光子的数量得到极大的增强,这种频率、相位、偏振、传播方向完全一样的大量聚集的光子,称为激光,产生激光的过程称为激射,如图 1.3.8 所示。

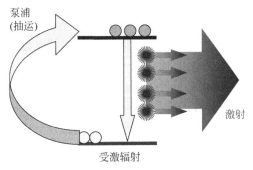

图 1.3.8 激射的原理

首先是在微波波段利用受激辐射实现电磁场的放大、激射。1958 年 Towns 发明了氨分子微波量子振荡器,并因此在 1964 年获得了诺贝尔物理学奖。休斯公司的梅曼在 1960 年研制出第一支红宝石激光器。激光器诞生 50 多年来,激光技术有了长足进步,发展出了各种各样的激光器。图 1.3.9(a)是采用氦氖气体作为增益介质的氦氖激光器,图 1.3.9(b)、(c)分别是半导体激光器(Laser Diode, LD)的芯片和模块,作为光源,半导体激光器是光纤通信技术不可替代的重要器件。目前,激光技术被广泛应用在社会生活、国防军事等各个领域,为推动社会发展起到了重大作用。

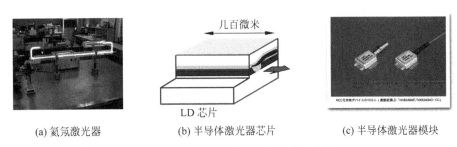

(a) 氦氖激光器　　　(b) 半导体激光器芯片　　　(c) 半导体激光器模块

图 1.3.9 氦氖激光器和半导体激光器

关于电磁场与电介质共振作用这部分内容将在专业课程"光电子导论"和"激光原理"中详细讲述。

1.3.3 电磁场与导体的相互作用

以上从电子跃迁的角度,介绍了电磁场与电介质(绝缘体、半导体)之间非共振相互作用和共振相互作用。那么导体与电磁场的作用又是怎样的呢?金属导体的电结构特征是内部有可以移动的电荷——自由电子。在外加静电场的作用下,金属内部的自由电子将受电力的作用而产生定向运动,这一运动将改变导体上的电荷分布,这种电荷分布的改变又将反过来改变导体内部和周围的电场分布,这种电荷和电场的分布将持续改变直至导体达到电平衡状态。所谓的静电平衡是指导体内部和表面都没有电荷定向移动的状态,很明显,这种状态只有在导体内部电场处处为零时才有可能达到和维持。金属表面聚集的自由电子与周期性变化的电磁场会相互耦合形成表面等离子激元,伴随的表面等离子场具有与一般电介质中的电磁场所不同的特性。这部分内容在专业课程"纳结构光电子学导论"中会有所涉及。

另外,通过设计不同结构的通电导体可以实现并控制电磁场的辐射,即天线的功能。图 1.3.10 给出了几种不同形状的通电导线周边产生电磁场分布的数值模拟结果。图 1.3.10(a)是终端开路的两根平行导线,内通交变电流,导线长度是交变电流频率所对应波长的二分之一。可以看到,导线周围会产生电磁场,离开导线一定距离的地方就没有电磁场分布了,即电磁波没有辐射出来;如果把这两根导线张开一定的角度,如图 1.3.10(b)所示,这时在某个方向上会有电磁波辐射出来;当这两根导线完全打开,夹角为 180°时(图 1.3.10(c)),电磁波则几乎从全方位往外辐射,这就是线天线。从这个例子可以看到,当交变电流电压频率较高时,电路的设计是很有讲究的。如果设计得不好,电路就会变成天线。本想通过导线传输的电磁信号,就会被辐射出来。这部分的详细内容会在高频电路和天线的相关专业课程中学习。

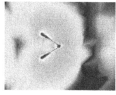

(a) 终端开路的平行双线　　(b) 终端开路的张角双线　　(c) 线天线的辐射

图 1.3.10　几种通电导线周边的电磁场分布

我们注意到图 1.3.10 中研究的导线长度和电磁场的波长是相同数量级的。当我们处理低频电磁场,也就是说电磁场的波长远远大于电路的尺寸时,可以忽略电磁场随空间的变化,即在电路尺寸决定的空间里,可以近似认为电磁场的空间分布是均匀的,只考虑它随时间的变化。这时,我们就可以用电路理论来代替电磁场理论。电磁场理论和电路理论是统一、不可分割的。电磁场理论强调普遍性,在电路尺寸远小于工作波长时,即准静态情况下,电路理论是可以由麦克斯韦方程组导出的近似理论。电路理论简洁、实用,替代抽象的"场"的概念和麦克斯韦方程,电路理论中研究比较直观的电压、电流等基本物理量以及电阻、电感、电容等实际电路的参数。第 2 章将介绍电路理论的核心概念。

第 2 章　电势与电路

作者简介

　　李国林,清华大学电子工程系副教授。于 1993 年、2002 年获得清华大学电子工程系电磁场与微波技术专业学士、硕士和博士学位。2002 年入职清华大学电子工程系电路与系统研究所至今,主要从事电路与系统、电子医疗、人机交互等方面的研究工作。2003 年至今,担任本科生专业基础课"通信电路"主讲教师,该课程分获清华大学、北京市和国家精品课称号。2011 年至今,担任本科生专业核心课"电子电路与系统基础"课程负责人和主讲教师,该课程被评为 2018 年清华大学"标杆课程"。曾获 2014 年清华大学第 5 届"清韵烛光我最喜爱的教师",2017—2019 年毕业生调查"本科学习期间受益最深的课程与教师",2019 年清华大学新百年教学成就奖。

电路的应用已经深入到现代人类生活的方方面面：

(1) 家用电器：微波炉、电灯、热水器、电热器、电话、电视是电路最直接的应用，电冰箱、洗衣机等家用电器中的控制器也是由电路实现的。

(2) 随身移动设备：手机已经成为人们离不开的随身设备，其信号产生、处理、接收、发射、显示等信息处理功能模块和能量转换模块都是由电路实现的。

(3) 办公用品：计算机、笔记本电脑、打印机等不仅是办公用品，更是走进千家万户的日常用品，它们的核心控制部件都是电路。

(4) 运输工具：汽车、火车、飞机中的控制、监测设备等均是电子的（由电路实现的）；卫星、飞船更是电子设备的大集合，当然运输工具还有机械设备，但这些机械设备大多也是由电路控制的。

(5) 医疗设备：心电图、X光检测、脑核磁共振、无线内窥镜等，不也是电子的吗？

……

写到这里，还有哪些人类使用的东西可以不需电子控制，可以离开电路呢？椅子？桌子？地板？书？不，人们现在阅览的书大多都是电子版的了。

电路确确实实渗透到人类生活的方方面面，持续改造着人类的生活基础。那么，电路到底有什么用处呢？

2.1 电路功用

一般而言，电路有两个基本功用：一是实现对电能量的处理，二是实现对电信息的处理。

2.1.1 对电能量进行处理

电路可完成对电能量的转换及传输。

首先是电能的转换。例如电灯，它将电能转换为光能，在电路中可等效为电阻元件；例如发电机，它将机械能、热能等转换为电能，在电路中被等效为电压源；例如微波炉，它将低频市电的电能转换为高频微波的电能辐射到含水食物上（被转换为热能以加热食物），微波炉等效为一个振荡器电路，因而它是一个高频振荡源（电压源）；例如广播发射塔、电视发射台的发射天线，它将受导体束缚的电磁能转换为空间辐射的电磁能，对发射机电路而言可等效为吸收电能的电阻，而对于收音机和电视机的接收天线，它将空间辐射过来的电磁能转换为受导体束缚的电磁能（电压信号），对接收机电路而言可等效为信号源（电压源）。家用电器大多是将电能转换为其他能量形式，如电热器是转换为热能，洗衣机是转换为机械能等，它们都可视为消耗能量的电阻。除了前述的电能和其他能量形式之间的转换外，电能之间的转换电路还包括将交流电能转换为直流电能的整流器、将直流电能转换为直流电能的稳压器、将直流电能转换为交流电能的逆变器、将交流电能转换为交流电能的变压器等。

其次是电能的传输。例如高压线电能传输网络,将电能由发电站传输到各地用户处,高压线可等效为传输线。其电能传输的机制是:随着输入端信号的周期变化,传输线上的电磁能量相互转换,被传输线导体引导后,自始端传输到终端,为终端匹配负载(等效电阻元件)所吸收。家用电器的电线是传输电能的,闭路电视的电缆则是传输信号的,当然信号传输是通过电能传输实现的。

2.1.2 对电信息进行处理

电路可实现对电信息的处理,这是电子电路最为重要的应用。电路可用来构造电子信息系统以服务于人类,那么首要的问题是:什么是信息?信息有何特征?信息为何重要?为什么要构造信息处理系统?为什么以电子信息为中间媒介实现信息的处理?

1. 什么是信息

对信息很难给出一个明确的、令所有人都认可的定义,数学家、控制论的奠基人诺伯特·维纳说:Information is information, not matter or energy,信息就是信息,既非物质亦非能量。这句话揭示了信息的重要地位,即信息和物质、能量一样,是客观世界的构成要素。

人们用电路构造信息处理系统,其最终的目的是为人服务,因此这里仅从信息对人的影响这个角度来论述什么是信息:生命体因之而做出反应的因素是信息。生命体以人为例。

例如,"山"不是信息,但"山险"是信息,有人因山险不敢爬山,有人因山险而猎奇;"山中有虎"是信息,有人可能因此不敢进山,有人可能因此进山狩猎;"此山在河南"是信息,可能有人因此去河南旅游,或许有人获取这个信息后只是点点头罢了,他对此信息没有更多的反应,更多的人或许根本就无动于衷。然而,"山"虽然不是信息,但"山"这个字却蕴含着信息(从而可视它为信息),人们看到或听到这个字则会联想到山的许多特征,这种联想就是人看到、听到"山"这个字后的反应,这里的联想有将以前存储在脑海里的关于山的信息提取出来的过程。当然"山"这个字所蕴含的关于"山"的信息只有知道"山"、见过"山"、听过"山"的人才能正确联想,而不知山的婴儿听到这个字并不能正确反应其内蕴的"山"的信息,但他仍然对"山"这个发音做出反应,这里"山"的发音对该婴儿而言是刺激他的耳朵进而刺激他的大脑做出反应的信息,他的反应可能是扭头看你说话,试图理解你,当他听到你发"山"这个音的同时,又看到你指给他的"山"的图片,他会将这两个信息之间建立某种关联。

再如,"花生"(物质)不是信息,人吃了炒花生获得了营养和满嘴香味,花生的香味是信息,有人因回味花生的香味而去网购炒花生继续吃;吃花生后吸入人体的营养(能量)不是信息,但"花生对人有营养"这个说法是信息,有人即使不喜欢花生的味道但因知道其有营养这个信息后可能会多吃几口,以获得其营养(能量);"花生"虽然不是信息,但人看到花生却能有反应,认知这是花生,这种认知是从花生的形状、颜色、味道等来的,所以"花生"虽然不是信息,但进入人眼的"花生外皮颜色是粉红或暗红的""花生的大小犹如小指肚"等却是信息,人们因此而认知它是花生。当然也有人是因为肚子饿而吃花生,这里肚子饿的感觉以及"花生可吃"对人而言是信息。

再如:有一只小虫从某人眼边飞过,此人因此而眨眼,"小虫子"(物质)、"小虫子飞"(能量)不是信息,"小虫子飞过来了"是信息,此人不是因物质(小虫子)、能量(小虫子飞)而眨眼,是因信息(小虫子飞来,眼睛或皮肤接收到此信息)而做出眨眼、挥手驱赶等反应。

上述这些信息大多属于外界刺激,人体感应到而因之反应。然而信息不仅是外界对人的刺激,还包括人自己的思维活动的刺激。佛学中所谓的"眼耳鼻舌身意"六根不净,则染六尘"色声香味触法",前五根是获取外界信息的感应器(传感器),前五尘则是获取的来自非意识界的信息,但第六尘"法"却是由第六根"意"(思维)衍生(归纳、推演、联想、无端自生)出的信息,并不一定需要外界刺激。例如某人突然无端想起来"我刚才出门似乎没有关门",从而做出回家看看的举动。"我刚才出门似乎没有关门"是思维(意)产生的信息(法),这个信息可能是真,也可能是假,但都不妨碍他对这个信息做出某种反应。

2. 信息的基本特性

从上述描述可知,信息具有如下的基本特性:

(1) 普遍性。万物皆有信息,信息不能离开物质或能量而单独存在,信息存在于物质、能量的区别之中。"山险"之所以成为信息,是因为有的山不险,山与山之间有区别,这种对差异性的表述就是信息。"山"不是信息,但"是山"是信息,因为有"非山"与之区别。

(2) 可识别,可获取。信息可通过人的感觉系统或感觉系统的延拓(如人造仪器)来获取,亦可从思维衍生而出。后者可能是对以前记忆信息的提取,也可能是通过归纳总结推演而来,也有可能是直觉获得,某种刺激下的联想或无端生成。

(3) 很多属性信息是客观的,但人采集到的信息可能是主观化的,信息对人的影响(信息量大小)是个体化的,即同一信息对不同人的信息量激励是不同的,导致的人的反应行为是高度主观个体化的。例如"地球绕太阳转"对教会的影响是冲击性的,教会中人的反应就是烧死说这话的人,但这个信息对一个乞丐的影响远不如"明天在某地可讨到食物"这个的信息量大,前者对他或许根本没有任何影响。

(4) 可处理,可衍生。处理过的或衍生出的信息真假不定,如看见"猫抓伤人"衍生出"狗咬伤人",衍生信息是失真的(和"猫抓伤人"不是一码事),可能为真可能为假。

(5) 可传递,可发布。"蛇有毒"这个信息是我通过书本获知的,无须我本人真实受到伤害通过直接感受获取。

(6) 可存储,可共享。"蛇有毒"可无限复制到每个人的脑海中,也可以文字形式存储在书本中,被人们无限地读取。

3. 信息的重要性

既然信息是生命体因之而做出反应的因素,因此信息在生命体的进化过程中起着决定性的作用,搞清楚这个问题完全超出了电子工程师的能力范围,这里仅举两个最简单的日常生活中的例子说明信息的重要性。

例如,小孩看见地面上的一条蛇,他以前从未见过蛇,他的行为是怎样的呢?信息首先自外界而来,异于地面的"颜色""形状""爬行""发出响声"等信息自人眼、人耳输入,其后的信息处理及信息处理后对其做出的反应则因个体思维、知识结构、价值判断的差异而有很大的差异。例如,他首先会判断出"这是一个动物",之后小孩的反应却可能千差万别,有可能是上前摸它以满足好奇心(获得更多的关于该动物的信息,如触摸的感觉),也有可能是下意识地躲开,也可能是有意识地躲开。如果他脑海中有"这是蛇,蛇有毒"的信息并且被调度了出来,无论这个信息是他妈妈告诉他的,还是他从电视上、书本上看来的,他正常的有意识的无意识的反应都应是躲开,可见信息对个体成长的重要性,它可能直接影响到个体的生存:可能被蛇咬而死(被他人进一步证实了被蛇咬会死的信息),可能被蛇咬但最终无碍(获取了该蛇无毒的信息,或者获取了毒性较弱可医治但很疼痛等信息),躲开当然更加无事。

再如,战争中获得的"某部队在某时对某地进行偷袭"这一个信息被偷袭方如果不知道,则被偷袭方将会严重受损,但是如果被偷袭方提前获知了此信息,则偷袭方可能被反偷袭而严重受损,可见信息对群体的生存也是至关重要的。

人做出某种决策的依据是信息,信息的重要性就体现在这里,人的行为其实是各种信息刺激后的反应。那么在人类社会中,对人的生存和发展乃至整个人类社会建构与发展都至关重要的信息是如何表征的呢?

4. 人是如何表征信息的

人类社会中,人们通常用某种符号或编码体系作为信息载体来表征信息,信息因信息载体的存在而可传递(可交换)、可存储、可处理(可以某种形式处理,如人可用语言进行推理这种信息处理)。这些载体符号包括语言、文字、图像、公式符号、暗语、电码、表情、手语、旗语等。

蕴含了信息的符号也被称为消息。消息或符号所蕴含的信息或是小范围内的约定,或是大范围内的俗成,只有收信者和发信者在相同的约定下,收信者收到消息后才能理解该符号所蕴含的信息是什么,当约定出现偏差或者没有约定时,收信者可能错误理解或不能理解,从而无法正确接收发信者发出的信息,也无法依据该信息做出发信者希望他做出的决策。

符号对人类社会的形成具有重大意义,符号(尤其是语言文字)作为表征(representation,再现)信息的载体,因其可传递性、可存储性、可处理性创造出了我们所处的这个不同于物质世界的人类社会世界。

5. 电子信息

如果信息是负荷在电信号(电压、电流)上的,或者信息以电信号的变化形式存在,这种信息被称为电子信息。一句话,电子信息就是用电信号表征的信息。

为什么人们要采用电信号来负荷信息或表征信息呢?信息因信息载体的存在而可传

递(可交换)、可存储、可处理,因此信息载体对信息的传递、存储、处理起到决定性的作用,而电信号载体具有无可比拟的优势:①电磁波的传播速度是最快的光速,基于电磁波的波动性,电子信息可以实现快速的远距离的传输(传递或交换);②发展起来的电路技术可以完成对电信号(电子信息)的各种精巧有效的处理,包括有效的存储。

电路系统作为信息处理系统,其输入端信号是设计者或使用者期望的被处理信息,其输出端信号则是处理后期望可对外发布的信息。直流电源电压对电路而言一般不被视为电子信息,而是支撑电路正常工作的能量供给源,但是如果电源电压变化导致电路输出信号因之而变化,则电源电压的变化也是一种电子信息。如是,环境温度的变化导致的电路器件参数变化所引发的输出信号变化也属电子信息,但是这却不是人们希望电路处理的电子信息,这类人们不喜欢的电子信息还包括输入端口进入的干扰信号、噪声信号以及电路自身产生的杂散信号和噪声信号。有精密要求的电路,人们通常会将电路系统置于恒温箱内以隔绝外部温度变化对电路的影响,设计稳压器、电源滤波器以稳定直流电源电压,设计信号滤波器以滤除混入有用信号中的干扰信号和噪声信号,或者在电路结构上下功夫,如采用对称结构、负反馈结构以抑制电源电压、温度敏感器件对电路的影响,等等。虽然无法完全实现,但上述措施却尽可能地使电路系统只对人们期望的由输入端进入的有用的电信号(电子信息)进行处理,或者只输出人们期望的处理后信号。

有必要指出的是,温度变化对恒温箱电路而言恰好是它需要处理的信息,它时刻监控这个变量,当温度传感器感受到的温度变化表明箱内温度偏离预设值后,电路将依据这个电子信息控制温控设备,调整恒温箱内温度,使之再次进入"温度恒定"状态。

信息之于生命体的关系,电子信息之于电路系统的关系,在工程技术人员的眼中,是一种信号与系统的关系,如图 2.1.1 所示,不同之处在于生命体可以自我组织、进化以适应信息,而电路系统对电子信息的响应却是人为设计的,其对电子信息的响应行为几乎可完全预设,因而它仅是服务于人的工具。生命体并非如此,其对信息的反应行为有很大的不可预知性,他既是独立的生命个体,又不能脱离生命群体,其反应有可能对其个体或群体的发展产生重大影响。

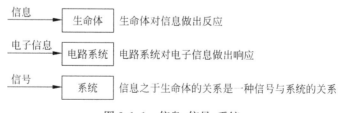

图 2.1.1 信息、信号、系统

6. 电子信息系统

人类现在走的是一个不断探索和控制的道路,为了提高人对物质世界、人类社会的控制能力,提高自己的生存能力和生活质量,人们需要处理大量的信息,人对信息处理的能力是有限度的,信息系统则是服务于人的,它可提高人们对信息的处理能力,如图 2.1.2 所示。

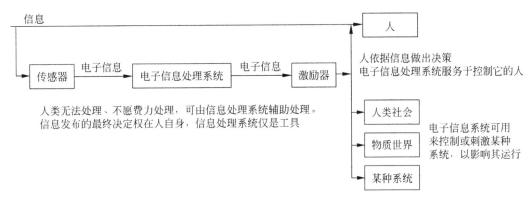

图 2.1.2　电子信息系统服务于人

电子信息系统是能够实现对信息采集、存储、处理、传输和发布的电子系统,包括由电路构成的硬件系统和电路层次之上的软件系统。

电子信息系统应具有信息采集功能,从外部物理世界或人类社会采集信息,并将其转换为电信号,采集信息的电子设备一般称为传感器。信息系统也可从信息系统自身采集信息。采集对系统而言亦可称为输入,传感器被设计成为输入设备。

采集到的信息可能被存储到某个存储介质上以备后续处理,也可能被传递到另一个电子信息系统,也可能直接予以处理。信息处理中的各种技术涉及电子信息科学知识体系图的第二层"电势与电路",这是电子信息系统的物理层基础,更是与第三层"比特与逻辑"、第四层"程序与处理器"、第五层"数据与算法"、第六层"数据包与网络通信"密切相关(见图 2.1.3)。

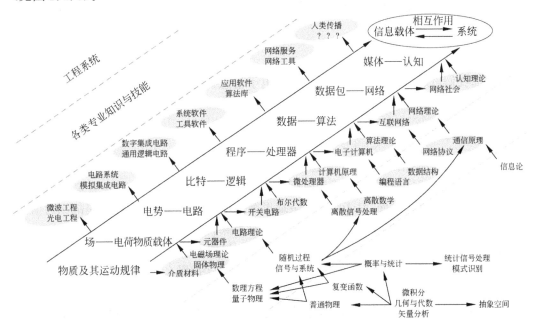

图 2.1.3　电子信息科学知识体系图

电子信息系统的最终目的是服务于人,因此它应具有发布功能,发布到人类社会或个体以影响人类社会或者个体行为。发布信息的电子设备一般被称为激励器。对外发布对电子系统而言亦可称为输出,激励器可设计为输出设备或显示设备,这是由于人类接收信息的最重要的"传感器"是眼睛。

信息也可发布到物理世界或其他物理系统或电子信息系统自身,从而影响物理世界的运行,控制物理系统的运动或电子信息系统的行为(图 2.1.2)。这种因信息发布而导致外界或自身行为的改变被称为控制,电路内部的控制多存在负反馈机制以获得可靠控制。

由于人做出决策的依据是信息,当一个人接收到的信息大部分是由媒体提供时,他其实是被"控制"的,因为媒体是人控制的信息处理系统,其发布出来的信息是被处理过的信息,至少是选择过的信息,处理之后再发布的信息可能是无意失真的,也有可能是有意失真的,或者根本就是故意造假的,接受媒体信息的人做出的决策行为、做出的各种反应则会受到控制媒体的人的间接的"控制"(见图 2.1.2)。

这个问题可能是电子信息体系图最上一层"媒体与认知"(图 2.1.3)需要研究的问题,但它却不能解决这个问题,因为它已经超出了电子信息系统自身的处理能力。

上述讨论的输入设备、输出设备、存储设备和处理信息的电路的制作与实现,其理论基础都是建立在场与物质的相互作用关系上的,这些理论基础正是位于电子信息科学知识体系图第一层的"场与物质载体"。下面将只讨论纯粹的技术人员是如何用电路来实现电子信息处理系统的,这里以一个射频通信系统为例。

2.1.3　用电路实现信息的远距离传递:一个射频通信系统实例

下面我们以通信为例,来说明构造一个电子信息处理系统需要哪些基本功能单元电路,这些功能单元电路可实现对信号(信息)的某种处理。

1. 需求分析

通过某种媒质(信道)进行的信息传递被称为通信。现代通信有两种方式,有线通信和无线通信。无线通信,尤其是采用电磁波作为载体的射频通信,具有配置灵活、建设速度快、通信可靠、维护方便、易于跨越复杂地形等优点,而被广泛应用,尤其是战场通信、卫星通信等,选择射频通信作为其主要通信手段具有某种必然性。下面我们以点对点的远距离对话为例,讨论一个点对点射频通信系统是如何构架的。

假设这里需要实现的是远距离的两个人之间的对话,那么通信系统需要什么样的功能才能完成这个远距离的点到点的对话呢?

(1) 虽然有各种方式可以选择,这里我们暂定采用电磁波作为信息传播的能量载体,除了前述射频通信的优点外,电磁波的特点是适宜于在空气和自由空间中远距离快速传播。

(2) 信源(这里指说话的人)发出的语音不适宜在空气(信道)中远距离传播,需要发射机将不适宜在空气信道中传播的语音转换为适宜在空气信道中传播的电磁波。那么发射机结构是怎样的?它是如何实现这种转换的呢?

(3) 首先通过话筒(传感器)将语音声波信号转换为电信号(电压或电流),转换出来的电信号的频率和声信号是一致的,都是低频信号,该低频电信号一般被称为基带信号,基带低频电信号可以在空气中传播吗?原则上可以,但关键问题是如何把低频电能(被金属、介质束缚的电能量)转换为空间辐射的电磁波能量呢?这需要发射天线作为两种能量的转换器。

图 2.1.4 中,在发射机电路和天线之间画了一段传输线,一是实际电路中确实有这么一段电缆,二是天线其实就是传输线末端的一种开放结构。这段电缆为 TEM(横向电磁)模传输线,TEM 模电磁波可以与集总参数电路的电压电流很好地衔接,传输线中的导行电磁波也可视为电压波和电流波。在传输线末端,开放结构将受金属束缚的电磁场(电压、电流)转换为辐射的电磁场,这里对天线的尺寸就有一定的要求,即天线尺寸必须可以和波长相比拟,否则电磁能量无法有效地转换。图中所画天线为两个 $\lambda/4$ 导体线,它可以有效地实现两种电磁能的转换,故而我们往往用 $\lambda/4$ 作为天线尺寸的度量。对语音声波,其能量集中在千赫附近的频段内,以 1kHz 为例,其波长为 300km,$\lambda/4$ 为 75km,也就是说要想有效地将 1kHz 电信号转换为辐射电磁能量,则需要 75km 高(比 8 座珠峰还要高)的天线,这在工程上是难以实现的。除了天线尺寸外,传输信号的频率带宽等问题也是重要的考量因素。综合考量的结果是,直接发射基带信号代价太高,应该将低频信号转换为高频信号再发射出去。那么如何实现低频到高频的转换呢?可以采用调制方案。

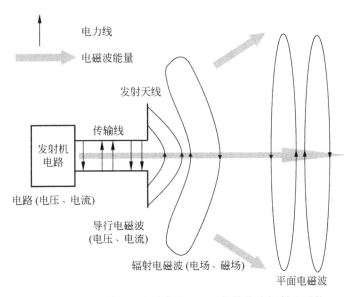

图 2.1.4 发射天线将受束缚的电磁能转换为辐射电磁能

(4) 所谓调制,就是将低频基带信号装载到高频信号上,此时高频信号称为载波。例如,选用正弦信号作为载波,那么低频信号可装载到高频正弦信号的幅度上、频率上或相位上，对应调制分别称为幅度调制（AM）、频率调制（FM）和相位调制（PM）。也可在载波的幅度和相位上同时装载基带信号，如正交幅度调制（QAM）等方案。对于调制，低频基带信号可视为信息，高频载波则是负荷信息的载体。能够实现信号调制的电路称为调制器。

（5）假设信号已经被调制到高频信号上了，那么就可以用合适尺寸的天线将其转换为空间辐射电磁波发射出去。如果载波频率为1GHz，那么$\lambda/4$天线就只有7.5cm长，这个长度完全可以放在手掌之中，如手机大小。

（6）电磁波可以在空气介质（空气信道）中远距离传播，接收端的信宿（听话的人）无法接收也无法理解这个电磁波，只能通过接收机将电磁波接收下来，并转换为信宿可理解的消息形式，如语音，使得信宿人听到信源人所说的话。那么接收机结构又是怎样的？它是如何实现转换的呢？

（7）显然，接收机和发射机对信号的处理是相逆的，因而接收机第一个部件就是接收天线，它将空间辐射电磁波转换为高频电信号，只需将图2.1.4中的"电磁波能量"箭头方向倒置，将"发射机电路"改为"接收机电路"即可类比理解。

（8）接收下来的信号有两个特点：①信号极为微弱。注意到发射天线图中，辐射出去的电磁波是朝四面八方传播，因此距离发射天线越远，电磁波能量密度就越小，而接收天线尺寸是有限的，当传输距离很远时，接收到的电磁能量将极为微弱。②信号极为庞杂。注意到接收天线图中，天线接收到的电磁波可从四面八方而来，天线接收下来的信号极为庞杂，希望获得的信号往往淹没在这些庞杂的信号之中。

（9）因此接收机天线之后应该有一个滤波器，将想要的信号滤取出来，其他不需要的信号则被滤除；同样地，发射机天线之前也应该有一个滤波器，这是由于实际发射机并不理想，它会产生出很多不需要的杂散信号，因此在传送给天线辐射之前，应将不需要的信号滤除掉，只剩下有用的信号再发射出去，否则外空间充满了杂散信号，你实现了通信，别人就无法再通信，大家都想通信时则一片嘈杂，谁都无法通信。

（10）接收机"天线→滤波器→"之后还应有一个放大器，将微弱的信号放大，使得信号强度足够大到后续处理电路能够处理它。同样地，发射机"天线←滤波器←"之前应有一个放大器，这是由于接收信号中存在噪声基底，如果发射信号小，接收机天线收下来的信号也就很小，很容易被噪声淹没，而接收机对信号放大时，对噪声同样放大，无法将信号有效提取出来，因此要求发射机必须发射出足够强度的信号，使得接收机接收到的信号比噪声基底高。发射机末端的放大器称为功率放大器，它的功能就是尽可能高效率地将直流功率转换为高频交流功率，接收机始端的放大器则称为低噪声放大器，它的功能就是在无失真放大信号的同时，对信号尽可能少地添加额外的噪声。功率放大器提供的信号功率越高，低噪声放大器对信号添加的额外噪声越少，信号质量就越高，信噪比就越高，通信距离就越远。

（11）接收机天线接收下来的信号经滤波、放大后，是一个携带了基带信号的高频信号，这个高频信号是信宿所无法理解的，因此接收机必须进一步对信号变换。与发射机相逆，发射机既然有调制环节，接收机对应的就是解调环节。解调就是将负荷在高频载波上的低频基带信号卸载下来，实现解调功能的电路称为解调器。

（12）信宿仍然无法理解解调下来的低频电信号，需要用扬声器（激励器）将低频电信号转换为信宿人可理解的声波信号。

如果信宿人在很远的距离外收听到了信源人说的一句话，他将对这句话做出反应，这句话对信宿人而言是造成他做出反应的信息，这样我们就实现了一次远距离的信息传递。

2. 系统框架

至此，我们解构了一个点到点的射频语音通信系统，发射机可由"话筒→调制器→功率放大器→滤波器→天线"构成，接收机可由"天线→滤波器→低噪声放大器→解调器→扬声器"构成，如图 2.1.5 所示。

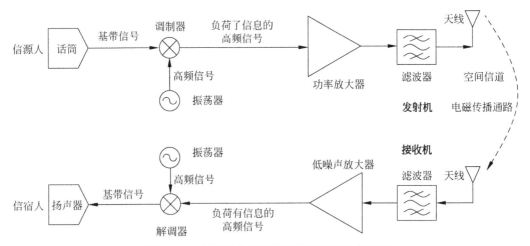

图 2.1.5 射频通信发射机和接收机的基本构架

我们注意到：①图中调制器和解调器采用了乘法器符号，因为很多情况下调制和解调可由乘法器实现；②乘法器有两个输入，其中一个输入是高频载波信号，作为负荷低频电信号的载体，因此电路设计中还需要一个高频振荡器以产生高频载波信号；③放大器采用通用的三角形符号，三角形的指向方向就是正向放大的方向；④滤波器方框中的三条波浪线自下向上分别代表较低频率、中间频率和较高频率，图中上下两条波浪线被斜杠阻断，而中间波浪形畅通无阻，说明滤波器是带通滤波器，只让中间某个频段的频率通过，低于此频段和高于此频段的频率分量无法通过。实际电路中几乎每个功能电路中都暗含某种滤波机制，或在其前后人为添加滤波器模块，以消除功能电路非理想产生的带外杂散信号。

对该系统提出的原则性要求是远距离、实时和无失真。采用射频电磁波很好地解决了信道实时性问题，而处理的实时性、传输的远距离和无失真则需要在电路设计前就对每个电路模块提出各自的可行的指标要求，这里不再详述这个问题。

通过上面这个实现远距离无线通信架构的例子，我们知道要构架一个信息处理系统，需要很多功能单元电路，如上述的滤波器、放大器、调制解调器等，那么这些功能单元电路又是如何实现的？如何分析这些功能电路的功能和性能呢？

2.2 电路抽象

如果将电子信息处理系统和人相比拟,前述的射频通信系统仅仅是信息系统中的一个实现信息远距离传输的子系统。例如手机中,除了射频通信系统外,还有对语音信号及数据进行处理的处理器子系统,对电能进行管理的电源管理子系统,手机 App 需要的诸多传感器,以及人机交互的输入/输出子系统。表 2.2.1 描述的就是人和电子信息处理系统之间的相比拟对应关系,而电路就是整个电子信息处理系统的物理层硬件基础。

表 2.2.1 以人做比拟看电子信息处理系统的结构

	人		电子信息处理系统	
硬设施上的软系统	语言、文字、交流…… 家庭、社会……		计算机语言、算法、通信…… 大系统、网络……	
子系统	感官系统、神经系统、循环系统、骨骼系统、肌肉系统、消化系统、免疫系统……	基因	传感系统、控制系统、总线系统、存储系统、人机交互系统、射频通信系统、电源管理系统……	线性
器官/单元电路	脑、眼、耳、心、肺、肝、肾、胃、肠、膀胱、血管、骨骼、牙、舌、鼻、手、脚、皮肤……	染色体	放大器、滤波器、混频器、振荡器、数字门电路、存储器、处理器…… 整流器、稳压器、逆变器……	时变性
细胞/器件	脑细胞、神经细胞、红血球细胞、肌肉细胞、脂肪细胞、皮肤细胞……	遗传	电阻、电容、电感、电源、受控源、开关…… 二极管、晶体管……	正负反馈
成分/材料	水、蛋白、脂肪、糖…… 碳、氢、氧、氮、磷、钾、氯、镁、硫、钙、铁、碘……	……	导体、半导体、绝缘体…… 陶瓷、石英、砷化镓…… 铜、金、硅、锗……	……

2.2.1 基本单元电路与基本器件

下面我们首先对基本单元电路和基本器件进行描述,以便理解电路是如何构成并实现其预设功能的。

1. 基本单元电路

表 2.2.2 给出了构建信息处理系统常见的单元电路,以及这些单元电路功能的基本描述。

表 2.2.2　构建信息处理系统常见的单元电路

用途	单元电路		功能描述	数学关系描述	电路构成器件
信号处理	信号处理通过电能量的转换完成,只能用模拟电路实现	放大器	放大器	进行信号电平的调整	输出信号和输入信号之间呈线性比例关系	晶体管、负阻器件为核心以实现直流能量到交流能量的转换,配合电阻、电容、电感等可实现对有用信号的有选择的放大
			低噪声放大器	放大信号的同时电子器件会附加噪声,附加尽可能少的噪声		
			功率放大器	尽可能高效率地将直流功率转换为交流功率	功率放大器可能是非线性的,输出/输入之间不呈比例关系	
		振荡器		无须输入激励,自行将直流能量转换为特定频率的交流能量,对振荡频率稳定度有相当高的要求	周期电压信号输出,多为正弦波、方波、三角波、锯齿波等	电感+电容+正反馈晶体管或等效负阻(正弦振荡);电容(或电感)+(等效)负阻器件(张弛振荡)
		传感器		将外界物理量转换为电量	期望是线性关系	部分传感器内蕴ADC
		激励器		将电量转换为外界物理量	期望是线性关系	部分激励器内蕴DAC
	模拟电路和数字电路均可完成的纯信号处理功能	滤波器		选择某些频率让其通过,或选择某些频率不让其通过	微积分关系	电感+电容+电阻(无源) 电阻+电容+放大器(有源)
		变频器		频谱在频率轴上平移	用乘法关系实现	晶体管、二极管及其等效开关+滤波器,或需振荡器配合完成相关功能
		调制器		装载低频信号于高频信号上	很多可用乘法实现	
		解调器		从高频信号上卸载已装载的低频信号	很多可用乘法实现	
	数模混合电路	模数转换器 ADC		将模拟信号转换为数字信号	线性关系 有量化误差	电阻、电容、晶体管+组合逻辑电路或时序逻辑电路
		数模转换器 DAC		将数字信号转换为模拟信号	线性关系	
	数字电路	存储器		状态存储	积分、延时、正反馈锁存	积分器件 晶体管、负阻
		处理器		逻辑控制 逻辑运算 各种数学运算 数字信号处理	与、或、非基本运算	晶体管开关
				注:各种数字电路均被视为某种数字信号的处理器,包括最简单的门电路(组合逻辑电路);门电路正反馈可实现存储器;门电路配合存储器可实现各种时序处理;这里的处理器是广义的,可完成除交直流电能转换之外的其他可逻辑处理的信号处理功能		

续表

用　途	单元电路	功能描述	数学关系描述	电路构成器件
能量转换 基本不涉及信号处理	整流器	将交流能量转换为直流能量	输入为交流,输出为直流	二极管、晶体管等效开关＋电容、电感
	逆变器	将直流能量转换为交流能量	输入为直流,输出为交流	
	稳压器	稳定直流电压,直流转直流	输入为直流,输出为直流	

2. 基本器件和元件

功能单元电路由多个电路器件连接而成。虽然在制造电路器件时我们力图使其具有理想电路元件的特性,但是实际制作出的这些电路器件都不可避免地会偏离理想元件特性,因此在电路功能分析时,实际器件的等效电路需要用多个电路元件的某种连接关系才能有效描述,实际制作的功能单元电路也将偏离理想功能电路特性。表 2.2.3 给出的主要是理想元件特性,或者说是电路器件的理想模型,如电阻器的理想模型是电阻元件,电容器的理想模型是电容元件,晶体管的理想模型是压控流源元件等。

表 2.2.3　构建单元电路常用的基本元件(器件)

元　件		符　号	能　量	伏安特性数学描述	信号特性
电阻		R	耗能	线性代数方程	线性比值
电导	$G=R^{-1}$	G	耗能	线性代数方程	线性比值
电感	自感	L	储能	线性微分方程	线性微分
	互感	M	储能,传能	线性微分方程 互易的微分受控源	线性微分(二端口)
电容	自容	C	储能	线性微分方程	线性微分
	互容	C_M	储能,传能	线性微分方程 互易的微分受控源	线性微分(二端口)
＊前述电阻、电感、电容默认为线性电阻、线性电感、线性电容					
电源	直流电压源	V V_{CC}, V_{EE} V_{DD}, V_{SS}	其他能量形式被转换为电能输出	常量(独立源)	恒值
	信号源	v_s, i_s	提供能量和信号	时变量(独立源)	因应用而定,如正弦波输出
	受控源	VCVS: A_{v0} VCCS: G_{m0} CCCS: A_{i0} CCVS: R_{m0}	只要电路网络端口或支路之间存在作用关系,则可等效为受控源	线性受控源则线性方程 非线性受控源则非线性方程	比例受控特性 或非线性受控特性
	负阻	$-r_d$	负阻区工作的负阻器件其交流小信号模型为线性负阻(供能)	线性关系 其向外提供的交流电能转换自直流偏置电压源提供的直流电能	电压电流比值为负
开关		S	通断,传能	逻辑 0/1	通过,阻断

续表

元件		符号	能量	伏安特性数学描述	信号特性
传输线		T	传能	线性偏微分方程组 二端口网络	有延时的传输
二极管		D	耗能	非线性方程	
	非线性电阻			非线性方程	非线性,谐波
	等效为非线性电容			非线性微分方程	非线性,谐波
	等效为开关			非线性	通过,阻断
	等效为负阻		换能	存在负斜率区	比例(负比值)
三极管		M/Q/T	耗能,换能	非线性方程组 非线性二端口电阻	存在非线性受控关系
	非线性二端口电阻,和直流偏置源共同等效为线性受控源		换能	线性方程组 其向外提供的交流电能转换自直流偏置电压源提供的直流电能	比例,线性受控
	等效为开关		通断,传能,换能	非线性 可理解为线性时变	受控开关 通过,阻断
忆阻		通过的电荷控制阻值	耗能,换能	非线性记忆	存储,开关

其中,RLC 是最基本的无源元件,开关是数字电路的核心无源元件,传输线是高速电路的核心无源元件;而独立源、受控源和负阻则属有源元件。受控源等效实质上是对端口之间作用关系的一种电路描述方式,如偏置在恒流区的晶体管多被等效为受控源,这个受控源描述的是晶体管控制端口对载流子流通通道(受控非线性电阻端口)的控制关系(作用关系),该受控源是有源的,其有源性来自将晶体管偏置在恒流区的直流偏置电压源;又如由线性电阻构成的多端口网络,端口之间存在互阻或互导作用关系,这种作用关系也可被等效为受控源,但这种受控源等效是成对出现的,线性电阻网络整体看是无源的,虽然单独拿出其中一个受控源看是有源的。偏置在负阻区的负阻器件等效出的负阻元件的有源性同样来自其直流偏置源提供的直流电能。

忆阻器是近年来才实现的器件,其阻值与过去状态有关,由流经它的电荷决定,是记忆器件,可用于实现存储功能。

3. 基本元件描述

图 2.2.1~图 2.2.11 是常见元件的电路符号,其中,电源(包括线性受控源)、线性电阻、电容、电感是基本元件,其他器件的小信号模型大多可等效为这四类基本元件的组合。

$$I = \frac{V}{R}$$

图 2.2.1 线性电阻符号及其伏安特性关系

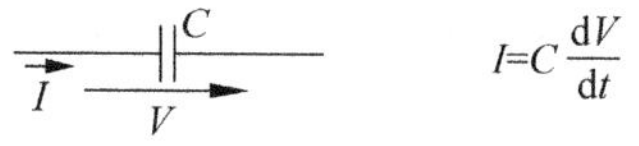

C
I
V
$I=C\frac{dV}{dt}$

图 2.2.2　线性电容符号及其伏安特性关系

L
I
V
$V=L\frac{dI}{dt}$

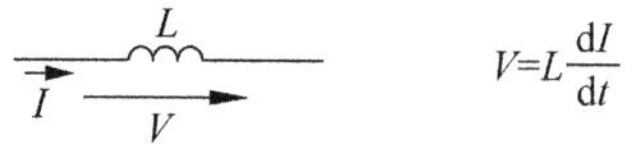

图 2.2.3　线性电感符号及其伏安特性关系

M
I_1
V_2
$V_2=M\frac{dI_1}{dt}$
第二个端口开路时

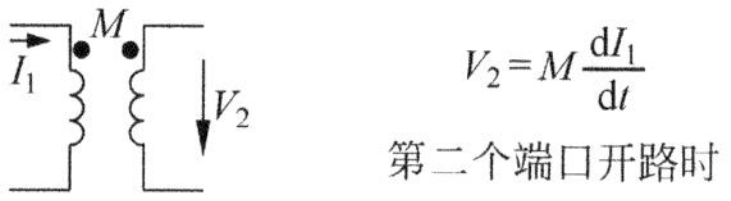

图 2.2.4　互感符号及其伏安特性关系

V_S
+
V_S
−
+
V_S
−
+
V_S
−
$V=V_S$

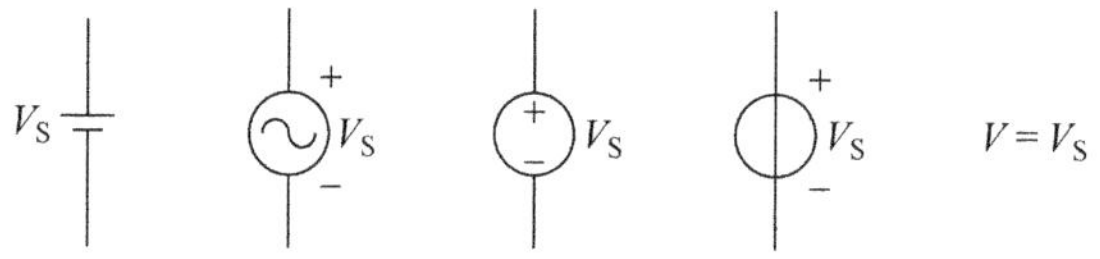

图 2.2.5　理想电压源符号及其伏安特性关系

I_S
I_S
$I=I_S$

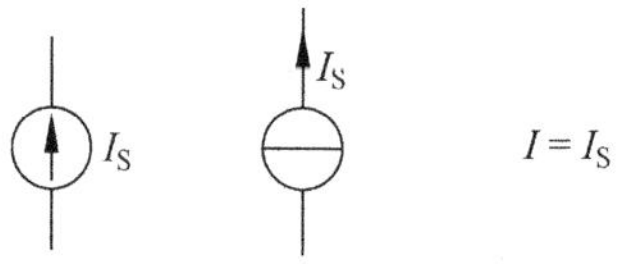

图 2.2.6　理想电流源符号及其伏安特性关系

v_i
$A_{v0}\cdot v_i$
v_i
$G_{m0}\cdot v_i$
i_i
$A_{i0}\cdot i_i$
i_i
$R_{m0}\cdot i_i$

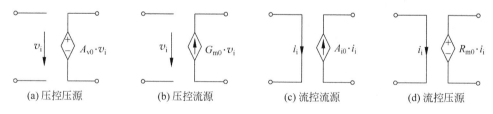

(a) 压控压源　(b) 压控流源　(c) 流控流源　(d) 流控压源

图 2.2.7　理想线性受控源符号及其伏安特性关系

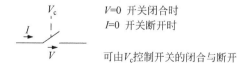

V_c
I
V
V=0 开关闭合时
I=0 开关断开时
可由V_c控制开关的闭合与断开

图 2.2.8　理想开关符号及其伏安特性关系

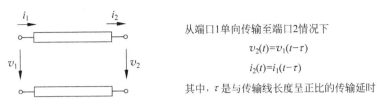

i_1
i_2
v_1
v_2
从端口1单向传输至端口2情况下
$v_2(t)=v_1(t-\tau)$
$i_2(t)=i_1(t-\tau)$
其中，τ 是与传输线长度呈正比的传输延时
图 2.2.9　传输线符号及理想传输线的理想传输特性

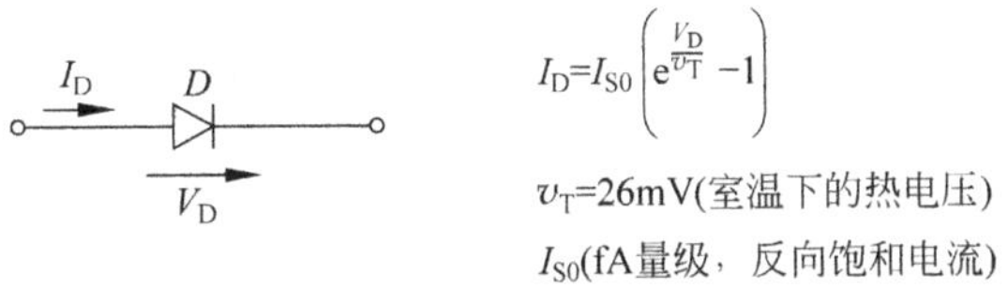

I_D
D
V_D
$I_D=I_{S0}\left(e^{\frac{V_D}{v_T}}-1\right)$
v_T=26mV(室温下的热电压)
I_{S0}(fA量级，反向饱和电流)
图 2.2.10　二极管符号及其非线性伏安特性关系

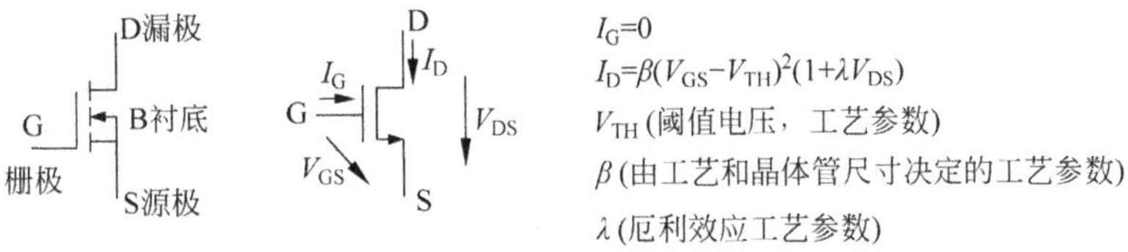

D漏极
G
B衬底
栅极
S源极
D
I_D
I_G
G
V_{DS}
V_{GS}
S
$I_G=0$
$I_D=\beta(V_{GS}-V_{TH})^2(1+\lambda V_{DS})$
V_{TH} (阈值电压，工艺参数)
β (由工艺和晶体管尺寸决定的工艺参数)
λ (厄利效应工艺参数)
图 2.2.11　晶体管符号及其恒流区伏安特性关系(以 NMOSFET 为例)

4. 基本器件连接形成基本单元电路举例

下面我们举几个单元电路的例子，说明这些单元电路是如何用基本器件的连接形成的。图 2.2.12 是一个晶体管放大器电路，其交流小信号等效电路是压控流源驱动电阻负载，从而形成对输入电压的反相放大输出。

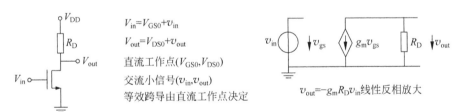

V_{DD}
R_D
V_{out}
V_{in}
$V_{in}=V_{GS0}+v_{in}$
$V_{out}=V_{DS0}+v_{out}$
直流工作点(V_{GS0},V_{DS0})
交流小信号(v_{in},v_{out})
等效跨导由直流工作点决定
v_{in}
v_{gs}
$g_m v_{gs}$
R_D
v_{out}
$v_{out}=-g_m R_D v_{in}$线性反相放大
图 2.2.12　NMOSFET 电压放大器

图 2.2.13(a)给出了一个 LC 并联谐振腔，电感中的磁能和电容中的电能以正弦规律来回转储，只有特定频率的正弦波才能在该腔体内保留下来，这个频率被称为谐振频率。

$$f_0=\frac{1}{2\pi\sqrt{LC}} \tag{2.2.1}$$

如图 2.2.13(b)所示，信源及其内阻可能是前级电路输出的等效电路，而负载则是后一级电路的输入等效电路，该图表述的是：前一级电路为后一级电路提供电信号激励，而后一级在接收信号的同时吸收了信号的部分能量。如果前级后级之间直连，如图 2.2.13(b)所示,则前级信源中的所有频率的信号全部被后级负载无差别地接收,这些信号包括有用信号、干扰信号和噪声信号。

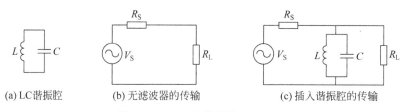

图 2.2.13 一个简单带通滤波器

一般情况下,后级电路在接收信号时,往往希望只处理有用信号,因为过强的干扰信号有可能导致后级电路无法正常工作,故而在前后级之间往往有一个滤波机制,该滤波机制可能放在前级电路末端,也可能放在后级电路前端,也可能在前后级之间加一个额外的滤波器,或者兼而有之。由于并联 LC 谐振腔中只可能存在谐振频率,因此我们可以将该谐振腔加在信源和负载之间作为滤波单元,如图 2.2.13(c)所示,则负载获得的信号将是有频率选择性的,谐振频率附近的信号将顺利通过,故而应令谐振腔的谐振频率等于有用信号频率(的中心频率),而带外信号(包括干扰信号和宽带噪声)则被滤除。

图 2.2.14 是 LC 正弦波振荡器电路,其交流等效电路是负阻加 LC 谐振网络,负阻是正反馈差分对晶体管的等效元件,用于抵偿 LC 谐振网络中的正阻(包括负载电阻)损耗,当正负电阻恰好抵偿时,纯 LC 谐振网络可具有正弦输出波形,正弦振荡频率恰好就是 LC 谐振腔的谐振频率。

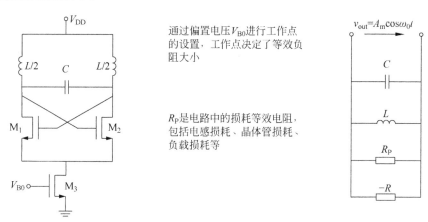

图 2.2.14 负阻型 LC 正弦波振荡器

图 2.2.15(a)是 CMOS 反相器(非门)电路,两个 MOS 晶体管可以等效为两个开关,如图 2.2.15(b)所示,下面的 NMOS 开关 on 时,上面的 PMOS 开关则 off,下面的 NMOS 开关 off 时,上面的 PMOS 开关则 on,而两个开关的通断由输入电压决定,导致输出逻辑是输入逻辑的反相求非。由于构成反相器的两个晶体管等效为开关,而理想开关不消耗功率,故而 CMOS 反相器相对其他类型的反相器电路而言功耗极小。图 2.1.15(c)是数字门电路中非门的符号。

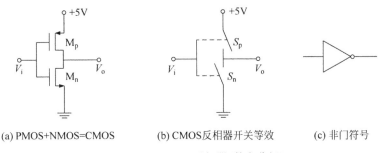

(a) PMOS+NMOS=CMOS　　(b) CMOS反相器开关等效　　(c) 非门符号

图 2.2.15　CMOS 反相器(数字非门)

用 PMOS 和 NMOS 可构成其他类型的 CMOS 数字门电路,从最简单的非门电路到复杂的存储器、控制器,再到极为复杂的处理器。图 2.2.16 中的两个非门头尾相连,形成正反馈机制,使得这个电路稳定在两个状态之一,输出或 0(低电平)或 1(高电平),这个电路是时序逻辑电路存储单元的核心部件,包括 SR 触发器、JK 触发器、D 触发器和 SRAM(静态随机存取存储器)等。双稳态电路可视为一种类型的负阻器件。

图 2.2.17 是二极管整流电路,它可以将正弦交流电变换为直流电,其中二极管的正偏导通、反偏截止特性使得只有正弦波的半个周期可以通过,从而产生直流分量,而其后的并联电容则起到平滑滤波作用,使得负载电阻上近乎只有直流电压分量。

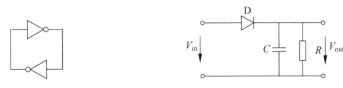

图 2.2.16　双稳态电路(存储器核心电路)　　图 2.2.17　二极管半波整流电路

其他的诸多功能单元电路不再一一例举,但需明了功能单元电路由电路器件的连接形成。

复杂的信息处理系统是由很多子系统协调工作的,而子系统是由基本单元电路构成的,而基本单元电路又是由器件构成的。那么器件或者说器件的电特性又是如何形成的呢? 这就涉及基本物质和电磁场的相互作用关系。

2.2.2　电路基本定律

电路基本定律包括两部分:一部分是物质与电磁场的相互作用形成了器件电特性,以器件端口伏安特性关系即电路基本定律欧姆定律(元件约束方程)描述;另一部分则是电荷连续(电荷守恒)、磁通连续(能量守恒)对应的电路基本定律——基尔霍夫电流定律和基尔霍夫电压定律,它们是对器件连接关系的描述(元件连接关系方程)。电路基本定律均可从描述电磁场运动规律的麦克斯韦方程中推演而出。下面将首先对两个基本电量电压、电流进行定义,之后列表简述各种器件电特性的形成机制,最后说明电磁场方程麦克斯韦方程与电路基本定律基尔霍夫定律和欧姆定律的直接对应关系。

1. 物质构成与电

物质由原子构成,原子由带负电荷的电子、不带电的中子和带正电荷的质子构成,原子整体呈现电中性。

如果电子脱离原子核束缚,因其可自由移动而被称为自由电子。一个自由电子带一个负电荷,其电荷量为-1.602×10^{-19}库仑。一个电子脱离某原子后,该原子带一个正电荷;自由电子也可能被某个原子吸引到自己的轨道中,成为带负电荷的离子。所谓离子,就是总电子数和总质子数不相等的原子或分子,从而对外呈现出电性,离子所带电荷可正可负。

电子或离子运动形成电流,如果要形成确定方向上的电流,则需要施加电动势,即需要施加让电子或离子定向运动的电场力。带电粒子在电动势(电场力)的作用下,可形成确定方向上的电流。

原子中可与其他原子形成化学键的电子被称为价电子,主族元素的价电子恰好就是其最外层电子,最外层电子数目最多为8。金属元素原子最外层电子数目为1、2、3,其价电子很容易脱离价轨道成为可自由移动的自由电子,故而金属为导体。当主族元素原子的价电子数目为5、6、7时,价电子和原子核联系紧密难以脱离。这些元素碰到一起时很容易形成共价键,这种共用的电子对相当牢固,几乎不产生可自由移动的自由电子,因而其分子不导电或导电性极差,它们被称为绝缘体。当最外层电子数目为8时,原子的物理化学性能稳定,也属不导电的绝缘体,惰性气体就是这样的。

当主族元素最外层电子数目为4时,其稳定性和导电性位于导体和绝缘体之间,这类元素被称为半导体元素,常见的半导体元素为硅和锗。半导体元素原子之间的联系是共价键,如一个硅原子与其周围的4个硅原子构成4对共价键,该硅原子最外层电子数目则恰好为8,故而这种结构具有相当高的稳定性。当某一个硅原子最外层的一个价电子因获得能量(热能、光能)而脱离最外层轨道时,该电子成为一个自由电子,最外层4对共价键本来有8个价电子,因为有一个价电子脱离最外层轨道而多出一个空位,虚席以待自由电子的进入,该空位被称为空穴。如果空穴临近原子最外层价轨道上的一个电子因电场力作用而进入这个空穴,则可视为空穴移动到了临近原子价轨道上,与自由电子移动(负电荷移动)一样,空穴的移动(价轨道电子移动等效为反向的带正电荷的空穴移动)也可视为有电流流动。

如果在四价半导体硅材料中掺入少量五价原子(价电子数目为5的原子,如砷、磷、锑),那么一个五价原子和周围4个硅原子形成4对共价键时将多出一个电子,这类半导体被称为N型半导体,原因在于这种半导体材料中的自由电子数目多于空穴数目,其导电性主要由带负(Negative)电荷的自由电子决定。如果在硅材料中掺入少量三价原子(价电子数目为3的原子,如铝、镓、铟),那么一个三价原子和周围4个硅原子形成4对共价键时将吸引周围的自由电子进入,导致半导体中有多余的不和自由电子一一配对的空穴,这类半导体被称为 P 型半导体,原因在于这种半导体材料中的空穴数目多于自由电子数目,其导电性主要由带正(Positive)电荷的空穴决定。

P 型半导体和 N 型半导体由于掺杂使得其导电性大增,从而可认为是导电的导体,其导电性由掺杂浓度决定。正是由于半导体具有导电性可控的这种机制,使得半导体成为晶体管的基材。晶体管是导电性可控的电阻器件,在直流偏置电源的配合下可进一步等效为受控源、负阻(正反馈)、开关,从而造就了晶体管放大器、晶体管振荡器、晶体管开关电路(数字逻辑电路和能量转换电路)等诸多晶体管应用的辉煌。当然,导体作为所有电路器件中的导电材料,绝缘体作为电路器件中的支撑材料,半导体作为半导体器件的基底材料,它们在电磁场作用下的导电或可控导电特性、电磁极化特性是这些电路器件形成其特有电特性的根本基础。

2. 电流

带电粒子的运动形成电流,某个截面上的电流 I 等于单位时间 Δt 内通过这个截面的电荷量 Δq 的大小,即

$$I = \frac{\Delta q}{\Delta t} \tag{2.2.2}$$

电流的单位为安培(A),1 秒(s)通过 1 库仑(C)的电荷则形成 1 安培(A)的电流。电流值为正值时,表明人为定义的电流参考方向和实际电流方向相同,反之相反。如果单纯从电流定义式(2.2.2)看,电流也可以视为单位时间内电荷的变化量大小,如是可以解释流过电容的电流是电容极板上相应时间内电荷的变化量,该"电流"并不要求电荷穿通电容极板间的介质(绝缘体)形成上述定义中的电流,它被称为位移电流。

如果电流方向始终朝一个方向且是恒定值,则称为直流;如果电流大小和方向随时间有变化,则称为交流。数学上严格定义时,可把信号平均值称为信号中的直流分量,扣除平均值后的信号称为信号的交流分量,交流分量的平均值为零。

直流电流和周期性交变电流是确定性信号,因为其电流大小和方向可以预知。如果信号大小和方向在测得之前是不可预知的,是随机的,则称其为随机信号。

在定义直流电流和交流电流时,我们视电流为一个连续量,而事实上电流是由离散的电子、离子的移动所形成的,电流本身是波动的,所谓确定性的直流电流和交流电流事实上存在着某种不确定性,可用噪声电流来描述这种不确定性。实际的直流电流(或交流电流)是确定性的可预知的直流电流(或交流电流)与随机的不可预知的噪声电流之和。

噪声电流平均值为零。

3. 电动势

电动势产生的电场力驱动电子或离子定向运动,显然电动势是对电源提供电能的描述,其提供的电能可由化学反应(如电池)产生,也可由发电机将机械能转换而来,或者其他方式将某种形式的能量转换而来。电动势的单位是伏特(V),1 伏特的电动势意味着电源移动 1 库仑电荷所提供的 1 焦耳(J)电能。

可产生电动势的器件称为电源,产生直流电流的电源称为直流电源,产生交流电流的电源称为交流电源。如果我们利用的是电源信号变化所表征的信息而不仅是电源的能量,则该电源又称信源(信号源)。

电源的电动势大小是电源端口的开路电压。

4. 电压

从 A 点到 B 点的电压 V_{AB} 定义为单位电荷从点 A 移动到点 B 电场所做的功 W_{AB} 的大小,即

$$V_{AB} = \frac{W_{AB}}{q} \tag{2.2.3}$$

电压是对电场对外做功的描述,或者说是对电能转换为其他能量形式的描述。显然电压的单位也是伏特,1 伏特的电压意味着被移动的 1 库仑的电荷消耗的 1 焦耳电能,消耗的电能或者变成带电荷粒子的运动动能,或者变成该运动粒子运动过程中碰撞其他粒子或原子晶格而转换为的热能,或者以光能形式辐射出去,或者以电荷积累形式存储为电容电能,或者以磁通积累形式存储为电感磁能,等等。

A 点的电位(或电势)是指将单位电荷从 A 点移动到特定点电场所做的功,该特定点是人为规定的参考地,参考地的电位被人为规定为 0 伏特。A 点的电位和 B 点的电位之差为 A 点到 B 点的电压,也称电位差或电势差。

电压有直流电压和交流电压之分。

5. 功率

电路器件可通过端口吸收电能,电路器件某端口单位时间吸收的电能是该端口吸收的功率。电场做功可使得自端点 A 向器件内流入电荷、自端点 B 从器件中流出电荷,显然端口 AB 吸收的功率为电场移动电荷运动所做的功(端口电压)与单位时间移动的电荷量(端口电流)的乘积,

$$P = \frac{\Delta W}{\Delta t} = \frac{\Delta W}{\Delta q} \cdot \frac{\Delta q}{\Delta t} = V \cdot I \tag{2.2.4}$$

功率单位为瓦特(W),1 瓦特的电功率代表 1 秒所消耗的 1 焦耳电能量。

6. 直流信号和交流信号

电压和电流都有直流和交流之分。直流信号为常值,如某直流电压可表述为

$$V(t) = V_0 \tag{2.2.5}$$

其中,V_0 为不随时间变化的常值,如 0.4V,如图 2.2.18(a)所示。

交流信号一般指平均值为零的信号。其中,正弦信号是最典型的交流信号,因为它是一般信号傅里叶分解的本征信号,可以通过正弦波的叠加(积分)表述其他电路信号,因此在电路分析中正弦信号常被用来作为激励信号以考察电路的频率响应。如某正弦波交流电压为

$$v(t) = V_\mathrm{m}\cos\omega t \tag{2.2.6}$$

其中，V_m 为幅值（单位为伏特，V），t 为时间变量（单位为秒，s），$\omega=2\pi f$ 为角频率（单位为弧度每秒，rad/s），f 为频率（单位为赫兹，Hz），有

$$f = \frac{1}{T} \tag{2.2.7}$$

T 为正弦信号的周期（单位为秒，s），如图 2.2.18(b)所示。

交流信号不要求是周期信号，如噪声因其平均值为零也属交流信号，如图 2.2.18(c)所示是一个典型的噪声电压波形。噪声信号是非确定性的随机信号，在测量获得噪声信号前，我们无法预知噪声信号的幅值大小，但实际环境中的噪声信号一般都具有某种统计特征。

噪声对有用信号（信息）形成干扰，破坏或降低有用信号（信息）的有效性。

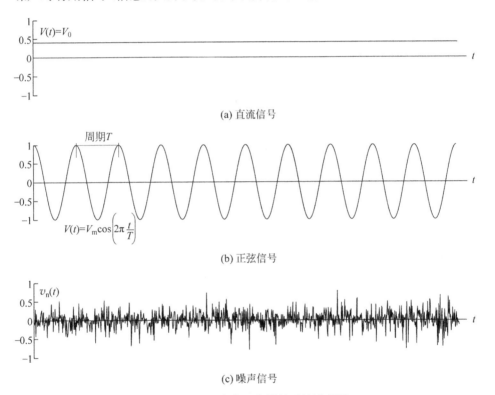

图 2.2.18 几个典型信号的时域波形图

7. 器件电特性形成机制

——说清楚每种器件的电特性是如何形成的很耗费篇幅，这里仅列表予以简单汇总，如表 2.2.4 所示，这里讨论了电阻、电容、电感、电源、晶体管（受控源/开关）电特性的形成机制，给出了这些器件的元件约束条件方程。对电阻而言，元件约束条件就是欧姆定律，因而其他器件的元件约束条件被统称为广义欧姆定律。

表 2.2.4　器件电特性形成机制汇总表（广义欧姆定律）

器件	元件符号	器件电特性形成机制	元件约束条件方程
电阻	R	在电场作用下，导体内电子逆电场方向运动，电子运动受到导体原子晶格的阻碍，形成电子运动受阻的电阻特性。电阻抽象自麦克斯韦方程全电流定律中的传导电流项	$I=\dfrac{V}{R}$
		电阻是耗能元件，任何消耗能量的器件或电子设备，在电路分析中都可等效为电阻，无论消耗的电能被转换为何种能量形式	
		电阻的单位为 Ω（欧姆）	$R=\dfrac{V}{I}$
		当消耗能量器件的电压电流之间不是线性关系时，称其为非线性电阻	$f(V,I)=0$
		对交流小信号，可采用动态电阻（微分电阻）定义对非线性电阻进行线性化处理，其中 (V_0,I_0) 被称为直流工作点	$r=\left.\dfrac{\mathrm{d}V}{\mathrm{d}I}\right|_{(V_0,I_0)}$ $f(V_0,I_0)=0$
电导	G	电阻的倒数为电导，单位为 S（西门子）	$I=GV$
电容	C	两个导体上存在正负电荷的积累效应时，这两个导体及其间介质则被等效为电容器件。电荷虽然无法穿通导体间绝缘体介质，但导体极板电荷变化导致的介质空间的电场变化也可形成磁场（电流），该电流被称为位移电流。电容抽象自麦克斯韦方程全电流定律中的位移电流项	$I=C\cdot\dfrac{\mathrm{d}V}{\mathrm{d}t}$
		电容的单位为 F（法拉），其大小代表电荷存储能力大小	$C=\dfrac{Q}{V}$
		对非线性电容，如果施加交流小信号，也可定义动态电容（微分电容）	$C=\left.\dfrac{\mathrm{d}Q}{\mathrm{d}V}\right|_{V_0}$
电感	L	一段导线中有时变电流流过，随时间变化的电流（磁场）产生感生电动势（电场、电压），该感生电动势阻碍电子的运动，产生了电抗作用，这种电抗作用使得这段导线可被等效为电感。电感抽象自麦克斯韦方程法拉第电磁感应定律中的感生电动势项	$V=L\cdot\dfrac{\mathrm{d}I}{\mathrm{d}t}$
		电感的单位为 H（亨利），其大小代表磁通存储能力大小	$L=\dfrac{\Phi}{I}$
		对非线性电感，如果施加交流小信号，也可定义动态电感（微分电感）	$L=\left.\dfrac{\mathrm{d}\Phi}{\mathrm{d}I}\right|_{I_0}$

续表

器件	元件符号	器件电特性形成机制	元件约束条件方程
电源	V_G	凡是可将某种形式的能量转换为电能的设备或器件，均可视为可产生电动势的电源。麦克斯韦方程中的自由电荷和自由电流激励对应电路中的电压源和电流源(独立源)	
		理想电源可划分为电压源和电流源	
	V_S	理想电压源	$V=V_S$
	I_S	理想电流源	$I=I_S$
		实际电源都有内阻，记为 R_S，为了简单起见，这里假设具有线性内阻	$\dfrac{V}{V_S}+\dfrac{I}{I_S}=1$ $\dfrac{V_S}{I_S}=R_S$
受控源		受控源是对端口间相互作用关系的抽象，并非独立源，在麦克斯韦方程中没有对应项，但只要定义了端口(支路)，端口(支路)间的作用关系均可用等效受控源予以描述	
	A_v	压控压源	$V_o=A_v V_i$
	A_i	流控流源	$I_o=A_i I_i$
	G_m	压控流源	$I_o=G_m V_i$
	R_m	流控压源	$V_o=R_m I_i$
		四种受控源是电压放大器、电流放大器、跨导放大器和跨阻放大器的核心部件，放大器模型中还需考虑输入电阻和输出电阻	
		四种受控关系可能是线性关系，如前所述，也可能是非线性的受控关系	
二极管	D	P型半导体和N型半导体对接后，P型半导体中的空穴、N型半导体中的电子向对方扩散，留下不可移动的正负离子形成内建电场，使得PN结的两个方向的导电特性不同，可描述为正偏导通、反偏截止特性	
		PN结电流和电压的关系满足指数律关系	$I_D=I_{S0}(\mathrm{e}^{\frac{v_D}{v_T}}-1)$
		PN结电压电流关系是非线性代数关系，是非线性电阻关系	
		PN结正偏时，动态电阻和流通电流呈反比关系	$r_d=\dfrac{v_T}{I_D}$
		PN结反偏时，可认为是截止的，即不导电	
		当大的交流信号施加到二极管上时，二极管可等效为开关：正偏导通(开关导通)，反偏截止(开关断开)	

续表

器件	元件符号	器件电特性形成机制	元件约束条件方程
晶体管	M、Q、T	理想晶体管有两种理想模型：理想压控流源模型和理想开关模型，这里以 MOSFET 为例说明其受控产生机制	
	MOSFET	以增强型的 NMOSFET 为例，其结构是在 P 型衬底上开两个 N 型区，由于 P 型衬底一般连接在电路系统中的最低电位上，因此两个 N 型区和 P 型衬底形成的 PN 结都是反偏的，两个 N 型区之间不导电。在两个 N 型区之间、P 型衬底之上放置一个栅极，栅极和衬底之间是氧化层绝缘体，如是栅极导体、氧化层、P 型衬底构成一个 MOS 电容结构。在 MOS 电容两端加控制电压，电容上下极板则积累电荷，氧化层下方的 P 型衬底上累积的电子将会填充衬底中的空穴。当栅极电压达到一个阈值后，栅极下方衬底一层空间中的空穴全部被 MOS 电容下极板(衬底)累积的电子填充。当控制电压超过该阈值电压后，这层衬底则进一步累积出纯电子，从而该层 P 型衬底反型为 N 型沟道，形成的 N 型沟道将原来两个 N 型区连为一体，从而两个 N 型区之间可导电，且其导电特性是受控的：随着控制电压的上升，N 型导电沟道加厚，沟道电阻变小，使得两个 N 型区更容易导电。两个 N 型区加压导通时，提供电子的 N 型区称为源极，吸收电子的 N 型区称为漏极(从此漏走)，如是漏极和源极之间的沟道电阻/漏源电流受栅极电压控制，形成可控电阻，当受控电阻在极大极小间转换则形成开关受控机制，而电流受控于 MOS 电容电压形成的则是压控流源受控机制	
		由于漏源电压改变时，沟道形状随之改变，其导电性和漏源沟道电阻两端电压有关，故而漏源电阻不仅是受控的，还是一个非线性电阻，可分区描述。为了简化说明，假设 P 型衬底和源极连在一起，从而漏源电流 I_D 受控于栅源电压 V_{GS}(栅衬电压，MOS 电容电压)，于是 MOSFET 的三个受控非线性电阻特性区可描述如下： (1) 截止区：$V_{GS} < V_{TH}$，此时沟道尚未形成，可近似认为漏源电流为零，NMOSFET 可等效为开关的断开状态： $$I_D = 0$$ (2) 欧姆区：$V_{GS} > V_{TH}$ 形成了沟道，同时漏源电阻两端施加电压较小，$V_{DS} < V_{GS} - V_{TH}$，从而 $V_{GD} > V_{TH}$，即沟道连通源端和漏端，此时漏源电流和漏源电压之间存在抛物线二次关系， $$I_D = 2\beta_n \left((V_{GS} - V_{TH,n})V_{DS} - \frac{1}{2}V_{DS}^2 \right)$$ 当栅极电压很大时，可忽略二次项，只保留一次线性项影响，可将漏源沟道理解为受控的线性电阻，且栅极电压越高，受控电阻越小，直至可极端抽象为开关的闭合状态： $$V_{DS} \approx 0$$ (3) 饱和区：$V_{GS} > V_{TH}$ 形成沟道，同时漏源电阻两端施加电压较大，$V_{DS} > V_{GS} - V_{TH}$，从而 $V_{GD} < V_{TH}$，使得漏端沟道被夹断，沟道电流不再随 V_{DS} 增加而增加，此时的漏源沟道可视为一个受控的电流源，受控关系为平方律关系， $$I_D = \beta_n (V_{GS} - V_{TH,n})^2$$ 其中，β_n 是与 NMOSFET 尺寸有关的工艺参数，阈值电压 $V_{TH,n}$ 由具体工艺决定。如果考虑沟道夹断后 V_{DS} 持续增加导致夹断区越来越大、沟道越来越短导致的沟道电阻降低效应，沟道电流可修正为 $$I_D = \beta_n (V_{GS} - V_{TH,n})^2 (1 + \lambda_n V_{DS})$$ 其中，参量 λ_n 可被用来确定压控流源的等效内阻	

续表

器件	元件符号	器件电特性形成机制	元件约束条件方程
晶体管	压控流源等效	当 NMOSFET 工作于饱和区时,NMOS 沟道在小信号分析中可等效为受 v_{gs} 控制的线性压控流源,其中,I_{D0}、V_{GS0} 是直流偏置工作点	跨导增益 $$g_m = \frac{2I_{D0}}{V_{GS0} - V_{TH,n}}$$ 等效内阻 $$r_{ds} \approx \frac{1}{\lambda_n I_{D0}}$$
	开关等效	当 NMOSFET 受栅极电压控制,交替工作于截止区和欧姆区时,NMOSFET 则等效为开关。开关闭合时,开关导通特性并不理想,具有导通电阻,该电阻由栅极电压控制,栅极电压很大时,导通电阻很小,接近理想开关导通零电阻特性	导通电阻 $$r_{on} = \frac{1}{2\beta_n(V_{GD0} - V_{TH,n})}$$ $$\approx \frac{V_{DS0}}{I_{D0}}$$

8. 场路抽象的限定性条件

电压和电流是电路中的基本物理量,它们和电磁场中的基本物理量电场与磁场是直接相对应的,

$$V_{AB} = \int_A^B \boldsymbol{E} \cdot d\boldsymbol{l} \tag{2.2.8a}$$

$$I = \oint_l \boldsymbol{H} \cdot d\boldsymbol{l} \tag{2.2.8b}$$

其中,V_{AB} 是结点 A 到结点 B 的电压,它等于从 A 指向 B 的某条路径上的电场强度的线积分,I 是通过某个截面特定区域(一般是导体截面)的电流,它等于这个截面上包围该特定区域的某个环线路径上的磁场强度的环线积分。

式(2.2.8)的定义是一种空间离散化处理手段,将会使得描述电磁场的麦克斯韦方程中对空间的偏微分运算变成简单的代数求和方程(基尔霍夫定律),从而复杂的连续空间的电磁场分析变成了基于离散结点的简单的电路分析。然而,式(2.2.8)的这种定义来自于静电场和静磁场分析,也就是对应着电路中的直流分析,那么对于交变的电磁场,式(2.2.8)的定义是否仍然可用?或者说是否仍然可以用电路原理分析时变的电磁场问题?回答是肯定的,这正是电路中的交流分析,但是必须满足如下的准静态条件,

$$d_{AB} \ll \lambda \tag{2.2.9}$$

即形成电路器件端口的两个端点 A、B(如电阻器的两端)之间的空间距离 d_{AB} 远远小于被处理信号的波长 λ。只有这个准静态条件满足,才能确保从 A 点到 B 点的电磁波传播延时 $\tau_{AB} = \frac{d_{AB}}{c}$ 远远小于信号周期 $T = \frac{\lambda}{c}$,其中 c 为光速(电磁波传播速度),从而方可确保经端点 A 流入器件(电路网络)的电流等于经端点 B 流出器件(电路网络)的电流,

$$i_A = i_B \tag{2.2.10}$$

式(2.2.10)被称为端口条件,满足此条件时,端点 A 和端点 B 才能构成电路器件(电路网络)的一个端口。一个端口就是一条支路,而电路基本定律基尔霍夫定律和欧姆定律都是

建立在支路前提下的,故而准静态条件不满足,就不能用电路理论分析电磁场问题,因为此时根本就没有电路支路(端口),也就无从建立电路理论。

以图 2.2.1 的电阻为例,电阻符号左右两个端点构成一个端口,我们默认从左端点流入的电流和从右端点流出的电流相等,从而这是一条支路,伏安特性方程(欧姆定律)中的电压电流就是端口电压和端口电流。又如图 2.2.4 中的互感,这个符号其实是一个互感变压器符号,它是一个二端口网络,左侧上下端点构成一个端口,右侧上下端点构成一个端口。而图 2.2.12 的 NMOS 反相电压放大器电路,标记 V_{in} 的端点和地端点构成输入端口,标记 V_{out} 的端点和地端点构成输出端口,标记 V_{DD} 的端点和地端点构成电源端口。

9. 电路定律与电磁场方程的对应关系

当我们用基本器件连接构成电路时,基本器件的电特性(支路电特性)是由其元件约束条件(广义欧姆定律)描述的,那么器件(支路)之间的电连接关系又如何描述呢?基尔霍夫电压定律(KVL)、基尔霍夫电流定律(KCL)是对器件电连接关系的描述方程:多支路串接构成一个回路则用 KVL 方程,多支路并接在一个结点上则用 KCL 方程。两个基尔霍夫定律(描述支路连接关系)和广义欧姆定律(描述支路电特性关系)配合,可以列写出完备的电路方程,进一步求解电路方程,即可获得电路功能的数学表述。

基尔霍夫定律和欧姆定律是通过实验观测获得的电路定律。电磁场理论建立后,人们发现描述电磁场运动规律的麦克斯韦方程是比电路定律更底层的定律。当我们建立起式(2.2.8)所示的电压电流与电场磁场之间的关联关系之后,空间偏微分形式的麦克斯韦方程通过转换为积分形式进一步可转换为基尔霍夫定律和欧姆定律。具体转换过程这里不再描述,而仅给出表 2.2.5 所示的麦克斯韦方程与转换后的基尔霍夫定律、欧姆定律的对应关系。其中,对实体物质与电磁场相互作用关系进行描述的宏观参量有三个——电导率 σ,介电常数 ε 和磁导率 μ,注意,这三个参量也恰好对应电路中的三个最基本元件——电阻(电导)、电容和电感。

表 2.2.5 场路抽象:电磁场方程与电路定律的对应关系

电磁场分析	电路分析

联系桥梁:$V_{AB} = \int_A^B \boldsymbol{E} \cdot \mathrm{d}\boldsymbol{l}, \quad I = \oint_l \boldsymbol{H} \cdot \mathrm{d}\boldsymbol{l}, \quad I = \iint_S \boldsymbol{J} \cdot \mathrm{d}\boldsymbol{S}$

电路抽象的准静态条件必须满足:$d_{AB} \ll \lambda$

麦克斯韦方程		基尔霍夫定律	
$\nabla \times \boldsymbol{H} = \boldsymbol{J} + \dfrac{\partial \boldsymbol{D}}{\partial t}$ 全电流安培定律		$\sum_{k=1}^{N} I_k = 0$ (KCL 方程) 基尔霍夫电流定律	电荷守恒定律
$\nabla \cdot \boldsymbol{D} = \rho$ 高斯定律			
$\nabla \times \boldsymbol{E} = -\dfrac{\partial \boldsymbol{B}}{\partial t}$ 法拉第电磁感应定律		$\sum_{k=1}^{N} V_k = 0$ (KVL 方程) 基尔霍夫电压定律	能量守恒定律
$\nabla \cdot \boldsymbol{B} = 0$ 磁高斯定律			

续表

结 构 方 程	伏安特性(元件约束方程,广义欧姆定律)	
$\bm{J}=\sigma\bm{E}$ 传导电流密度	$I=\dfrac{V}{R}$ $G=\sigma\dfrac{S}{l}$	对应全电流定律中的传导电流 σ 为导体电导率 S 为导体横截面面积 l 为导线长度	线性元件的伏安特性可用线性方程表述,非线性元件伏安特性则需非线性方程
$\bm{J}_D=\dfrac{\partial \bm{D}}{\partial t}$ 位移电流密度 $\bm{D}=\varepsilon\bm{E}$	$I=C\dfrac{\mathrm{d}V}{\mathrm{d}t}$ $C=\varepsilon\dfrac{S}{d}$	对应全电流定律中的位移电流 ε 为介质介电常数 S 为金属极板面积 d 为极板间距	
$\bm{J}_m=-\dfrac{\partial \bm{B}}{\partial t}$ 磁流密度 $\bm{B}=\mu\bm{H}$	$V=L\dfrac{\mathrm{d}I}{\mathrm{d}t}$ $L=\mu\dfrac{S}{p}N^2$	对应法拉第电磁感应定律中的感生电动势 μ 为磁环磁导率 S 为磁环横截面面积 p 为磁环周长 N 为绕磁环线圈匝数	
求解连续空间的电磁场	求解离散空间结点间的支路电压和支路电流	
$\bm{E}(\bm{r},t),\bm{H}(\bm{r},t)$	$I_k,V_k,k=1,2,\cdots,b$(b 条支路,n 个结点,n 个结点电压可由 b 个支路电压用 KVL 确定)	

既然麦克斯韦方程是比基尔霍夫定律和欧姆定律更底层规律的描述,或许有人会问为什么不用麦克斯韦方程求解电路问题呢?麦克斯韦方程是连续空间的电磁场方程,可以用它分析连续空间任意空间位置的电场和磁场,但这个分析过程是极度复杂的,仅对规则结构有解析解,对复杂结构只能求助于数值求解。而所谓数值解就是将连续空间离散化,假设离散化后的小空间内的电场或磁场是不随空间位置变化的定值,从而微分方程被简化为差分方程,这个差分方程的未知数是每个离散空间中心位置的电场和磁场,方程维数极大,矩阵阶数巨大,计算机求解运算耗时费劲,人工分析几无可能。

然而对于满足准静态条件的电路问题,虽然这也是一个电磁场问题,但由于在准静态条件满足的前提下,可以将连续空间的电场、磁场分析离散化为离散空间(离散的数个结点之间支路上的)电压、电流分析,分析维度从无限变成有限,且由于电路可以分层抽象,每一分层的端口数目都可以做到很少,因而电路问题的分析复杂度急剧下降,难以求解的电磁场问题变成了容易分析的电路问题。

电路分析比电磁场分析要简单得多,将电磁场与物质的相互作用关系用电路器件的电特性关系及其连接关系描述,这是人们建立信息处理系统硬件基础走出的第一步,丰富多彩的电路器件和单元电路因此得以构造。之后则在电路抽象基础上进一步抽象,形成高层次的硬件系统和软件系统,最终构建出信息处理系统,信息系统的组件如表 2.2.1 所示。

2.2.3 基本分析方法

原理上,对于一个有 b 条支路 n 个结点的电路,以 b 条支路的支路电压、支路电流为未知量,列写出 b 个支路的元件约束方程,$n-1$ 个独立结点的 KCL 方程和 $b-n+1$ 个独立回路的 KVL 方程,方程就是完备的,$2b$ 个方程求解 $2b$ 个未知量,这是列写电路方程的最基本方法,称为支路电压电流法。

然而支路电压电流法方程规模为 $2b$,可以通过选择更少的未知量减低方程规模,如以 $b-n+1$ 个独立回路的回路电流为未知量列写 $b-n+1$ 个 KVL 方程,这种称为回路电流法的方程列写方法内蕴 KCL 方程和元件约束方程,因此方程规模下降为 $b-n+1$。也可以 $n-1$ 个独立结点相对于地结点的结点电压为未知量列写 $n-1$ 个 KCL 方程,这种称为结点电压法的方程列写方法内蕴 KVL 方程和元件约束方程,因此方程规模下降为 $n-1$。

虽然回路电流法和结点电压法可以有效压缩电路方程规模,但是对于具有大规模器件的电路系统而言,其分析仍然是复杂的。进一步简化分析的方法是等效电路法,这也是分层抽象的基本思路。在高层次将电路系统封装起来,只有少量的对外端口,只需将这些对外端口的元件约束方程给予正确描述,这个封装起来的电路系统在高层次就可以与其他电路系统连接构造更大的电路系统。在分析大系统时,只需用子系统的对外端口的元件约束方程以及这些对外端口和其他子系统端口的连接关系方程,无须再次深入到封装起来的子系统内部,如是大系统的分析复杂度急剧下降。

线性电路的等效电路法以戴维南-诺顿定理等电路定理的形式出现,也包括戴维南-诺顿定理在多端口网络的拓展即网络参量矩阵的应用。而替代定理等则可同时应用于线性电路和非线性电路。

方程列写后,线性电阻电路的分析是很简单的,本质上就是线性代数方程的求解问题,方程求解在数学上也就是矩阵求逆问题。线性时不变动态电路则可采用傅里叶变换到频域(相量法)或拉普拉斯变换到复频域,使得常系数微分方程求解问题转换为线性代数方程求解问题。对于简单的非线性电路可以采用图解法、解析法,对于复杂的非线性电路或时变电路可采用数值法,然而数值法对电路的原理性解释不够清晰。对于最常见的晶体管电路,它们都是非线性电路,我们最喜爱用的方法是非线性的线性化处理方法。如分段折线法常被用来处理大信号问题,可将晶体管抽象为开关处理数字门电路、能量转换电路、开关型功率放大电路等,又如将运放三段折线分析运放张弛振荡电路等,这些都是分段折线的基本应用案例;如局部线性化方法常被用来处理交流小信号问题,这种方法首先将晶体管偏置在合适的直流工作点后做交流小信号分析,其数学本质就是只保留该直流工作点位置泰勒展开的零阶项(直流分析)和一阶线性项(交流小信号分析),交流小信号分析就转换为线性电路分析,晶体管放大器的分析大多属于此种交直流分析类型;

又如用准线性方法处理正弦波振荡电路的分析问题,虽然晶体管是处于非线性的工作状态,但是由于电路中存在滤波机制,可简单认为只有基波分量被保留下来,高次谐波分量被滤除了,从而非线性工作的晶体管和滤波器共同被视为线性电路,这种线性并非真正的线性,故称准线性,虽然是准线性,但是我们采用只有线性时不变电路才能应用的相量法理解准线性问题,却足以给出原理性十分强且稳态结果足够精确的正弦振荡分析。

最后需要对电路方程的解进行解析,或者说给出具有这种解的电路在电子系统中的应用案例,其实给出的就是该电路的功能:这个电路到底可以做什么用?至于电路性能,则需首先明确某种具有确定功能的功能电路的理想模型,电路性能其实描述的就是实际电路到底有多么地接近理想电路:实际电路越接近于理想模型,电路性能就越优良,两者偏离越大,电路性能就越差。

2.2.4 电路抽象三原则

无论是从电磁场方程到电路定律的电路抽象过程,还是电路分析本身采用的诸多电路定理和电路分析方法,无不展示着电路抽象一直遵循的三个基本原则:离散化原则、极致化原则和限定性原则。

1. 离散化原则

所谓离散,就是可数。离散化原则指的是用可数的离散来抽象描述不可数的连续,或者是用极小的少量替代极大的多量。

表 2.2.5 所示的场路抽象,使得我们可以用有限个端口的端口电压、端口电流对满足准静态条件[式(2.2.9)]的电磁场问题用电路理论进行分析,而不必关注电路内部连续的物质是如何排布的,其内部连续的电磁场又是如何分布的,我们只关注可数的有限个端口电压和端口电流之间的伏安特性关系。端口数目是离散有限的,电路内部物质构成、电磁场作用是连续的,用有限个端口电压、电流之间的伏安特性关系方程来描述电路系统内部连续的场与物质的相互作用关系,将连续空间和时间上的偏微分电磁场方程转换为描述离散支路(端口)的代数方程(基尔霍夫定律、欧姆定律)和时间上的微分方程(广义欧姆定律),这本身就是电路的最大抽象。

有了这些端口伏安特性后,我们在构建更大系统时,只需正确描述这些端口的约束关系并给出合适的端口间连接关系即可。所构建的系统对外也只提供有限个离散端口,从而屏蔽系统内部结构或内部连接(作用)关系,便于更高级别的系统构造。这种分层设计思想,使得我们可以构造出极为复杂的电子系统。表 2.2.1 给出的系统结构本身就是这种分层结构,分层设计是对离散化原则的一种应用表现,离散化原则是电路抽象的第一原则。

离散化原则的重要性无论如何强调都不过分。从大的方面说,信息在人类社会中的表征形式是符号,这些符号承载了信息。符号化表征就是离散化表征,只有离散化表征后,信息量才会被限定到可存储(记录)、可传递(传承)、可处理(演绎)。如单个历史事件的文字记录可能寥寥数语,但后人可以大体把握整个历史脉络。离散化的后果是不完整(存在误差),但不离散化(不符号化)人类历史则不可记录,人类文明则难以传承。从小的方面说,电子信息系统就是靠这种离散化原则分层构造出来的。

2. 极致化原则

何谓极致?走极端,追求完美。追求完美,靠的是舍弃细枝末节,保留本质特征。

可以如是简单地用数学来表述极致化原则:如果数 a 远远大于数 b,$|a|\gg|b|$,那么工程上可做如是近似,$a+b\approx a$,这里数 b 的影响很小,数 b 被极致化为数的一个极端 0;同时,工程上还可做如是近似,$\frac{1}{a}+\frac{1}{b}\approx\frac{1}{b}$,这里 $1/a$ 的影响很小,数 a 被极致化为数的另一个极端 ∞。显然,极致化是一种留大弃小的策略,这个策略可以排除细枝末节对视线的干扰,只留下"完美的"本质特征。

例如,晶体管的开关模型就是一种极致化模型:MOSFET 欧姆导通时其沟道电阻和沟道外连负载阻抗比很小,小的极致就是零,故而将其欧姆导通电阻极致化为零电阻——短路;晶体管截止时其沟道电阻和沟道外连负载阻抗比极大,大的极致就是无穷,故而将其截止工作状态极致化为无穷大电阻——开路。于是晶体管模型可被极致化为理想开关模型,正是这种极致化抽象,使得晶体管开关电路(能量转换电路、数字门电路)的分析变得极度简单,因为我们只需判断开关的通断即可,极致化的结果使得我们只需关注两个极致状态,暂时忽略了状态转换的中间变化过程,由理想开关不耗能很容易理解开关型能量转换电路的高效率转换能力,用开关的串联、并联、旁路亦可方便说明数字逻辑与、或、非逻辑运算功能。最后特别强调一点,上述功能电路的性能优劣则取决于设计晶体管和理想开关的偏离程度,两者越接近,上述功能电路的性能就越优良。

再如,理想运放是实际运放的极致化抽象:由于运放具有很高的电压增益被极致化为无穷大增益从而其输入端电压被极致化为 0(虚短)以确保有限的输出电压;同理运放极高的跨阻增益(电压增益乘以输入电阻)可被极致化为无穷大从而其输入端电流被极致化为 0(虚断)以确保有限的输出电压;同时,运放输出电阻较小多被极致化为零输出电阻,从而输出端口被极致抽象为理想受控恒压源。做了上述极致化抽象后,对于具有负反馈连接关系从而可确保运放工作于线性区的负反馈运放应用电路,其分析则可运用理想运放才有的"虚短、虚断"特性,于是这些功能电路的分析和理解都变成了迎刃而解的简单问题,这是由于 0 和 ∞ 的极致化使得模糊视线的细枝末节被有效清除了,我们的视线被集中到最核心的电路功能上。

极致化原则在电路分析中的应用使得我们往往只关注电路器件或电路网络的一个基本特征,而将其他特征视为寄生效应。在不考虑寄生效应时,电路的这个基本特征则会被扩大化为唯一特征。例如理想线性电阻仅仅是实际电阻器的理想抽象模型,实际电阻器中一定既有电阻效应,同时还有电感、电容效应、噪声和额定功率等问题,只是在低频时,寄生电感、寄生电容的影响和电阻相比可以忽略不计,施加到电阻上的信号不是极小时,噪声影响则可忽略不计,施加到电阻上的信号不是特别大时,电阻不会因功率超过额定功率而烧毁,这时的电阻器用一个满足欧姆定律的理想线性电阻元件抽象还是相当到位的。

极致化抽象后,理想元件、理想单元电路、理想电路网络则会呈现出某些极为特殊或优良的特性,于是该功能电路模块的设计就有了一个标杆,实际功能电路应尽量接近这种极致化抽象后的理想电路。例如运放极致化为具有"虚短、虚断"特性的理想运放后,运放电路分析和设计都变得极度简单,故而我们在设计运放电路模块时,则尽可能地实现极高增益以获得"虚短、虚断"效果,尽可能地实现极高输入电阻以增强"虚断"效果。而实际电路越接近于这些树为标杆的理想电路,实际电路的性能就越优良。

3. 限定性原则

所谓限定,就是指任何一个抽象都有它自身的适用范围,在抽象适用范围之外去应用该抽象,则有可能得到错误的结论。如把电阻器抽象为理想电阻元件时,①信号强度一定足够大,使得电阻热噪声对有用信号而言小到可以忽略不计;②信号强度又足够的小,电阻器不至于发热烧毁;③频率足够的低,电阻引脚寄生电感效应不至于显露出来;等等。

所有的电路模型都有其适用范围或适用条件,尤其是最核心的最简单的理想模型。这些理想模型往往被用来给出电路的原理性解释,之后再进一步在理想模型上添加非理想效应解释实际电路和理想模型之间的偏离,这些偏离一般被称为技术指标,偏离理想模型小的电路,其技术指标高,性能好。理想模型的建立,使得我们能够抓住主要矛盾,电路设计变得有序,先解决什么问题(主要矛盾),后解决什么问题(次要矛盾),使得电路分析和设计流程变得具有可操作性。但一旦超出了理想模型的限定性适用范围,实际制作电路的功能和预期的电路功能就无法确保是相符的,甚至变得面目全非。

2.3 数字抽象

表 2.2.2 给出的基本单元电路中,明确划分出了某些电路是不能数字化的,如放大器、振荡器等,因为这些电路的信号处理是由能量转换完成,这种能量转换是无法用逻辑 0、1 的运算实现的,如放大器、振荡器完成的放大、振荡功能其实就是将直流电能转换为交流电能的过程,这是数字逻辑与、或、非运算无法完成的功能。数字电路的主要能力在于实现信号处理,如果信号处理中不必涉及电能量之间的转换,如滤波器、变频器、调制解调器等,均可在数字域实现其滤波、变频、调制解调功能。当然,实现逻辑运算功能的数字电路本身是耗能的。

图 2.3.1 是信息系统的一个集成电路实现版本,其中的大部分信号处理功能、系统控制功能都是在数字域完成的。

那么什么是数字化?为什么要数字化?数字电路又是如何工作的呢?

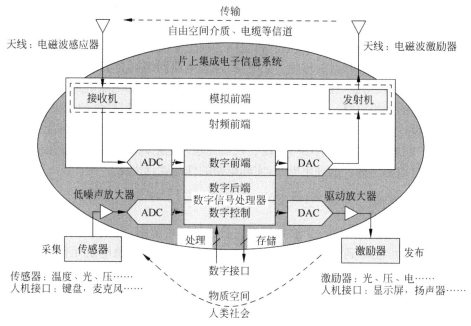

图 2.3.1　电子信息系统的数字化与集成化

2.3.1　数字化就是离散化

所谓数字化,本质上就是离散化。电路中人为的离散化其实是在做一种特征提取:电路离散化抽象提取的是器件内电磁场相互作用的端口特征,数字化中量化提取的则是数值的共性特征,如 3.141 和 3.142 的共性特征是 3.14,截断量化为 3.14 就是提取出这个共性特征来。这种特征提取可以降低对信息的表述量,使得信息可以被有限个离散符号(有限的支路端口数目,有限的数字数目)所表征,这也是为什么要数字化的原因。

(1) 只有数字化(离散化)后,信号才得以可存储,毕竟存储空间是有限的。

(2) 数字化后,不仅信号存储可以实现,信号处理也变得丰富多彩。正如前文所述,如果电路的信号处理功能同时也是电能量相互转换的放大器,只能用模拟电路才能实现,对于滤波、变频、调制解调等纯信号处理功能,都可以用数字电路通过逻辑运算(或数字信号处理方法,软件)来实现;同时数据压缩、编码等在模拟域中难以实现的信号变换功能在数字域内都得以灵活方便地实现。

那么下一个问题就是,既然离散化伴随着误差,数字化的误差是否可以接受呢?

2.3.2　数字化后信息受损了吗

数字信号是时间离散、幅度离散的信号,可以通过 ADC 实现对模拟信号的数字化,那么这个数字化过程中信息受损了吗？从连续到离散显然存在着损失（误差），但这个损失是否可以接受呢？

首先看时间离散，它是用可数的有限的离散的时间点来描述不可数的无限的连续的时间点，事实上只要把关键点记录下来，信息基本上就可认为损失不大，如图 2.3.2 所示，只要把一个波形的峰点、谷点、拐点等关键点记录下来，恢复出的波形和原波形就会足够接近，可以认为信息受损是可接受的。人类历史记录采用的就是这种关键点（关键历史事件）记录方法，对人而言判断哪个事件重要，哪个事件不重要是轻而易举的，但是对于电子系统而言，让它判断哪里是关键点，需要的计算量是不可承受的，因此对于绝大多数的电子信息处理系统，目前采用的是最简单的无须判断就可实现的等间隔采样方法。对于等间隔时间采样，只要满足奈奎斯特采样定理，即采样频率足够高，采样点数足够多，采样频率一半带宽内的信号频谱则是无损的，当然如果带外信号没有被有效滤除，则会混叠到带内，形成误差，但这种信息受损是可控的（可以设法对带外信号滤波使其影响足够的小），或者说是可以接受的。

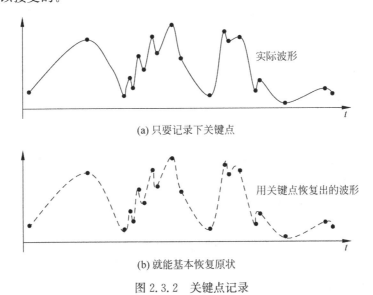

(a) 只要记录下关键点

(b) 就能基本恢复原状

图 2.3.2 关键点记录

再看幅度离散，它是用有限位数的数值来表述所考查幅度范围内的所有的幅度值，最简单的幅度离散方法就是截断或舍入，如将 π＝3.1415926…… 截断为 3.141 或四舍五入为 3.142，这里存在截断误差和舍入误差，因为 3.141 和 3.142 和原始数据 3.1415926…… 并不相等。

ADC 实现的幅度离散又被称为量化，它是将一个连续范围的数值用一组有限整数来表述，如某 8 比特 ADC（也称 8 位 ADC）可将（−1V，+1V）范围内的电压用（0，1，2，…，255）共 256 个整数数值来表述，如是 $\left(-1+\dfrac{i}{128},-1+\dfrac{i+1}{128}\right]$ 范围内的电压值都用 i 这个整数表示，当 ADC 输出为 i 时，输入端电压理论上则被认定在 $\left(-1+\dfrac{i}{128},-1+\dfrac{i+1}{128}\right]$ 范围内，但到底是这个范围内的哪个具体的电压值则未可知，故而输出存在量化误差。量化误差在信号处理中可视为一种造成信号质量恶化的噪声,故而又称其为量化噪声。

量化与截断(或舍入)在本质上并无任何区别,幅度离散化产生的误差(截断误差、舍入误差、量化误差)是否可接受完全取决于具体应用。例如,用 8 位 ADC 量化幅度在 $(-1\mathrm{V},+1\mathrm{V}]$ 范围内变化的信号,量化间隔为 $\frac{2\mathrm{V}}{2^8}=\frac{1}{128}\mathrm{V}=7.81\mathrm{mV}$;如果用 16 位 ADC 量化同样的信号,量化间隔则只有 $\frac{2\mathrm{V}}{2^{16}}=\frac{1}{32768}\mathrm{V}=30.5\mu\mathrm{V}$。因量化导致的误差看似小了许多,但这是否真的有必要呢?

(1) 我们知道真实信号中总是存在着噪声,假设该信号中的噪声电压有效值为 1mV,那么用 16 比特 ADC 进行量化就是完全没有必要的,因为只有前 11 比特是有效的,最后的 5 比特数据其实是被噪声淹没的,采集下来后无法确认这 5 比特的数据是真实的信号呢还是随机的噪声呢? 因此量化噪声只要稍低于其他电子噪声,ADC 的位数就是足够的,因为采集下来的数据的误差已经被信号中的电子噪声所决定,采用高位数 ADC,令其量化噪声远远低于其他电子噪声并不会有任何精度上的提高,如果认为有必要提高信号数据的精度,不妨先设法降低信号中的噪声后再谈提高 ADC 的位数。

(2) 如果取下来的数据是和另一组数据进行运算,例如,做比较大小的运算,而另一组数据是 8 比特的数据,如 $(0,1,2,\cdots,255)$ 中的 17,代表的电压在 $(-0.8671875, -0.859375]\mathrm{V}$ 之间,你这里采到的 16 比特数据是 $(0,1,2,\cdots,65535)$ 中的 4361,而 4361 代表的电压在 $(-0.866912841796875, -0.86688232421875]\mathrm{V}$ 之间,虽然精度高了许多,但对于比较两者谁大谁小,有何益处? 对计算机而言,它会把 16 比特数据中的 4353~4608 这 256 个数都视为和 8 比特数据中的 17 相等,因此没有必要做 16 比特的量化,因为运算的精度由误差大的那组 8 比特数据(系统内在的误差)已经决定了,这里取再小的误差、再高的精度也无助于最终的比较结果:无论获得的是 4361,还是 4367,计算机都会认为它们和 17 是相等的。那为什么还要采用 16 比特 ADC 呢? 16 比特 ADC 的制作成本远远高于 8 比特 ADC,同时计算机存储 16 比特数据用的存储空间是 8 比特数据的 2 倍。

因而数字化后信息是否受损的问题与具体应用是密切相关的,如果够用,则不认为受损,如果不够用,则认为受损,此时要么容忍这种损失,要么提高整个系统的精度,仅提高其中 ADC 的位数,并不会提高整个系统精度。但是如果选取的 ADC 位数不够,则会损伤整个系统精度,对系统中其他精度高的设备、数据而言,则是一个巨大的浪费。

2.3.3 二进制与开关

前面提到 8 比特 ADC 或 8 位 ADC,什么是比特(位)呢? 这就涉及数的表示法或进位制问题,我们日常使用的是十进制计数法用 0~9 十个数字计数,例如,个位上的 5 就是 5,十位上的数则乘 10,十位上的 5 代表 50,百位上的数则乘 100,百位上的 5 代表 500,十进制数 675 则念为"六百七十五"。而数字电路中的数或 ADC 的输出采用的则是二进制计数法,用 0 和 1 两个数字计数,最低位的 0 和 1 就是 0 和 1,高一位的 0 或 1 则需乘 2,再高一位的 0 或 1 则需乘 4，如 8 比特数据 0001 0001 代表的十进制数为(1+16=)17，十进制数 4361 对应的二进制数用 16 比特数据表示则为 0001 0001 0000 1001，前面比较两者对应电压大小时说两者相等，其原因就在于 16 比特数据的高 8 位 0001 0001 和 8 比特数据完全一致，后 8 位数据在这次数据比较运算中没有任何用处。

电子信息处理中，为什么不采用日常使用的十进制而采用人们不太熟悉的二进制呢？

(1) 自然性选择：手有十指，方便计数，这可能是人们采用十进制作为日常计数法的原因。然而二进制更是信息的自然表达：物有阴阳，人有男女，空间可分上下、前后、左右，时间可过去未来，斗则分敌我，亲则有内外。中国古人以八卦类万物象，演六十四卦以通天下，就是对二进制的经典应用，据说莱布尼茨提出二进制算术是受到了《易经》六十四卦的影响。

(2) 可靠性选择：电子系统中，如果采用十进制，则需要十个截然不同的稳定的能量状态代表这十进制的十个数，例如，用 0V 代表数字 0，用 1V 代表数字 1，……，用 9V 代表数字 9，这里的最大能级电压为 9V，假设该能级系统突发性地出现了 10% 的扰动，即有 0.9V 的干扰，那么代表 9 的 9V 被扰动到 8.1V，如何认定 8.1V 呢？是数字 8 还是数字 9？正常情况下，我们会认为它是数字 8，从而出现错误。然而二进制呢？只需两个截然不同的稳定的能级状态即可，例如，用 0V 代表数字 0，用 9V 代表数字 1，最大能级电压仍然是 9V，最大扰动仍然是 10%，9V 被扰动到 8.1V，认为这个 8.1V 是 0 还是 1？显然还是 1，正确无误。二进制两个状态表述的可靠性远高于十进制的十个状态。

(3) 易实现性选择：电子器件中，二极管正偏导通、反偏截止，正好可用来对应 0、1 两个状态；三极管有三个工作区，恒流区用来实现放大，而截止区晶体管截止、欧姆区晶体管导通，也正好可以用来对应 0、1 两个状态。二极管、三极管的截止、导通恰好对应着开关的开、关状态，开关易于用二极管或三极管实现。

1937 年，香农根据其硕士论文工作对继电器的研究，提出二进制中的 0、1 和继电器开关的开、关两个状态相对应，奠定了数字电路的理论基础。

1945 年，冯·诺依曼则将二进制作为数字计算机的数制基础，奠定了计算机实现的逻辑基础。

2.3.4 开关与数字电路

我们首先看一下开关的"开(on)、关(off)"两个状态是如何被用来表示数字 0 和数字 1 的，如图 2.2.15 所示的反相器电路：当下面的 NMOS 晶体管导通时，上面的 PMOS 晶体管则截止，输出电压 0V 代表数字 0，也称逻辑 0，可和逻辑上的"假""非"相对应；当下面的 NMOS 晶体管截止时，上面的 PMOS 晶体管则导通，输出电压 5V 代表数字 1，也称逻辑 1，可与逻辑上的"真""是"相对应。

我们看到，数字电路就是用晶体管开关实现的开关电路，通过开关的导通和断开，实现逻辑运算，继而可实现数学运算。

2.3.5 集成电路与数字化趋势

和模拟电路相比,CMOS 反相器(数字非门)以及用 PMOS 和 NMOS 构成的其他类型的 CMOS 数字逻辑电路有如下特点,使得它可以被大规模集成。

(1) 低功耗:PMOS 和 NMOS 晶体管在数字逻辑电路中都被驱动为开关,在静态时总是一个开关闭合时另一个开关断开,导致从电源到地之间没有电流通路,因而 CMOS 数字电路的静态功耗极小。而模拟电路,尤其是线性电路,则需要有直流工作点才能使得晶体管完成将直流能量转换为交流能量的放大功能,直流工作点位置的静态功耗等于直流电流乘以电源电压,这个功耗一般很大。因此模拟电路大规模集成时,因其产生的过多热量无法有效耗散到周围空间而烧毁,使得集成规模不可能做大。

(2) 容差性强:在前面讨论二进制相比十进制的好处时,已经讨论过两个状态的电路比十个状态的电路具有更强的可靠性,何况是只有两个离散状态的数字电路相对于连续状态的模拟电路呢?模拟电路对外界干扰十分敏感,当大规模集成时,稍微的偏离有可能导致整个电路完全无法正常工作,尤其是大规模集成时,前级细微的差异导致后级极大的偏离,往往使得电路进入非线性饱和态,或者放大性能大幅下降,工作点出现偏离后难以有效控制,虽然可以采用负反馈稳定工作点,但也存在着寄生电容效应导致的负反馈变正反馈从而形成自激振荡的可能性。总之,模拟集成电路的规模很难做大。而 CMOS 数字电路只有两个状态,前一级即使略有偏离,后一级也会自动将其修正;同时内部的反馈通路(存储器)一般都是由时钟控制的可断开的反馈,并不会形成自激振荡。这些优势使得数字大规模集成成为可能。

(3) 面积小:模拟电路中出现的电感、电阻在集成电路硅基片上实现时,会占用极大的面积,在这个面积上可能可以容纳数百上千个晶体管;而 CMOS 数字电路全部由晶体管(和互连线)构成,完成数字状态翻转所需的晶体管面积可以做到最小,从而数字大规模集成电路的面积很小。

低功耗、容差性强(可靠性强)、面积小都意味着高集成度和低成本,如目前处理器内的晶体管数目已经高达 10 亿量级,这种高集成度使得数字系统可以实现极为复杂的运算、处理和控制功能。而模拟电路要完成一个信号处理功能,在一个硅基片上晶体管数目能够成百上千就基本到顶了,模拟集成电路往往只能完成功能较为单一的运算、处理和控制功能。

这也是现代信息处理系统数字化趋势的主要原因,信息化社会必将是数字化的,至少可存储的电子信息都是数字化的。

虽然数字化是一种趋势,但信息处理系统中,模拟电路的作用却是无可替代的。

(1) 无法用逻辑 0/1 运算实现的能量转换电路,如放大器、振荡器和传感器等。在 ADC 和 DAC 接口位置,模拟端的滤波器必须是模拟的,如信号进入 ADC 之前需要将带外信号滤除,否则会形成频谱混叠,ADC 之前的这个滤波器不可能是数字滤波器。

(2) 频率很高的信号,数字化成本太高,功耗及处理速度都成为设计和实现的瓶颈,因此射频电路仍然是模拟的。

（3）当数字电路的工作频率很高时，数字电路工作状态和模拟电路差别不大，需要用模拟电路的设计手段来处理高速数字电路中出现的诸如反射、耦合等信号完整性问题，否则无法正确实现高速数字电路的逻辑运算功能。

（4）某些信息处理量极大，信息处理经 AD 转换、数字处理、DA 转换，需要极大的功耗和时耗，如果对信息处理精度要求不是很高，如人的视觉这种即使略有偏差也不会影响有效识别的情况，在模拟域直接进行相对低精度要求的信号处理，可以有效突破数字信号处理的功耗和时耗瓶颈。

虽然数字化是信息化社会的必经之路，但是模拟电路技术在其中自始至终地占据着电路设计者必须掌握的最核心电路知识的地位，因此同学们有必要潜心掌握核心模拟和数字电路知识，使得作为信息处理系统物理层基础的电路成为同学们在信息化社会中的一个坚实的立足点。

2.4 能量处理和信号处理的一些额外说明

前面已说明，电路可用来实现对电能量和电信息的处理，这两类电路在设计中所关注的焦点问题并不相同。

2.4.1 能量处理：能量转换与传输

当电路是用来实现纯粹的能量转换而不涉及信息处理时，此时关注的主要是如何提高能量转换效率，也就是如何把能量源提供的能量尽可能高效率地转换为另一种形式的能量，也就是说，电路设计的焦点问题是如何降低转换电路自身所消耗的能量。

1. 交直流能量转换电路

电路中的纯粹换能电路，常见的是将交流转换为直流的整流器电路、将直流转换为交流的逆变器电路、实现直流转直流的稳压器或 DC-DC 转换电路，以及交流到交流的变压器。由于理想开关不消耗功率，理想电容、电感不消耗功率，因此无论是哪种能量转换电路，都基本上是由以这三种理想元件为理想模型的实际电路器件（如二极管、晶体管等效开关，电容器，电感器或变压器等）构成的，以确保能量转换电路具有高的能量转换效率。

2. 能量传输电路

当电路是用来实现纯粹的能量传输而不涉及信息处理时，关注的也是效率问题，即传输效率，有时也关注电路的功率容量问题。例如传输线，问题就落实为如何设计传输线的物理几何结构,使得它具有低的损耗(即高的传输效率)和高的功率容量。

3. 振荡器

电路中的振荡器严格地说,是一个将直流能量转换为交变能量的换能电路,但由于其设计目的不是为了获得交流电源,而是为了获得载波用于装载信息(发射机)或者卸载信息(接收机),用于频率搬移(上下变频),或者其他控制应用(如时钟同步)等,因而我们更关注的是振荡器输出信号的纯度问题,输出是否是纯净的正弦波?方波抖动是否太大?我们并不特别关注其转换效率。

振荡器设计关注的主要电路问题是起振问题、噪声问题(振荡频率、幅度稳定度问题),然后才会考虑转换效率问题。但有一些应用场景下的 DC-AC、AC-AC 转换电路,其设计方案是采用振荡器将直流电能转换为交流电能,这类振荡器设计则需特别关注其能量转换效率问题。

4. 传感器

传感器实现对外界物理量变化的电转换,即将外界物理量的变化(如温度、压力、光强等的变化)转换为电压电流的变化,因此对传感器的一般要求是高灵敏度,无失真,低噪声。高灵敏度则可探测到外界物理量极为细微的变化;低噪声则要求这种高灵敏变化仅应与希望探测的物理量相关,与其他物理量尽量无关;无失真则一般要求这种转换关系是线性的。

为了不影响传感器所感应的物理世界的基本运行,或者外界物理量本来就很微弱(如天线耦合电磁波),传感器耦合过来的能量一般很小,转换过来的电信号一般很微弱,虽然不特别强调转换效率,但高灵敏度要求本身就意味着某种高效转换。正是因为传感器输出电信号很微弱,传感器后面一般需要有低噪声放大器级联,将微弱信号的电平抬高,使得后续电路能够对该信号进行处理,如图 2.3.1 所示。传感器和低噪声放大器之间应该做到阻抗匹配,阻抗匹配的目的可能是希望转换过来的电功率尽可能多地传递到低噪声放大器中(最大功率传输匹配),也可能是希望电平调整后的信号质量尽可能高(最低噪声匹配),或者是两种考虑兼顾。

有些传感器无须高灵敏、高线性度,如敲击键盘,我们需要确认的是状态(按键是否被按下),因此对这种传感器提出的要求是高可靠性。这种传感器也可视为传感器和 ADC 的混合体。

5. 激励器

激励器实现对电量到其他物理量的转换,以实现对外界的刺激。因为激励器往往是信息处理系统的对外窗口,为了形成对外界足够的刺激,对激励器的一般要求是高效率,无失真。高效率可使得整个处理系统低功耗,无失真则是无须多言的基本要求,既然是信息发布窗口,我们不希望失真出现在这里。

激励器前级往往是功率放大器或者驱动放大器,如图 2.3.1 所示,无论如何称呼,都是为了驱动激励器正常工作。两者之间应该做到阻抗匹配,阻抗匹配的目的可能是希望驱动器输出的电功率尽可能多地传递到激励器(最大功率传输匹配),也可能是希望信号质量尽可能高,如 A 类功率放大器的最大线性功率输出匹配,可以使得激励器获得的线性无失真功率最大,或者是多种考虑兼顾。

有些激励器没有无失真要求,如 LED(Light Emitting Diode,发光二极管)指示灯,该灯表示的是状态信息,亮与不亮代表两种截然不同的状态,如有电源和无电源。这种激励器也可视为 DAC 和激励器的混合体。

2.4.2 信号处理:信号与系统问题

当电路被用来实现信号处理时,不可避免地伴随着能量转换问题,但我们这里更关心的是信息处理问题。

既然是信息处理,而信息又是负荷在电压电流信号上,因此必然有处理前的信号和处理后的信号,分别称为输入信号和输出信号,而处理信号的电路单元又称为电路系统,如图 2.4.1 所示。可见信号处理电路的基本问题就是"信号与系统"问题,即信号通过电路系统的问题:信号通过电路系统后有什么样的变化(电路系统具有什么功能)?如何设计系统使得信号通过它后产生这样的变化(如何设计该电路功能)?

图 2.4.1　信号与系统

在分析和设计电路系统时,不可避免地会涉及系统属性问题,因为不同属性的系统可以完成不同的电路功能。例如,只有有源电路才能实现放大或振荡功能,因为放大和振荡都需要向端口外提供电能;只有非线性电路或时变电路才能实现变频功能,因为变频意味着新频率分量的产生,线性时不变电路无法产生新的频率分量,等等。因此下面对线性/非线性、时变/时不变,有源/无源,时域/频域等基本电路概念做简单描述。

所谓线性系统,就是满足叠加性($f(x+y)=f(x)+f(y)$)和均匀性($f(ax)=af(x),\forall a$)的系统。不满足叠加性或均匀性的则称为非线性系统。滤波器、低噪声放大器、上下变频器(乘法器)是线性系统,但一般只针对一定幅度范围内的小信号而言,如果信号很大时,放大器、乘法器都会呈现出较强的非线性特性。

线性系统因不理想(非线性)产生的非线性失真在信号处理中往往被视为干扰,其功率和噪声功率一并被视为信号质量恶化的原因。如图 2.4.2 所示,这是一个放大器的情况,当输入信号较大时,输出信号中除了有对输入信号的线性放大输出外,还出现了很多非线性失真分量,这些非线性失真分量如果落在有用信号频带内,如三阶交互调制失真分量,其影响和通带内的噪声可等同对待,而输入信号频带之外的非线性失真分量,如三阶交互调制失真和谐波失真,则可能对其他电台的有用信号产生干扰,或者影响本系统其他电路的工作状态。如果是纯粹的电阻电路,非线性产生的是谐波、组合频率分量,但是由于存在寄生的动态元件(电容、电感)或匹配用动态元件,则存在着形成输入信号分频的可能性。

也可直接利用非线性特性实现特殊的信号处理功能,如倍频器利用的就是非线性可

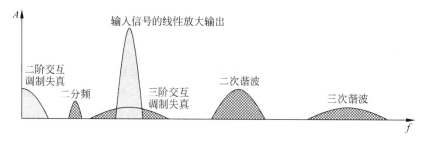

图 2.4.2 信号通过非线性系统后

产生谐波分量这一特性,限幅器利用的则是非线性元件的饱和非线性特性,齐纳二极管稳压器利用的则是该类型二极管的反向击穿恒压特性等。前面没有讨论的频率调制器可采用非线性的变容二极管实现对振荡器中心频率的控制。

所谓时不变系统,就是系统输出变化仅依赖输入变化,与什么时候加输入无关。用数学式子表述:如果相应输入 $v_i(t)$ 的输出为 $v_o(t)$,那么当信号延时任意时间 τ 后,即以 $v_i(t-\tau)$ 作为输入时,那么输出将有相同的延时,即对应输出为 $v_o(t-\tau)$。如果系统输出变化不仅依赖于输入的变化,还与输入加入的时间有关,则是时变系统。滤波器和放大器是时不变系统,乘法器有两个输入端,当一个输入端接随时间变化的控制信号(如载波信号,本地振荡信号)时,对需要处理的另一端接入的输入信号而言,乘法器是时变系统。

对于开关,如果开关一端接输入 v_{in},另一端接输出 v_{out},如图 2.4.3(a)所示,如果控制端信号 v_c 是随时间变化的,则开关(v_{out} 与 v_{in} 关系)为线性时变元件,如果 v_c 恒定不变,开关要么导通,要么截止,可视为线性时不变系统。如果开关控制端接被处理的信号 v_{in},一端接电压信号 v_c,另一端为输出 v_{out},如图 2.4.3(b)所示,则开关(v_{out} 与 v_{in} 关系)是非线性系统,至于是否时变,则看 v_c 是直流还是交流,v_c 为直流电压则为非线性时不变系统,v_c 为交流电压则为非线性时变系统。

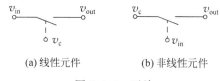

(a) 线性元件　　(b) 非线性元件

图 2.4.3 开关

如果一个电路网络具有向其端口外提供电能的能力,则为有源网络,否则为无源网络。显然,凡是等效出独立源的电路一定是有源的,然而用来实现放大和振荡的有源是受控源有源或负阻有源。例如晶体管被直流偏置在恒流区,对交流小信号而言,可等效为线性压控流源,这个压控流源是有源的,其有源性来自直流偏置电压源,偏置在恒流区的晶体管具有将直流偏置电压源直流电能转换为压控流源交流电能的能力,晶体管本身是电阻耗能器件,它在消耗直流电能的同时,可以将部分直流电能转换为交流电能。负阻有源性同样来自直流偏置电压源,被直流偏置电源偏置在负阻区的负阻器件,对交流小信号而言可等效为线性负阻,具有向端口外提供交流电能的能力,但其提供的交流电能是负阻器件在消耗直流偏置电源直流电能的同时,将部分直流电能转换为交流电能并在输出端口释放出去。受控源有源性和负阻有源性均可被用来实现放大功能或振荡功能,放大器和振荡器本质上都是将直流电能转换为交流电能的功能电路,只是放大器需要有输入激励,而振荡器往往是自激的,无须外加激励。

模拟电路是连续时间系统,处理的是模拟信号,数字电路是离散时间系统,处理的是数字信号,对这两种信号的处理方法有明显的差别。对于模拟信号,时域信号 $v(t)$ 可用拉普拉斯变换变换为复频域信号 $V(s)$,或者用傅里叶变换变换为频域信号 $V(j\omega)$,之后在变换域考查信号特征,或者考查输出信号与输入信号之间的关系,这种关系代表了系统功能或系统特性。为什么在变换域考查信号特征呢?这是由于变换域系统研究十分简单明了,对于线性时不变系统,由于时间微分、积分运算被变换为代数乘、除运算,导致时域的常系数微积分方程在变换域是简单的代数方程,

$$\frac{\mathrm{d}v(t)}{\mathrm{d}t} \leftrightarrow s \cdot V(s) \tag{2.4.1}$$

$$\int_t v(t)\mathrm{d}t \leftrightarrow \frac{V(s)}{s} \tag{2.4.2}$$

其中,$s=\sigma+\mathrm{j}\omega$ 是复频率,如果取 $\sigma=0, s=\mathrm{j}\omega$ 则同傅里叶变换。例如,线性时不变电感、电容,其时域和频域伏安特性方程分别为

$$v(t)=L\frac{\mathrm{d}i(t)}{\mathrm{d}t} \leftrightarrow V(s)=sL \cdot I(s) \tag{2.4.3}$$

$$i(t)=C\frac{\mathrm{d}v(t)}{\mathrm{d}t} \leftrightarrow I(s)=sC \cdot V(s) \tag{2.4.4}$$

如是,在频域可将电感视为和电阻同等地位的阻抗,其阻抗值 sL 和电阻 R 都具有欧姆的量纲,可将电容视为和电导同等地位的导纳,其导纳值 sC 和电导 G 都具有西门子的量纲,具有这种电容、电感的线性时不变电路的分析,与线性电阻电路分析并无本质区别,我们感兴趣的系统传递函数就是输出电压与输入电压之比,该传递函数由线性时不变电路系统组成,与信号无关。

对于线性时不变系统,除了传递函数以外,端口阻抗特性也是至关重要的,因为阻抗是否匹配对信号质量可能有重大影响。对理想无源 LC 滤波器,因其无损性传递函数和端口阻抗不是独立的,由一个可以推算出另一个;对放大器,传递函数和端口阻抗不完全相关,应分别予以考查。

对于非线性系统,输出和输入之间则没有简单的传递函数关系,因为非线性系统的输出与输入信号的形式和幅度密切相关(不符合叠加性或均匀性),故而非线性系统的分析较线性系统而言更为复杂,到底如何分析应视具体情况而定,常见的方法有幂级数分解法、分段折线法等。

离散时间系统中的 z 变换,可与连续时间系统的拉普拉斯变换对应比较。

变换域方法是线性时不变系统最常见的分析方法,诸多信号与系统问题则转换为变换域系统函数的分析问题。

2.5 小结

亚历桑德罗·伏特于1799年发明了伏特电堆，这是有史以来第一次人工可现的电力来源（电源），现代电学的大门自此被推开，人们可以在人造电源的驱动下对电进行更深入的探究。其后，1820年，汉斯·奥斯特发现电和磁竟然是相关联的，并通过反复实验确认电流能够产生环状磁场。安德烈·安培重复了奥斯特的实验，凭借他深厚的数学功底一周后就指出磁针转动方向和电流方向的关系服从右手定则，两周后指出两条平行线可以相互吸引或排斥取决于两条线上的电流是同向或反向，三个月内给出了电流元相互作用和电流元大小、间距、方向的关系，四个月后提出了"电动分子"假设以解释磁性成因，这是对电子的提前预言。迈克尔·法拉第1831年证实了人们推理应当存在但却无法予以证实的磁生电，宣告了人类电气时代的来临。然而物理界认为法拉第的最大贡献却是他在1839年引入的"场"的概念，他认为电和磁的作用是通过场实现传递的，如是能量就不再局限在粒子占用空间而是扩散到了全空间，这标志着场论的诞生。詹姆斯·克拉克·麦克斯韦在拜会了法拉第后，于1861年发表了《论物理的力线》的论文，他给出了20个微分方程以描述电和磁的相互作用，并因此于1862年预言了电磁波的存在，于1864年指出光是一种按电磁规律传播的电磁波动。自此，电磁理论得以建立，与电磁理论密切相关的电路理论在同一时代建立。乔治·西蒙·欧姆于1827年发表了著名的欧姆定律，古斯塔夫·罗伯特·基尔霍夫在对欧姆工作进一步研究的基础上，于1845年发表基尔霍夫定律。电路理论的两大基本定律——欧姆定律和基尔霍夫定律的提出，标志着电路理论已然成形。其后各路先贤对电路技术的发展和完善做出巨大贡献，由于涉及面太过广泛，这里不再一一列述。自伏特电堆到今天，期间200年来电路技术的发展，包括而不限于无线通信、电力应用、集成电路、计算机的迅猛发展，逐渐构建出当今的信息化社会的雏形。

2.5.1 发展趋势

电子信息系统发展的总趋势是数字化、高速化和集成化，其中高速化也可描述为高频化、宽带化，这个趋势对应着大信息量处理问题。在电路信号处理中，信息处理总是以能量转换的形式呈现，因此大信息量要求的高速化（高频化、宽带化）意味着高的功耗，故而低功耗电路设计是电路设计的一个热点问题。

数字化趋势的原因在于数字电路的高度集成化，在于数字处理的高度灵活性（可编程），这就要求极为强大的数字信号处理（DSP）单元和处理器（CPU）单元。数字化趋势对处理器的要求在电路设计中不纯粹是电路层面的问题，更是工艺层面、系统结构层面的问题。

集成化趋势是低成本、小型化的必然要求，不仅要求数字集成，更希望模拟、射频、数字的混合集成,如图 2.3.1 所示的那样,这里面就涉及频谱杂乱的数字电路对灵敏的模拟电路的干扰,信号完整性设计是该类电路设计的要点问题。

2.5.2 新兴热点

信息化社会发展需要解决极为广泛的问题,下面仅在电路层面,对当前的新兴热点问题做一个不全面的罗列性质的描述:

(1) 碳纳米管、石墨烯、Ⅲ/Ⅴ族半导体、3D CMOS 工艺等。
(2) 纳米技术;纳米器件。
(3) 纳米网络和阵列计算;大脑逆向工程等。
(4) 太赫兹频谱开发。
(5) 新型传感器。
(6) 传感器网络的图形与分布式信号处理。
(7) 柔性材料上的模拟电路设计。
(8) 生物医学设备的微纳米级的小型化和集成化,解决便携性、可植入性问题。
(9) 脑机神经接口。
(10) 新兴存储器和基于忆阻器的电路技术。
(11) 量子计算电路与系统。
(12) MIMO。
(13) 基于稀疏采样和压缩感知的电路与系统。
(14) 片上无线网络。
(15) 神经系统:深度网络硬件系统。
(16) 电源。绿色碳中和的能量收集电路,面向物联网的电池寿命延长技术等。
(17) 分布式发电。
……

电路设计者需要解决的问题随着社会发展和技术发展的需求一直在变化,新兴热点问题是动态变化的。

2.5.3 扎实基础

如图 2.1.3、图 2.3.1、表 2.2 所示,电路系统是电子信息系统的物理层支撑基础,所有的高层次的信息处理都需要以电路系统作为其硬件支撑,因此掌握电路基本知识,理解基本单元电路的工作原理,并可初步设计出具有简单功能的电路是对信息学院所有专业本科生的基本要求,相关电路知识的掌握是工科学生在即将到来的信息化社会中的一个立足点。

那么如何学好电路类课程呢?

(1) 前后贯通：本章是对电路类课程的一个概要总结，清华大学电子工程系核心课"电子电路与系统基础"则是将原教学体系中的课程"电路原理""模拟电路""通信电路""数字电路（晶体管级）"及场路整合一体的新电路原理课程。同学以此课程为基础，继续融通理解更多的电路专业课程及和电路相关的其他课程。

(2) 扎实基础：电路课程所需的数学基础除了基本的高中数学外，还涉及大学的"微积分""线性代数""复变函数"等，所需的物理基础主要涉及"电磁学"及"固体物理"等。

(3) 熟练工具：充分掌握电路抽象方法，获得清晰明确的电路原理性理解，以此作为电路设计的基本出发点，熟练应用 EDA 辅助设计工具帮助理解电路原理并验证电路设计。

(4) 参与实践：实践出真知，没有实际电路设计与调试经验，则会变成纸上谈兵：或者不知如何入手去设计电路，或者设计出来的电路根本不能用，或者无法理解电路调试中出现的种种不可思议现象。电路理解和电路设计需要通过实践来变成你的真实能力。

第 3 章　比特与逻辑

作者简介

葛宁，清华大学研究员、博士生导师、电子工程系通信研究所所长；基金委创新群体核心成员，2000—2006年曾任清华华环公司首席科学家；中国指挥与控制学会电磁频谱安全与控制专业委员会委员、中国电子学会通信学分会委员。1993年和1997年在清华大学获得学士与博士学位，1997—1998年在加拿大多伦多大学做博士后，1998—2000年在美国ADC工作任高级工程师。主要从事通信片上系统、短距离无线通信、宽带无线网络等方面的研究工作。先后负责国家科技重大专项、863目标导向、973课题和自然基金重点项目等。发表SCI论文40余篇，申请专利20余项，获得集成电路布图设计专有权2项。曾获2017年通信学会科学技术奖一等奖、2014年及2017年吴文俊人工智能科学技术进步奖一等奖、2016年电子学会创新团队奖。

3.1 概念与内涵

3.1.1 比特的定义

比特是信息科学学科中基本而重要的概念,它既是信息的度量单位,也是信息的重要表示形式,通常由"0""1"两个符号组成。两个不同的事物可以通过"0""1"这两个不同的符号表示。当一个事物处于两个不同状态之一时,我们也可以将这两个状态映射为"0""1"不同比特。通过多个比特的组合,可以表示多个状态,简单地说 n 个比特可以表示 2^n 个状态。由于状态越多,事物的不确定性越大,从度量的角度,描述处于某一特定状态需要的比特数目也越多,因此比特可以作为度量来描述事物的不确定性。

电子工程学科以电子运动和电磁波及其与物质相互作用的理论为核心,研究信息的产生、获取、存储、显示、处理、传输、利用及其相互关系的科学。现代电子工程学科仍然以还原论为基本科学研究方法。还原论主张把高级运动形式还原为低级运动形式,将电子信息系统视为更低级、更基本的现象的集合体或组成物。"0""1"比特高度体现了这种哲学观点,事物可以通过比特组合的序列来表示,运动可以通过比特代表的数量变化来刻画,信息可以通过以比特为单位的熵来度量。现代信息系统以数字化为特征,建立在还原论的方法上。例如,一个通信系统由信源编解码、信道编解码、调制解调器、射频与天线组成,其中信道编解码模块又由若干功能电路组成,功能电路由门电路组成,门电路由CMOS管组成。通俗一些,一个房间由门、窗、墙壁组成,窗户由窗框、中间的透明部分和活动构件组成,活动构件由铰链、执手、滑轮等组成。这种分解的思维方式在现代电子工程学科中取得了巨大的成功,其代表之一就是数字集成电路,上千万的门电路通过模块按照不同的层次组合成为处理器、存储器、通信单元等,构成了电子产品的核心,完成了人机界面、信息处理、无线通信等一系列现代信息核心技术,塑造了 Apple、Intel、Qualcomm 等产业巨人。

中国古代认为"无极生太极,太极生两仪,两仪生四象,四象生八卦,八卦演万物",这从另一个角度阐述比特的由来。大体的意思是"0 生出 1,1 生出 2,2 生出 4,4 生出 8,以此类推到无穷"。虽然也是论述万物与比特的对应关系,但是与还原论微妙的区别在于东方的哲学是从整体出发的,试图把握事物的整体。以德谟克利特的原子论为代表,还原论的起源要追溯到西方古希腊哲学,还原论与整体论在历史上争论了很长时期,现在越来越走向辩证统一。在生物等复杂系统面前,有些问题只能通过综合才能解决。如何从"0""1"比特回归到复杂系统与网络可能是未来一个值得思考的问题。

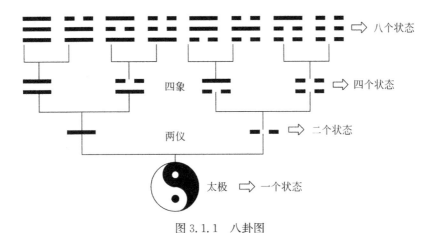

图 3.1.1　八卦图

3.1.2　比特的物理观

比特"0""1"是客观存在的,还是人们的主观概念?这是一个哲学争论,我们这里不做讨论,也很难有结论。但是,比特这一概念的产生、应用和发展与我们客观物理世界有着紧密的联系。从某种意义上讲,比特代表了现代科学对世界的认识理念与途径。在根本问题上,物理学研究"世界是什么?如何起源、变化与发展?",哲学思考"物质和意识谁是第一性,存在和思维有无同一性?"。物理和哲学的根本问题与比特都存在关联。

物理学一定是人类的物理学,研究的也是人类所在宇宙中的基本物理规律。作为高等生物系统的人所在的宇宙,其基本物理规律和所在状态一定要满足人类存在的条件。我们的太阳系处于一种相对平衡的状态,而地球本身作为一个开放的系统,一方面太阳为其提供了大量的能量(约 10^{17} W),另一方面 6000K 高温的太阳辐射相对 253K 地球辐射提供了负熵流(-10^{14} W/K)。这些条件支撑了人体作为耗散结构的存在,地球在远离平衡的非线性区形成了新的稳定的宏观有序结构。宏观的有序结构为比特概念的产生、应用和发展奠定了基础。宏观上看,地球在太阳影响下处于远离平衡态的"动态平衡",所谓平衡态是指系统各处可测的宏观物理性质均匀(从而系统内部没有宏观不可逆过程)的状态,由于地球摆脱了这种均匀的混沌状态,才会有"无极生太极,太极生两仪",产生白天与黑夜,春夏秋冬四季变化,"0""1"比特所代表的"0"与"1"才有了区分的意义。

近代物理确认各种物质之间的基本的相互作用可归结为四种:引力相互作用、电磁相互作用、弱相互作用和强相互作用。基本相互作用决定物质的结构和变化过程。在强力作用下,夸克合成了核子,核子构成了原子核。在电磁力作用下,原子核和电子形成了原子,继而组成了分子,分子凝为各式各样的大块物质。这些物质在引力的作用下,形成了现在的宇宙及其运动状态。这四种力的综合作用,又决定着世界将来的演化。万物由有限的原子组成,无机物的分子量往往较小(水的分子量是 18),蛋白质是高分子量的复杂的有机物(分子量通常从五千到百万以上)。物质的有限组成,例如元素周期表,为万物的有限比特表示提供了物理基础。相互作用是有序的起因,热运动是无序的来源,相变是有序和无序两种倾向相互竞争的结果。运动规律取决于有限的基本作用和热运动的统计规律,因此以数量关系来描述运动和物质的状态成为可能。

物质、能量、信息共同构成现实世界的三大要素。没有物质,什么也不存在;没有能量,什么也不会发生;没有信息,任何事物都没有意义。信息与物质、能量是密不可分的、紧密相关的。没有物质和能量,就不存在事物及其运动,也就无从谈起运动状态和规律,当然也就不会有运动状态和规律的表征的信息,这是信息对物质和能量的依赖性。但是,具有知识秉性的信息,作为事物及其运动状态和规律的表征的信息,可以脱离原来的物质、能量而相对独立地被人们摄取、传递、加工和处理。物质、能量与信息是一切客观事物的三个基本方面。

3.1.3 比特的数学观

物理揭示自然界的奥秘,自然界乃至社会中物质及其运动规律的刻画离不开数学。各种各样的物体及其状态在数学上往往通过集合进行描述,而物体及其状态间的运动与变化则通过集合上的关系进行刻画。

所谓集合,是由一堆个体构成的整体。例如氢、氦、锂、铍、硼等组成的化学元素集合,"1,2,3,4,…"等组成的自然数集合。集合是现代数学的基础。一方面,任何一门具体的数学都必须明确自己的研究对象。这些研究对象,就构成了一个或若干个集合。几何研究点、线、面等组成的集合,算术研究整数、分数等组成的集合,微积分研究实数、函数等组成的集合。另一方面,数学归根结底研究数与形。数有复数、实数、有理数、整数、自然数。复数可以等效为两个实数组成的数对,实数可以归结为有理数的分割,有理数又可以视为两个整数之比,整数可以归结为自然数。显然,自然数可以通过"0~9"的有限符号串表示,也可以通过"0""1"的有限比特串表示。

由有限元素组成的是有限集,由无限元素组成的是无限集。对于有限集中的元素我们很容易通过有限符号来一一表示,这些符号可以转换为由有限比特组成的字符串,理论上,有限集中所有的元素都可以通过有限长度的比特串表示。对于无限集中的任意一个元素,例如自然数中任意一个数,我们仍然可以通过约定规则将其通过有限长度的比特串表示,但是每个元素对应的比特串长度不可能是固定的,无限集合中所有的元素无法通过有限长度的比特串表示。实际上,集合也可以通过特性或符合条件来刻画。集合的枚举和条件刻画方法相结合,我们就可以利用有限的比特串来描述集合及其元素。

集合上的关系刻画了元素个性和变化规律,集合 X 与集合 Y 上的二元关系 R 相当于 X 与 Y 笛卡儿积的子集,也就是说,关系本质上就是集合。因此,有限的比特串也可以刻画集合上的关系。集合上的关系中有一类非常常用,就是函数,函数相当于输入值集合与输出值集合上的对应关系,通常情况下一个输入值对应唯一输出值。当集合元素用比特串来表示时,函数就可以看做是一串"0、1"到另一串"0、1"上的映射。由于"0、1"上的操作可以逐步简化为"与、或、非"等基本逻辑操作,函数就可以通过逻辑来计算。

更进一步,当函数以时间为输入值,以事物的状态为输出值时,就可以描述事物的运动与变化。时间通常是连续的,事物的状态也会出现连续性,如何通过离散不连续的比特来刻画连续的过程和状态,也是比特表示中的一个重要问题。它的解决可以通过电影来形象描述。一部电影在人看来是一个连续的过程,但是实际上电影是由一幅幅离散的画面组成,数字化电影中的画面又是由比特串描述的,通过高速放映还原了真实世界的写照。

在了解了比特在数学中的重要地位后,我们也应当看到比特的不足。数字计算机在处理人脑常见的视听觉信息时有很大的局限性,语音识别、图形搜索都难以达到令人满意的效果。人类的学习与智慧如何通过数字计算机实现成为前沿课题。

3.1.4 比特的电子工程观

在电子工程学科中,围绕电磁场与物质的相互作用,比特需要支撑两个核心问题:一个是电磁现象如何描述分析,另一个是电磁规律如何利用。麦克斯韦方程组建立了电磁场理论。该方程组在常规的物质、介质中表现为线性规律,也就是输出的电磁场与输入的电磁场呈比例,满足叠加性,即

$$f(A+B)=f(A)+f(B)$$

在此情况下,电磁现象具有良好的连续性,就是输入微小的误差只会引起输出微小的误差。这种情况下电磁现象涉及的物理量就可以从连续量近似为离散量,映射到比特进行研究。研究结果与真实物理现象的偏差是可以控制的。电磁现象可以用离散量来描述,启发我们思考以下问题:为什么现代电子系统都倾向用数字化方法来设计构建?电磁现象以外的社会、生物、物理研究为什么都选择数字系统作为处理平台?比特流行的电子工程基础是什么?

以比特为代表的数字电路精度和鲁棒性上有着模拟电路无法取得的优点。模拟电路依靠电容、电阻、电感的数值来完成电路功能的核心指标,由于电容、电阻、电感数值往往存在较大的偏差,例如集成电路中的电容有 $10\%\sim20\%$ 的偏差,这些偏差很容易造成电路核心指标的偏离,如振荡频率、基准电压、滤波带宽等。当多个电路模块组合时,模拟电路相互耦合相互影响,电路中的噪声更加难以控制,因此大规模集成电路往往采用数字电路形式。在物理极限方面,Shannon-von Neumann-Landauer (SNL)给出 1 比特数据吞吐量对应的最小能量为

$$E_{\text{bit}} \geq E_{\text{SNL}} = k_B T \ln 2 = 0.017\text{eV} \quad (T=300\text{K})$$

最小的开关尺寸为

$$x_{\min} = \frac{\hbar}{\Delta p} = \frac{\hbar}{\sqrt{2m_e E_{\text{bit}}}} = 1.5\text{nm}$$

可以看出,比特对应的理论最小处理能量和开关尺寸都是非常小的,实际上现代集成电路工艺在物理尺寸上已经进入 nm 范围了。比特及其对应的数字逻辑电路已经在电子工程领域占据了重要地位,无线通信、雷达探测、无线电导航、信号处理、媒体处理、计算机等领域都以比特为信息传输、处理、应用的核心载体。

3.2 编码映射与布尔代数

3.2.1 编码

编码从广义上讲是信息从一种形式或格式转换为另一种形式或格式的过程。狭义上可以将编码理解为将图像、语音、信号转换为具有特定格式字符序列的过程。抽象上看编码是各种集合的元素映射到字符串的过程。准确地说,有限集合 X 上的串是由 X 中的元素组成的有限序列,其中,序列是一个定义域由连续整数集合组成的特殊函数。

最简单的编码形式是有限集合 S(原始集合)到有限集合 C(编码集合)的映射,例如表 3.2.1 所示 ASCII 字符编码表,就是将我们计算机中常见字符进行编码,其中"空格"对应的比特序列就是"0100000",而字符"0"对应的比特序列就是"0110000"。反过来,在计算机处理中"0100000"对应"空格",而"0110000"对应字符"0"。

表 3.2.1 ASCII 编码表

比特串	字符	比特串	字符
010 0000	Space(空格)	011 0011	3
010 0001	!	…	…
010 0010	"	100 0001	A
010 0011	#	100 0010	B
…	…	100 0011	C
011 0000	0	100 0100	D
011 0001	1	…	…
011 0010	2		

再看一种编码,出版物对应的 ISBN 编码,目前的 ISBN 编码为 13 位,如图 3.2.1 所示。包括五个部分,分别是:第一组 978 或 979;第二组国家、语言或区位代码,例如中国大陆为(978-)7;第三组出版社代码,例如(978-7-)04 为高等教育出版社;第四组为书序码,例如(978-7-04-)022559 对应的书名为《信号与系统——MATLAB 综合试验》;第五组为校验码,只有一位,0~9,图 3.2.1 中为 4。ISBN 编码对全世界的正式出版物进行了规范的唯一编码,这与书名有很大的不同。如果我们以书名《信号与系统》进行搜索,则可以搜索出一系列的图书,如郑君里老师等编著的《信号与系统》(上册)(第 2 版)(ISBN:9787040079814),奥本海姆等编著的《信号与系统》(第 2 版)(英文影印版)(ISBN:9787121087486),奥本海姆等编著的《信号与系统》(第 2 版)(精编版)(ISBN:9787560537726)等。

图 3.2.1 ISBN 编码示意图

从这一编码中，我们可以看出编码的几个基本特性。

- 普适性：由于比特串的长度可以伸缩，所有的有限集合都可以建立与比特串的对应关系。也就是说，利用计算机可以表示、存储、处理世界上绝大多数的信息。同时需要注意对于无限集合，例如一个实数，有限长度比特串无法与实数集建立一一对应关系。
- 统一性：编码是集合 A 到集合 B 的映射关系，通常是一一映射。集合 A 中的元素与集合 B（比特串）一一对应，这种对应关系是编码最基本的要求。这种要求对于元素少的集合通常容易满足，但是对于元素众多的集合存在难度。例如，人与人名的映射，虽然每个人有唯一的姓名，但是一个姓名并不对应唯一一个人。身份证理论上可以保证一一对应关系，但是在实际中仍然有重号现象，第二代身份证通过全国联网解决重号现象。可以看出，不同时间不同地点的分布式编码涉及相互协同分配问题具有挑战性。

- 结构性：单一比特只能代表两个元素，一般集合的元素个数都远大于 2 个，通常的办法都是利用比特(字符)串来表示多个元素。对于比特串来说，通常编码时会赋予不同位置比特不同的含义，如图 3.2.1 中的例子，不同的出版社有不同的代码对应。从根本上讲，编码的结构性是为了从编码中反演出原始集合 S 中元素的某些性质。这些性质可以用于管理，例如，出版物编码的 ISBN 中的出版社码可以用来管理不同出版社的出版物，便于查找对应的出版社，同时出版社无须协商即可避免出版物的重复编码。
- 紧凑型：编码中字符串的长度反映了编码的效率，理论上 n 比特的字符串最多可以表示 2^n 个不同的元素，这是一个简单的上限。但是，一方面，编码由于结构性的要求，其表示的元素个数难以达到上限。例如，中国的身份证是 18 位，远远超出我国很长一段时间的人口。另一方面，编码的效率与使用的频度是有关系的，应用中往往希望使用频度高的编码长度短而频度低的编码长度长。例如，在英文中常用的单词 I, get, of 等往往较短，而 electromagnetic, omnidirectional, metal-oxide-semiconductor 等专业词汇通常较长。
- 鲁棒性：采用紧凑方式的编码虽然大大提高了表示的效率，消除了原始元素刻画的冗余，但是在使用过程中个别的错误会造成巨大的差异。例如，我们写地址时如果写错了个别笔画，通过人的理解往往可以校正这样的错误，但是如果邮政编码出现错误，机器识别时就会差之毫厘谬以千里。因此，编码为了避免交流中的差错有时会有意添加冗余进行错误的检验与纠正。前面图 3.2.1 中的 ISBN 码的最后一位就是校验位，以发现 ISBN 传递过程中的错误。

3.2.2　逻辑的由来

编码解决了事物的表示问题，但是事物之间是有联系的，如何刻画事物之间的联系？下面我们来看一个反映事物关系的故事。

故事 1：父亲(A)、母亲(B)和三个孩子(C,D,E)组成一个家庭，买了一台彩电。买回来的第一个晚上，关于家中哪几个人看了电视的问题，有以下几种正确说法：

(1) A 在看电视时，B 也在看；
(2) D 和 E 或者两人都在看，或者他们之中有一个人看了；
(3) B 和 C 有且只有一人看了；
(4) C 和 D 或者两人都看，或者两人都没看；
(5) 如果 E 看了，那么 A 和 D 也看了。

试问，这个晚上到底哪些人看了电视？

从这样一个例子，我们可以看出，通过编码我们可以将父亲、母亲、三个孩子编码为集合(A、B、C、D、E)，而将是否看电视表示为($0,1$)比特。但是，只有编码没有办法解决这两个集合间的联系。

人们可以通过逻辑推理得到结果，知道父亲、母亲、三个孩子谁看了电视。那么能否用计算机来得到逻辑推理的结果？换句话说，逻辑推理的本质是什么？

逻辑推理的本质是在处理集合元素间的关系。集合间最简单的关系是函数关系，最简单的函数是将比特串代表的不同元素映射到"0""1"比特。通俗地说，最简单的关系就是集合元素有没有某一性质，"有""无"构成了复杂关系的基础，解决了"有""无"问题就可以在此基础上构建更为复杂的关系结构。在逻辑上，也可以集合元素具有"真""假"性质，通常"真"对应于"1"，而"假"对应于"0"。

函数是自变量到因变量间的映射，我们将变量的取值限定到"0""1"比特。最简单的函数自变量、因变量都只有一个，我们可以写为：

$$x, y \in \{0,1\}$$
$$y = f(x) \tag{3.2.1}$$

式(3.2.1)虽然是非常简单的形式，但是由于它对变量的取值有了严格的限制，就可以用"逻辑"来演绎它的具体内涵，结果只可能有四种形式。我们可以表示如表 3.2.2 所示。其中，形式 A、D 与自变量 x 无关，形式 B 是简单的恒等，形式 C 是一个有意义的函数，我们可以从直觉逻辑上称形式 C 为"非"（表示为 ¬）。

表 3.2.2　单变量逻辑函数形式

x	y(形式 A)	y(形式 B)	y(形式 C)	y(形式 D)
0	0	0	1	1
1	0	1	0	1

当自变量增加到两个时，可以写为：

$$x_1, x_2, y \in \{0,1\}$$
$$y = f(x_1, x_2) \tag{3.2.2}$$

式(3.2.2)也很简单，同样可以通过"逻辑"演绎出它的具体形式，如

表 3.2.3　两个变量逻辑函数形式

$x_1 x_2$	A	B	C	D	E	F	G	H	I	J	K	L	M	N	O	P
00	0	0	0	0	0	0	0	0	1	1	1	1	1	1	1	1
01	0	0	0	0	1	1	1	1	0	0	0	0	1	1	1	1
10	0	0	1	1	0	0	1	1	0	0	1	1	0	0	1	1
11	0	1	0	1	0	1	0	1	0	1	0	1	0	1	0	1

由于可以用"非"的函数符合，自变量通过"不变"和"非"两种形式，相当于在表 3.2.3 上做 4 种行置换，我们重新将表 3.2.3 通过自变量变换形式推导出来的因变量列放在一起，重新排列如表 3.2.4。形式 A、P 与两个自变量无关；形式 D、M、F、K 只与一个自变量有关；形式 B、C、E、I 在自变量"非"变换下等价，以 B 为代表称为"与"（表示为 ∧）；形式 G、J 等价，以 G 为代表称为"异或"（表示为 ⊕）；形式 H、L、N、O 等价，以 H 为代表称为"或"（表示为 ∨）。

表 3.2.4　两个变量逻辑函数重排形式

x_1x_2	A	B	C	E	I	D	M	F	K	G	J	H	L	N	O	P
00	0	0	0	0	1	0	1	0	1	0	1	0	1	1	1	1
01	0	0	0	1	0	0	1	1	0	1	0	1	0	1	1	1
10	0	0	1	0	0	1	0	0	1	1	0	1	1	1	0	1
11	0	1	0	0	0	1	0	1	0	0	1	1	1	1	1	0

什么是逻辑？简单地说，逻辑就是比特函数。前面提到的"非、与、或"等就是人们逻辑思维中常用的词汇。还有一种推理方式为"如果 x_1，则 x_2"，在逻辑中称为"x_1 蕴含 x_2"（表示为 $x_1 \to x_2$），"x_1 蕴含 x_2"相当于什么函数呢？实际上，它相当于表 3.2.4 中的形式 N，是"或"的等价类，具体可以表示为"$(\neg x_1) \lor x_2$"。

3.2.3　布尔代数

在比特及其函数的基础上，为了更全面系统地研究类似结构的规律、性质，英国数学家布尔提出了布尔代数的概念（代数就是集合及其运算），其定义为：

布尔代数 B 是一个集合 A，A 至少包含了元素 0（逻辑假）和 1（逻辑真），提供了两个二元运算 $\land$（逻辑与）、$\lor$（逻辑或），一个一元运算 $\neg$（逻辑非），满足下面的定律：

结合律　　$a \lor (b \lor c) = (a \lor b) \lor c$　　$a \land (b \land c) = (a \land b) \land c$

交换律　　$a \lor b = b \lor a$　　　　　　　$a \land b = b \land a$

分配律　　$a \lor (b \land c) = (a \lor b) \land (a \lor c)$　$a \land (b \lor c) = (a \land b) \lor (a \land c)$

同一律　　$a \lor 0 = a$　　　　　　　　$a \land 1 = a$

互补律　　$a \lor (\neg a) = 1$　　　　　　$a \land (\neg a) = 0$

布尔代数捕获了集合运算和逻辑运算二者的根本性质，它处理集合运算交集、并集、补集以及逻辑运算与、或、非。最简单的布尔代数就是 0、1 两个元素的集合，以及逻辑与、或、非运算。下面我们说的布尔代数就是指 $(Z_2, \lor, \land, \neg, 0, 1)$。其中 $Z_2 \in \{0, 1\}$。布尔表达式就是由 0、1 元素及其与、或、非运算组成的符号串。可以用布尔表达式表示的函数称为布尔函数。可以证明，任意函数 $f: Z_2^n \to Z_2$ 都是布尔函数，也就是说，在比特级别上，函数都可以用布尔表达式描述。因此，所有的逻辑推理都可以通过布尔函数来描述，属于布尔代数的范畴。

为了解决故事 1 中的问题，我们采用布尔代数的方式来思考。首先，我们需要引入一个核心概念：命题。命题相当于一类人类陈述语言的编码，命题是能够判断真伪的语句，不是说句子本身是否为肯定句、否定句，而是说句子的含义能不能判断真假。例如："地球外有生命"，这一语句没有人能够判断真伪，因而不能称为命题。而"太阳从东方升起"就是一句命题。命题是不允许模棱两可的。

我们可以把命题用逻辑变量来表示，取值为 0 和 1。把命题 A、B、C 用逻辑联结词（与或非、蕴含、相等）联结起来，就构成了简单的逻辑函数。例如"如果同学愿意听，我就讲"。看起来很复杂，主语谓语分析起来很麻烦，我们现在做以下抽象：

编码：

A := "同学愿意听"

F := "我讲"

那么以上命题就可以表示为"$A \to F$"（$\neg A \vee F$），就是说 A 能够推出 F。于是简单的命题 A、F 可以通过逻辑复合为复杂的命题。我们再看看更复杂的情况，假设

A := "张三参加会议"

B := "李四参加会议"

F := "我参加会议"

那么它就会有更多表示复杂的逻辑函数：

① 命题"如果张三和李四都参加会议，我就参加会议"

张三、李四都参加会议显然是一个"与"的关系，表示为 $(A \wedge B) \to F$；

② 命题"如果张三不参加会议并且李四参加会议，我就参加会议"

这也是一个蕴含的关系，A 非且 B 蕴含 F，表示为 $(\neg A \wedge B) \to F$；

③ 命题"如果张三李四都不参加会议，我就不参加会议"

我们可以把它写成 $(\neg A \wedge \neg B) \to \neg F$；

故事 1 中的问题如何把逻辑推理转换成布尔代数。

我假设五个变量 A, B, C, D, E "=1" 代表他看电视了，"=0" 代表他没看电视。我们再看这五句话：

(1) A 在看电视时，B 也在看：就是 $A \to B$；

(2) D 和 E 或两人都在看，或者他们之中有一个人看了：就是 $D \vee E$；

(3) B 和 C 有且只有一人看了：就是 $B \oplus C$；

(4) C 和 D 或者两人都看，或者两人都没看：就是 $\neg(C \oplus D)$；

(5) 如果 E 看了，那么 A 和 D 也看了：就是 $E \to (A \wedge D)$。

形式化为一组布尔方程组：

$$A \to B = 1$$
$$D \vee E = 1$$
$$B \oplus C = 1$$
$$\neg(C \oplus D) = 1$$
$$E \to (A \wedge D) = 1$$

我们无非就是要找一组解，就是布尔变量 $ABCDE$ 分别等于什么时，能满足上述方程组，使得这五个命题都为真。计算机通过解布尔方程就可以完成故事 1 中的逻辑推理。最笨的方法就是通过遍历布尔变量 $ABCDE$ 共 32 种取值排列，就可以求得解。

我们终于通过了一大堆逻辑推理让计算机用 "0" 和 "1" 掌握了这样一个推理的能力。我们再看一个更加复杂的逻辑故事：

故事 2：四个代表队甲、乙、丙和丁进行比赛，观众小张、小李和小王对比赛的胜负问题进行猜测：

张说"甲只能取第三，丙是冠军"；

李说"丙只能取第二,乙是第三";
王说"丁取第二,甲是第一"。

比赛结束后,对照真正的名字,发现他们都只猜对了一半,请问比赛的名次到底是怎样的?

如何把故事 2 中复杂的问题翻译成布尔代数呢?编码是第一步,采用六个逻辑变量来表示三句话(分前后两个半句)的真和假,分别是:A:甲取第三;B:丙是第一;C:丙是第二;D:乙是第三;E:丁取第二;F:甲是第一。

故事 2 中前三句话很好理解,表示甲、乙、丙三人各说对了一半,就是对应的两个命题变量异或为"1"。但是,这样的逻辑虽然故事 2 中的三句话忠实表达了,但是没有将逻辑变量间固有的逻辑关系表达出来。例如,如果甲得了第三,那么"乙是第三"就是错的,"甲是第一"也是错的。我们需要把这些话的深层含义再表示一下:

P4:A 如果对,那么 D 和 F 一定错。
P5:B 如果对,那么 C 和 F 一定错。
P6:C 如果对,那么 B 和 E 一定错。
P7:D 如果对,那么 A 一定错。
P8:E 如果对,那么 C 一定错。
P9:F 如果对,那么 A 和 B 一定错。

形式化为一组布尔方程组:

$$A \oplus B = 1$$
$$C \oplus D = 1$$
$$E \oplus F = 1$$
$$A \to (\neg D \wedge \neg F) = 1$$
$$B \to (\neg C \wedge \neg F) = 1$$
$$C \to (\neg B \wedge \neg E) = 1$$
$$D \to (\neg A) = 1$$
$$E \to (\neg C) = 1$$
$$F \to (\neg A \wedge \neg B) = 1$$

通过两个逻辑故事可以看出比特与逻辑在处理人类逻辑思维问题上的能力,通过一系列按部就班的"机械式"转换,可以将原本看似高难度的推理问题转换成为简单的布尔代数,从而被计算机所解决。过程好像有些舍近求远,实际上,一旦计算机编制了逻辑推理的规则,就可以处理一些很复杂的逻辑问题。例如 Google 搜索中就有成百上千万的正则式逻辑运算支撑着人类社会的海量信息检索。

随着信息爆炸式的增长,海量信息仅仅依靠人脑来处理肯定是远远不够的,要让计算机来代替人工作,就必须通过编码抽象、布尔代数,利用计算机为人类进行计算处理。未来在布尔表达式优化、表达式判断满足、方程求解、验证不同布尔表达式等价等方面都会出现各种各样新的算法。概括地说,通过编码可以用比特来表示不同的事物与状态,代表集合中的元素,作为命题变量。逻辑就是比特上的函数,表示事物与状态间的转换,代表集合上的映射,作为逻辑推理的工具。通过比特与逻辑可以描述一般性的集合与集合上的各种映射结构，作为代表可以将人的逻辑思维方式转换成了一种计算可以操作的语言：布尔代数，让计算机具有逻辑"思维"能力。

3.3 权重与计算

3.3.1 权重编码

比特可以通过编码的方式来对不同事物加以区分，是一种表示方法，它还可以携带各种相关的信息，如身份证中的出生年月日，IP 地址对应的不同地区、机构等。有时需要进一步的抽象，我们不关心集合中具体的元素，而是忽略元素的差异，关心元素的数目。简单地说，就是如何利用比特来表示数？

故事 3：一个国王想知道他手下有多少个士兵。大家议论纷纷，提出了很多种数法：
- 最简单的一种是用石子一一对应地数，每人出一个石子堆成石子堆，有多少个士兵就有多少个石子，比较每堆石子的大小就能比较士兵的多少，哪个石堆大，哪队士兵就越多，打仗时就能赢；
- 采用选票时经常用的画"正"字的思想，五个士兵对应一个石子，最后数有多少个石子和剩余未对应的士兵；
- 人天生有十个手指头，满十个石子往上进一位，不同的石子放在不同的位置上代表不同的含义，最低的代表个位，依次为十位、百位、千位……以简单的十进制的方法去数。

那么有没有一种最省石子的计数方法呢？能花费石子最少又能把士兵数清楚。我们可以这样数，类似十进制的方法采用二进制，满两个石子往上进一位，最低位代表 2^0，依次为 2^1、2^2、2^3、…。十进制集满十个才能往前进一位，要多花九个石子去数一个数。可以证明二进制计数是最省石子的计数方法。

问题描述：试证明对于用 D 位 r 进制表示的整数如改用二进制表示，则需要的二进制位数 $B \leqslant D(r-1)$（r 为大于 1 的整数，D 为正整数）。

证明：用 $\lceil x \rceil$ 表示对 x 上取整，有性质：若 $a > b$ 则 $\lceil a \rceil \geqslant \lceil b \rceil$

于是有 $B = \lceil \log_2 r^D \rceil = \lceil D \log_2 r \rceil = \left\lceil D(r-1) \dfrac{\log_2 r}{r-1} \right\rceil \leqslant \lceil D(r-1) \rceil = D(r-1)$，证毕。

这就证明了二进制是最省石子的计数方法，从直观上也很好理解，二进制下一个石子就代表了很多个数，2 的 n 次方，2 的幂次升级是升得最快的一种方式。

故事 3 说明人们在计数时希望编码不仅能否表示不同的数目，而且希望编码能够比较直观地反映数的大小关系。数的大小关系实际上是集合上"序结构"的一种典型代表。

因此,好的编码必须能够反映集合上的结构,体现元素间的关系。无论是十进制、二进制编码,其核心概念是位权。所谓位权就是不同位置上的数字具有不同的权重,对于二进制而言,就是:

$$n \to b_{k-1}b_{k-2}b_{k-3}\cdots b_1 b_0$$

$$n = \sum_{i=0}^{k-1} b_i 2^i$$

其中,n 是自然数,对应的二进制表示为比特串 $b_{k-1}b_{k-2}b_{k-3}\cdots b_1 b_0$,长度为 k。例如:

$$13 \to 1101$$

$$13 = 1 \times 2^3 + 1 \times 2^2 + 0 \times 2^1 + 1 \times 2^0$$

我们知道,比特串是连续整数到比特的函数,每个比特在比特串中的下标就是它的位置,位权就是将位置赋予了对应的权重。这样,比特就有了数的意义。

3.3.2 算术

加减乘除的算术相当于整数集合上的一种代数结构,二进制作为数字最常规的计算机表示方法,如何完成算术运算呢?逻辑可以实现任意函数,当然就可以支持算术。算术可以用输入、输出的真值表形式表示,那么任何数值运算(包括正弦、余弦)都可以化简成逻辑运算,区别只是复杂程度的大小。我们从简单的一位运算开始。乘法可以直接对应成与,加法可以对应成异或运算。如

```
+   0   1
0   0   1
1   1   0
```

```
×   0   1
0   0   0
1   0   1
```

可以看出一位的数值运算就是简单的逻辑运算。可以继续推广到多比特上,比如 n 位的加法,下面的例子可以帮助很好地理解:

假定数值运算 $F = A + B$,变量的二进制表示为

$$F = f_{n-1}f_{n-2}\cdots f_0$$
$$A = a_{n-1}a_{n-2}\cdots a_0$$
$$B = b_{n-1}b_{n-2}\cdots b_0 \tag{3.3.1}$$

则两位二进制加法可通过逻辑运算实现如下

$$f_i = a_i \oplus b_i \oplus c_i$$
$$c_{i+1} = (a_i \wedge b_i) \vee (c_i \wedge b_i) \vee (a_i \wedge c_i)$$
$$c_0 = 0 \tag{3.3.2}$$

其中，c 为进位。由于乘法可以转换为移位相加，乘法也可以通过逻辑运算完成。另外，我们还可以通过基本的逻辑运算构建比特的比较运算。

$$f_i = (a_i \wedge \neg b_i) \vee ((a_i \oplus \neg b_i) \wedge f_{i-1})$$
$$f_{-1} = 1 \tag{3.3.3}$$

如：$(A>=B)=A$；

$(A!=B)=A \oplus B$；

接下来的概念是，有了这些运算之后怎样和第 2 章的电路映射上。它有各种各样的组合逻辑，有两个最基本的表示方法，一个是最小项，包含全部变量的与项；另一个是最大项，包含全部变量的或项。一个很强的推论就是任何一个函数都可以用最小项或最大项表示进行计算。

数值计算也不是那么简单的。例如，要问最快最省门的加法器、乘法器、除法器各是什么，这些化简都是非常困难的，当然加减乘除运算前人通过长时间努力已经化简得很好了，那么考查其他运算比如 $a+b+c$ 的连加运算，也许又需要很长时间去寻求最简化。这就是电路设计的难点，从逻辑表达式映射成电路要花费很大的代价。

有了组合逻辑就可以计算各种各样的问题，下面补充一下时序逻辑：我们算一道复杂的题需要分清步骤，要有记忆，这种记忆就是时序逻辑，可以用时间来代表逻辑。函数的状态不仅与现在的输入有关系，还与过去的输入有关系，这就是时序逻辑的概念。时序逻辑器件有计数器、累加器、控制器等，它最核心的功能是能把状态记录下来，每个输出不仅与输入有关系还与状态有关系，以此扩展了计算的能力，这是很强的特性。

3.4 不确定与信息度量

3.4.1 信息的定义

前面的介绍中，比特作为集合元素的表示，而逻辑是用来进行函数计算、处理比特表示的数据。集合元素的比特表示方法可以有很多种，通过逻辑变换其表现形式更是丰富。如何去刻画表示的效率，更进一步，如何来度量集合上的行为？这里需要引入信息概念，信息是对事物不确定性的度量，其单位为比特。它可以反映集合元素通过编码表示的效率，也可以描述取值于集合上随机现象的不确定度。信息依赖于概率，我们的世界总是有不确定性的，存在着各种各样未知的因素。

故事 4：三个考生算命：三个考生赶考，途中问一位算命先生考试结果会怎样，算命先生伸出一根手指头，暗示考试的结果。

这里注意两点，算命先生伸出"一根手指头"和"暗示考试结果"。理论上，算命先生

"一根手指头"如果采用一一映射的原则,只能有一个结果。但是"暗示考试结果"却可以通过多种语言解释,将考试结果一一映射到不同的语言解释上。这样,一根手指就可以映射很多种可能的结果,因此才把算命搞得很玄乎。事实上,三个考生每个可能考上或考不上,一共有八种可能性,一根手指在某些解释下就可以涵盖这八种可能:比如一个考生考上对应 3 种可能(可以推广到 n 个考生)、有一个没考上也有 $3(n)$ 种可能,都没考上和全都考上各 1 种。若 n 满足 $1+1+n+n=2^n$ 就能预测全部情况,这里 n 就等于 3。如果是 4 个考生的话,上述一根手指的预测还需想出更多的解释方法。

这里我们又遇到了比特,如果要对三个考生的考试结果编码,虽然有八种可能性,但需要 3 个比特就够了。这里有什么可以推广呢?我们从此开始概率的旅行。如果有 n 个考生,各有 $1/2$ 的概率考上,那么任意一种结果的概率都是 $1/2^n$。对于等概率事件,推而广之,2^n 种可能,每个用 0 和 1 来表示,就是 $-\log_2 1/2^n = n$ 个比特。推广一下,对等概率事件用 $-\log_2 P$ 来表示,如果不是等概率的,那么需要作一个概率上的平均为 $\sum_{i=1}^{N} -p_i \log_2 p_i$。我们从概率的角度找到了一种衡量它复杂程度或者说不确定度的方式。若共有 4 种可能,则 2 个比特就够了,16 种可能需要 4 个比特,可能性越多,比特数越多。反过来说,比特数越多,可能性也越多。这就表明了一种集合测度,这种测度有什么用?它是对不确定性的本质刻画,在某些地方会产生意想不到的结果。

3.4.2 信息的作用

信息概念的引入对信息学科有着重要的意义,后面章节将有更为详细的讲解。我们先来看一道"奥数故事"。

故事 5:造出 27 个球,其中知道有且仅有一个小球不合格,重量偏轻。给定一个天平可以称出两边的轻重和平衡,怎么称可以找出那个轻的小球?再问,如果不合格的小球既有可能重,也有可能轻,但一定不等重,问称三次最多可以从多少个小球中找到这个不合格的小球并知道其是轻还是重?

混到 27 个球中已经知道重量不合格的球是偏轻,那么称三次就能把它找出来。这个问题大家都有办法解决。第二部分难一点,如果不知道偏轻还是偏重,那么称三次总球数的极限一般说是 12 个,还有人挑战难度到了 13 个,这些数到底是从哪儿来的?学了信息论就很容易了解。比如 27 球,27 种可能性,很容易想它的不确定度就是 $\log_2 27$,这是球的不确定性。这个不确定性是靠每次称量来减少的,每次称量理想地有三种可能:左边轻、右边轻、一样轻重,就是 $\log_2 3$,此即每次测量能够减少的不确定度。两者相除很容易得到是 3 次称量。这样信息论就告诉你称 3 次,到此为止就可以得出结果。这是很宏观的解释,其实它还有深入的解释。信息概念还能指导称的方法与步骤:每次称量时左边轻、右边轻、一样轻重的概率都是 $1/3$ 时,得到的信息量最大,一旦偏离,得到的信息量就会减少,这样就不一定能在三次内称完。例如有人第一次称时左右各放一个球,这样一样轻重的概率显然将非常大。

故事 5 的第二部分问如果不知道不合格球轻重,那么极限是什么？12 还是 13？我们同样可以从信息的角度去看,现在我们不仅要知道是哪一个球还要知道轻重,可以证明称三次的最好是 13 个,证明如下：

$$\log_2(2n) \leqslant 3\log_2 3$$
$$n \leqslant 13.5 \tag{3.4.1}$$

如果没有信息的基本概念,证明这道题将会非常困难。

学了信息概念再回过头看,27 个球称法大家都会。我们现在用信息概念、进制和数字电路实践给出一个不一样的方法。我们把球从 0~26 赋予三进制的编码,当然不可能用比特来表示,我们用 0,L,R 来表示。天平称重时 0 代表不放,L 代表这个球放在左盘,R 代表放在右盘,每一次称依次对应一位,恰好每次称量时将球平均分配。若三次都是一样重,那么编号 000 就是第 0 号球将是不标准球；若对应 00L 就是对应编码的第 1 号球。它的称重结果就与它的编码一一对应。

我们还可以把天平的结果送给二进制电路,就可以用二进制给球标号,然后把三进制的思想代入进去,将称完的结果输入这样的电路就能显示最终结果,如图 3.4.1 所示。这是一个信息学科最简单的系统,但它也蕴含了我们信息学科的思想：怎样用信息代表不确定性、怎么用数值代表不同的编码、通过运算怎样把功能映射到{0,1}比特上。

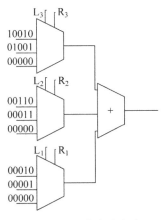

图 3.4.1 称小球电路

通过上例就能简要介绍完比特、逻辑、信息这三个概念。它们的关系如图 3.4.2 所示。比特是对事物的抽象编码,是集合元素的表示。由于集合元素之间存在各种关系,形成了代数结构、序结构等,通过逻辑完成了一般函数的功能,可以实现不同的集合结构。针对集合处理面临的不确定性,信息是对不确定性的一种测度,通过信息的单位比特可以衡量事物的不确定性。在此核心概念上,对于集合元素,当其存在复杂的性质和结构时,需要将比特串拓展为数据结构；对于复杂的函数、结构上的处理,需要进一步设计算法来实现；对于信息的传递,需要发展通信理论。

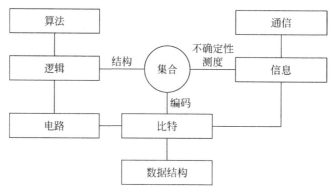

图 3.4.2　比特概念关系图

参考文献

[1]　Rosen K H. 离散数学及其应用. 袁崇义,屈婉玲,张桂芸,译. 北京：机械工业出版社,2011.
[2]　Cover T M,Thomas J A. 信息论基础. 阮吉寿,张华,译. 北京：机械工业出版社,2008.
[3]　Katz R H,Borriello G. 现代逻辑设计. 罗嵘,刘伟,罗洪,等. 北京：电子工业出版社,2006.
[4]　Petzold C. 编码：隐匿在计算机软硬件背后的语言. 左飞,薛佟佟,译. 北京：电子工业出版社,2010.

第 4 章　程序与处理器

作者简介

马洪兵,清华大学电子工程系副教授,博士生导师。1999 年于北京大学获博士学位,主要从事卫星遥感图像处理与应用方面的研究工作,担任清华大学电子工程系核心课"数字逻辑与处理器基础"和专业限选课"操作系统"主讲教师。发表论文 70 余篇,编著和翻译教材 10 部。曾获清华大学良师益友奖、微软杰出教师奖、北京市科学技术奖二等奖、中国测绘地理信息协会全国优秀测绘工程奖白金奖、国家林业局梁希林业科学技术奖二等奖等。

程序和处理器是现代计算机技术的基础,对于计算机技术甚至是整个信息技术的发展具有非常重要的作用。处理器的设计与实现技术实际上是建筑在数字逻辑电路基础之上的,处理器之上运行着由各种程序所组成的软件系统,从这个意义上来讲,处理器与程序也代表着计算机系统中硬件与软件的分界。本章将从如下 4 个侧面来为大家讲述现代电子技术和计算机技术中这两个非常重要的概念。
- 程序和程序设计语言;
- 历史的视角:从算盘到 ENIAC;
- 处理器的基本原理;
- 现代处理器设计技术。

4.1 程序和程序设计语言

4.1.1 计算机程序

程序一词对我们来说可谓耳熟能详,可是究竟什么是程序呢? 不妨先看一看权威的定义:
按时间先后或依次安排的工作步骤,如工作程序、医疗程序。
——《辞海》
事情进行的先后次序,如会议程序、工作程序。
——《现代汉语词典》
英语世界里,程序(program)是怎么定义的呢?
a plan or system under which action may be taken toward a goal.
——*Merriam-Webster's Collegiate Dictionary*
a planned series of future events, items, or performances.
——*New Oxford American Dictionary*
由此可见,程序在我们的日常生活中非常重要。做任何事情,首先强调的就是程序。程序是能够发挥出协调高效作用的工具。人们应该充分重视程序的作用,不断地将我们的工作从无序改进到有序。

上面对程序一词的描述是广义的,在电子信息领域,程序一词通常指的是计算机程序。根据维基百科上的定义,计算机程序或者软件程序(通常简称程序)是指一组指示计算机或其他具有信息处理能力的装置的每一步动作的指令,通常用某种程序设计语言编写,运行于某种目标体系结构上。

4.1.2 程序设计语言

在计算机中,程序是由一系列的指令所组成,而指令则是按照一定格式组织的代表一定功能的二进制数据,这也就意味着计算机上执行的程序实质上是一串具有一定格式要求的二进制数据。那么,只要我们能够按照规则将需要实现的功能编码为这种能够被处理器理解而直接执行的二进制数据,一个程序也就形成了。这种直接书写二进制指令码的编程方式称作使用机器语言编程,而这些可以被处理器所理解和直接执行的二进制指令码则称作机器语言程序。一段用机器语言编写的"Hello,World"示例如图 4.1.1 所示。

```
C:\test>debug hello.exe
-d cs:0
0B6F:0000  48 65 6C 6C 6F 2C 20 77-6F 72 6C 64 2E 0D 0A 24   Hello, world...$
0B6F:0010  8C C8 8E D8 B4 09 BA 00-00 CD 21 B8 00 4C CD 21   ..........!..L.!
-g
Hello, World.

Program terminated normally
-
```

图 4.1.1　一段用机器语言编写的 Hello,World 示例

机器语言程序是一系列二进制指令码的序列,实质上是一种"给计算机看"的语言,而不适合于人的阅读和编写。用机器语言来进行程序设计实在是一种令人难以忍受的体验:烦琐、难度高、出错率高、效率低。为了减轻程序员编程时的负担,我们使用一些有明确含义的助记符来代替二进制机器指令字,从而得到了相对比较容易理解的汇编语言程序,如图 4.1.2 所示。

```
;this program will show "hello, world!" on screen by INT 21H
PAGE     60, 132
TITLE    Hello, world! - the first program

CODE     SEGMENT
         ASSUME  CS:CODE,DS:CODE

MESG     DB  "Hello, world!", 0DH, 0AH, '$';the message will be shown

START:   MOV     AX, CS
         MOV     DS, AX ;initialize DS

         MOV     AH, 9
         MOV     DX, OFFSET MESG
         INT     21H ;show the message by INT 21H

         MOV     AX, 4C00H
         INT     21H ;program exit
CODE     ENDS
         END     START
```

图 4.1.2　同样一段程序的汇编语言版

很显然,使用汇编语言编制的程序是不可能被计算机所直接执行的,这就需要一个翻译将这些比较适合于人阅读和书写的汇编语言程序翻译成用二进制机器码组成的机器语言程序,这个翻译就是汇编程序或者称汇编器。汇编器实际上也是一种用机器语言编写的可以直接被计算机所执行的程序,其作用就是读入以汇编语言编制的程序,再根据汇编助记符和机器语言指令字之间的对应关系将其翻译成为以机器码表示的、可以被计算机直接执行的程序。

虽然汇编语言所编写的程序要比机器语言编写的程序易于阅读和编写,但是汇编助

记符和机器码相互对应的特性也给汇编语言的使用带来了很多麻烦。例如,使用汇编语言必须对目标平台(也就是要运行这个程序的计算机)的细节比较清楚,而且使用汇编语言编写程序必须对程序中的每个细节都要仔细考虑,这些都给编程带来了不便。所以当前除了一些对性能要求非常苛刻或者无法使用高级语言进行程序设计的场合之外,我们已经基本上看不到使用汇编语言编程的案例了。

为了提高编程的效率,降低编程的难度和错误率,人们又设计了更为易用、表达能力更强的高级语言。与汇编语言相比,高级语言的语法表达和语义特性更加符合人的思维方式,更接近自然语言或数学语言,更加简洁和易于掌握,表达能力更强。而且,高级语言与计算机的指令系统之间不存在像汇编语言和机器语言那样的相关性,这就使得同一种高级语言可以被用于在不同的计算机上编写程序,大大减轻了编程人员的学习负担,如图 4.1.3 所示。

```
#include <stdio.h>
int main(intargc, char *argv[]) {
    printf("Hello, world!\n");
    return 0;
}
```

```
using namespace std;

int main() {
    cout << "Hello, world!" << endl;
    return 0;
}
```

```
package test.hello;

class Hello {
    public static void main(String[] args) {
        System.out.println("Hello, world!");
    }
}
```

```
PROGRAM HELLO
WRITE(*,10)
10 FORMAT('Hello, world!')
STOP
END
```

图 4.1.3　分别用 C、C++、Java 和 Fortran 语言编写的"Hello,World!"程序

高级语言的种类有很多。大而化之,高级语言可以分成命令式语言、函数式语言、逻辑式语言几种。

命令式语言是我们最常见一类的高级语言,这种语言的语义基础是模拟"数据存储/数据操作"的图灵机可计算模型,十分符合现代计算机体系结构的自然实现方式。现代流行的大多数语言都是这一类型,如 Fortran、Pascal、Cobol、C、C++、Basic、Ada、Java、C♯等,各种脚本语言也被看作是此种类型。

函数式语言以基于数学函数概念的值映射的λ算子可计算模型为基础,其特点是"一切皆函数",非常适合于人工智能等应用领域。典型的函数式语言如 Lisp、Haskell、ML、Scheme 等。

逻辑式语言实质上是一种基于一组已知规则的形式逻辑系统,主要用在专家系统的

实现中。最著名的逻辑式语言是 Prolog。

不同的高级语言具有不同的特性，适合于不同的应用领域。例如 C 语言由于其高效、灵活和强大的表达能力常被用于系统程序的编写；FORTRAN 则得益于其强大的数值计算能力而多用于大规模数值计算应用之中；Java 的跨平台特性和企业级计算的支持使得大量的 Web 应用使用 Java 开发；等等。

和汇编语言一样，高级语言也不能直接被计算机所执行，其执行必须依赖一个中间过程。当前常见的中间过程主要有两种：解释和编译。解释（interpret）即由一个解释程序（Interpreter，也称解释器）逐行读入以高级语言编写的程序语句，并对其进行解析翻译，确定语句要执行的动作并驱动计算机执行，如图 4.1.4 所示。编译（compile）则由编译程序（compiler，也称编译器）将以高级语言编写的程序一次性读入并翻译为由机器语言表达的计算机可以执行的代码，并存储为一个可执行的目标文件，这个目标文件可以脱离编译器直接在计算机上执行，如图 4.1.5 所示。

图 4.1.4 解释执行的过程

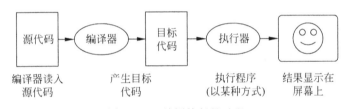

图 4.1.5 编译执行的过程

从使用的方便和运行的效率来讲，编译和解释两种方式各有优势。比较常见的区别有：

(1) 编译所生成的目标码可以脱离编译器而直接在计算机上执行，而解释执行的程序则无法脱离解释程序独立执行。

(2) 由于编译时可以将整个程序读入并进行翻译，在生成目标码时可以对目标码进行大量的优化工作，使得编译所生成的目标码运行的效率远高于解释执行。由于现代处理器的性能提升越来越依赖于指令级并行技术，编译器对代码的优化能力对于目标码的执行效率影响非常大，目前编译优化已经成为提高目标码执行效率的一个重要手段。

(3) 解释执行的程序可以动态地对正在执行的程序进行调整，其调试和部署要比编译执行的程序要容易一些。

既然编译器和解释器对于高级语言的运行来讲是必不可少的，那么编译器和解释器又是由什么语言来编写的呢？由于编译器和解释器规模大而且功能复杂，使用汇编语言开发一个完整的编译器或解释器是一种彻底的受累不讨好的做法。目前编译器和解释器的主要开发手段有三种：使用其他高级语言编写、交叉编译和自编译。

使用其他高级语言编写是编译器和解释器最常用的开发方式,绝大多数编译器和解释器都是以这种方式开发而来的。用来开发编译器和解释器的高级语言通常具有比较强大的表示能力和比较灵活的语言特性,C/C++语言是其中最常用的一种。使用此种方式开发编译器和解释器相对比较简单快速,但是受限于目标系统上已有编译器的限制,如果目标系统上尚无可用的编译器,这种方式就不再适用了。

交叉编译常用于那些目标平台上不具备或无法使用编译器的情况。其做法是在一个计算机平台(称为宿主机 Host)上编译高级语言程序以生成另一个计算机平台(称为目标机 Target)上运行的目标代码,再设法将生成的目标代码传送到目标平台上运行。交叉编译多用于两种情况:目标平台开发初期缺乏系统软件支持时,目标平台性能上无法满足编译器运行时。目前,交叉编译多用于为嵌入式系统开发应用程序。

自编译是一种更加有趣的编译器开发方式。一般来讲,我们对某种高级语言开发一个编译器或解释器时,通常会使用另一种具有更强大的描述能力和灵活性的高级语言(例如 C/C++)来开发。但是,在某些情况下(如这个平台上尚无任何可用的编译器,也没有交叉编译的条件),我们会使用一种高级语言来开发其自身的编译器——于是就出现了"鸡生蛋还是蛋生鸡"的问题:我们用高级语言开发的编译器如何被编译呢?解决方法是:我们首先用汇编甚至机器语言开发一个非常精简的、支持这种高级语言一个很小的核心子集的编译器,再用这个编译器所支持的语言核心子集开发编译具有更强功能的编译器,如此循环,直到得到符合我们要求的编译器为止。

4.2 历史的视角:从算盘到 ENIAC

4.2.1 早期计算工具

在了解了程序的概念之后,我们会想到设计一种可以用来执行计算程序的机器。实际上,由借助工具来辅助人类执行计算一直是人类的追求,其历史之悠久可以追溯到人类住在山洞里的年代,结绳记事、在岩石上刻上痕迹都是人类早期计数与计算的尝试。在文明史的早期,数字符号的重要性几乎与文字相等同,几乎每个古老文明都创造和使用独具特色的数字符号和计数体系。

一直沿用到今天的算盘(见图 4.2.1)则充满了东方的智慧,几颗算珠和一段口诀就可以为计算提供了诸多的方便。从今天的观点来看,口诀正是计算程序,而算盘本身则是执行程序的机器。算盘实际上起到了一个累加器的功能:它忠实地存储了当前的运算结果,人们可以根据珠算口诀对这个结果进行各种包括加减乘除在内的各种运算,最终得到需要的结果。

17 世纪初,苏格兰人约翰・纳皮尔(John Napier)发明了一种用来快速计算乘除法和平方根的工具:纳皮尔算筹(Napier's Rods),一根上面刻了变形的九九表的长木块,如

图 4.2.2 所示。使用纳皮尔算筹可以更加轻松地进行乘法、除法等相对比较复杂的计算。在使用纳皮尔算筹进行一位数字乘以多位数字的乘法计算时,我们只要根据多位的被乘数找到合适的木棍并把它们排列在一起,再根据一位的乘数找到相应的乘积栏,并把这些栏中的内容相加,就可以得到乘法的结果了。例如计算 2697×6,我们就可以找到分别代表 2、6、9 和 7 的几根木棍,把它们排列在一起,再根据第 6 行数字,计算得到乘积各位上的数:个位为 2,十位为 4 加上 4 等于 8,百位是 5 加 6,等于 1 再向千位进 1……以此类推,最终得到乘法的结果为 16182。

图 4.2.1 算盘

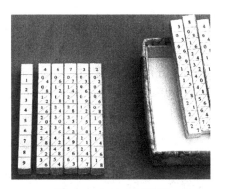

图 4.2.2 纳皮尔算筹

纳皮尔算筹虽然简单,只是一个变形的九九表而已,但它代表了人类寻求计算自动化的一种努力。它与算盘有着本质性的区别:算盘只是用来存储当前的得数,真正的运算还是要靠人根据口诀来进行,或者说程序是存储在人脑中的。而纳皮尔算筹则通过将变形的乘法表刻在棍子上的方式来减轻人计算的压力:算乘法就无须再背九九表了。这无形之中有了一点计算机械化和自动化的意味。

在纳皮尔算筹之后,随着数学和机械技术的不断进步,更多的功能更强的计算设备,如对数计算尺和机械式计算器逐渐走进了人们的视野。

对数计算尺来自人们对对数概念的认识,如图 4.2.3 所示。既然 $\ln(a \times b) = \ln a + \ln b$,那么,能否用计算 $\ln a + \ln b$ 来替代计算 $a \times b$ 呢?于是,两根或更多对数刻度的尺子组合在一起,通过滑动来对齐刻度实现 $\ln a + \ln b$,再靠对数刻度将结果判读为 $a \times b$,从而大大简化了乘除法等复杂运算的计算过程,提高了计算的速度。虽然使用对数计算尺只能靠判读来得到结果,结果无法达到数学上的精确,但是其便携、快速和合理的精确性使得对数计算尺成为工程师进行工程计算的利器,直到二十世纪六七十年代还被大量使用。

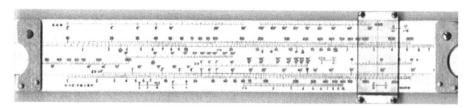

图 4.2.3 对数计算尺

4.2.2 机械式计算机

机械式计算器则是人类计算历史上的又一个重大的进步,从 17 世纪到 19 世纪,随着制造技术的不断进步,各式各样的机械式计算器被设计和制造出来,其中比较有名和对后世影响比较大的有帕斯卡设计的加法机和巴贝奇设计的分析机。

帕斯卡(Blaise Pascal),17 世纪数学家和物理学家,法国人。我们中学物理里面学到的帕斯卡定律、数学里面的帕斯卡三角形(我们的教科书上叫杨辉三角)都是他的成果,压强的单位也是用他的名字命名的。在 1642 年,不到 19 岁的帕斯卡设计了一种后来被称作 Pascaline 的加法机,用一组齿轮在发条动力的驱动下实现多位加法的自动计算,如图 4.2.4 所示。后来,德国的数学天才莱布尼茨(Gottfried Wilhelm Leibniz,微积分的发明者之一)在帕斯卡设计的基础上进行了一些改进,使得 Pascaline 能够胜任乘法的计算。虽然 Pascaline 的设计并不复杂,功能上更谈不上强大,但是它给人们以信息:计算不是只有人能够完成的,机器一样能够进行计算,而且从某种角度上来说,机器比人计算得更好。

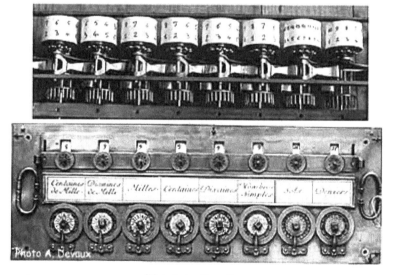

图 4.2.4 Pascaline

随着加工工艺的进步,机械式计算机越来越精巧和复杂,功能也越来越强大,其中被公认为机械式计算机最高峰的是巴贝奇在 19 世纪中期设计的分析机,如图 4.2.5 所示。查尔斯·巴贝奇(Charles Babbage),19 世纪英国数学家和管理学家,在早年为计算数学用表成功设计出能够用程序控制的差分机之后,他致力于设计一种通用的数学计算机。在他天才的设计中,除了使用机械方式实现之外,这种分析机具有现代计算机的一切设计特征:由齿轮组成的"存储器"、转轮组成的"运算器"、送入和取出数据的部件,甚至处理依条件转移的动作。一个多世纪过去后,现代计算机的结构几乎就是巴贝奇分析机的翻版,只不过主要部件被换成了大规模集成电路而已。可惜的是,由于设计过于复杂、工艺水平的不足以及资金的缺乏,分析机最终停留在了设计图纸上。21世纪初,伦敦科学博物馆的工程师们花费了3年半的时间根据巴贝奇的图纸制造出了重达5吨的分析机,其造价高达45万英镑,也算是为巴贝奇的超时代设计画上了一个圆满的句号。

图 4.2.5　巴贝奇和他的分析机(模型)

4.2.3　电子计算机

20世纪初,随着电磁学的发展和真空工艺的提高,一项对于计算机具有非常重要意义的发明出现了。1904年,世界上第一只电子管在英国物理学家弗莱明的手下诞生,电子管的出现给计算机的设计者们一种非常有力的实现手段。在20世纪的上半叶,以继电器、电子管为主要器件的机械-电子式计算机不断出现,如德国发明家 Konrad Zuse 的 Z1、Z2、Z3 和 Z4,美国人 John Vincent Atanasoff 和 Clifford Berry 的 Atanasoff-Berry Computer (ABC)等都是这一阶段的成果。而被公认为第一台现代通用数字式电子计算机的 ENIAC 则问世于第二次世界大战刚刚结束的 1946 年。

ENIAC(Electronic Numerical Integrator and Computer,电子数值积分计算机)最早被用于弹道计算研究,其占地面积 $170m^2$,重量 30 吨,计算能力为每秒 5000 次加法或 500 次乘法。虽然这个庞然大物的计算能力还比不上现在的计算器,但是其出现还是标志着人类在计算自动化的征途上又向前迈进了一步,如图 4.2.6 所示。

作为通用数字式电子计算机,ENIAC 的功能通过程序来实现,而对 ENIAC 进行编程则是通过设置分布在各处的 6000 个开关和众多的插头与插座来实现的,如图 4.2.7 所示。

自 ENIAC 以来,在晶体管、集成电路、大规模/超大规模集成电路等不断发展的微电子技术的支持之下,计算机的性能得到了突飞猛进的提高。微型计算机和 Internet 的出现和普及则更把我们带入了信息时代。如今,人类所能够使用的计算能力前所未有的强大,依靠这种强大的计算能力,人类解决了很多以前无法解决的问题。但是,在我们的面前依旧有着更多的问题需要更强大的计算能力来解决,而目前看来,能够带来更强大计算能力的仍然是不断进步中的计算机技术和微电子技术。

图 4.2.6　ENIAC

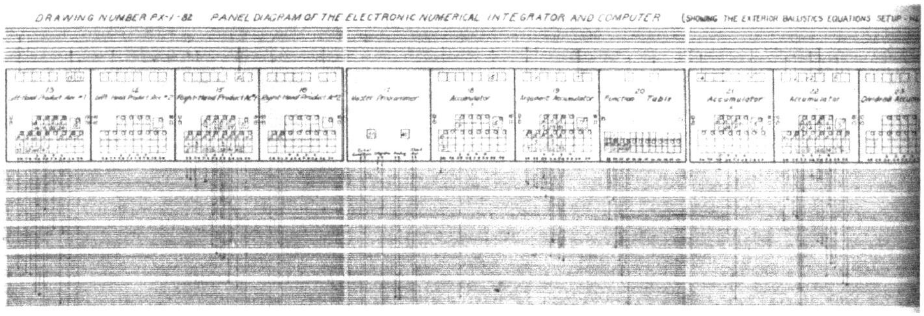

图 4.2.7　为 ENIAC 编写的"程序"

4.3　处理器的基本原理

4.3.1　二进制运算电路

在"比特与逻辑"一章中,我们学习了比特的概念,还学习了如何使用逻辑电路来操纵比特位。实际上,在二进制计数法和编码的基础上,通过对比特的操纵,我们就可以实现各种运算能力。而这一切的基础,则是组合逻辑电路和时序逻辑电路。

首先我们来看看最简单的计算——两个数相加是如何实现的。为了方便起见,我们采用二进制计数法来表示被加数和加数。在历史上,早期的计算机中经常使用十进制计数法来进行计数,而这也给计算机的设计带来了很大的麻烦,直到冯·诺依曼在分析 ENIAC 时发现了这个问题,并提出用二进制替代十进制,使用组合逻辑电路来实现两个数的相加。

很显然,两个一位二进制数相加有四种可能性:0+0=0,0+1=1,1+0=1 和 1+1=0

(进 1)。如果再考虑上从低位来的进位,我们就有八种不同的可能性。带进位的一位二进制加法的真值表如图 4.3.1 所示。

A	B	C_i	S	C_o
0	0	0	0	0
0	0	1	1	0
0	1	0	1	0
0	1	1	0	1
1	0	0	1	0
1	0	1	0	1
1	1	0	0	1
1	1	1	1	1

(A、B 为加数,C_i 为低位来的进位,S 为和,C_o 为到高位的进位)

图 4.3.1 带进位的一位二进制加法的真值表

根据真值表,我们可以化简得到 S(和)和 C_o(进位)的表达式:

$$S = A \oplus B \oplus C_i$$
$$C_o = C_i(A \oplus B) + AB$$

根据这个表达式我们就可以使用组合逻辑电路设计出一位全加器,实现一位二进制数的加法,如图 4.3.2 所示。

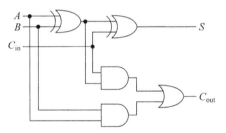

图 4.3.2 一位全加器的组合逻辑实现

更进一步,我们可以简单地把多个一位全加器组合起来,用来计算多位二进制数的加法,如图 4.3.3 所示。

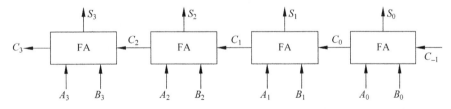

图 4.3.3 串行四位加法器

类似地,我们还可以设计出实现其他算术运算的电路以及实现逻辑运算的电路。通常把实现算术运算和逻辑运算的电路称为 ALU,即算术逻辑单元(arithmetic and logic unit)。

有了加法器、乘法器等基本运算电路,其他一些更加复杂的运算也就可以被构建出来了,假如我们要计算 $a+b\times c$,就可以通过简单地将一个加法器和一个乘法器连接在一起,得到我们需要的结果,如图4.3.4所示。

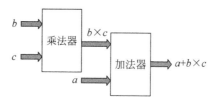

图 4.3.4　计算 $a+b\times c$

在世界上第一台数字式电子计算机 ENIAC 上,我们就看到了这样的实现:用不同的连线来重新配置计算机,计算不同的题目。

但是,这种用不同的连线方式来配置计算机计算不同题目的方法绝对不是一个好方法,其原因在于,计算机是被用来解决多种不同的题目的,不同的题目需要不同的连接方式,我们就只能依靠手工的重新连接来使得计算机在不同题目之间切换,而这是一个既缓慢、困难又容易出错的过程。因此,我们需要一种更灵活、更有效、更不容易出错的方式来解决这个问题。

还是回到计算 $a+b\times c$,我们这次将计算分成两个步骤,第一步计算 $b\times c$,并将其结果暂时存储为 temp;第二步再把 a 和 temp 相加,得到最后的结果。而当我们需要计算另一道题,例如 $a\times b+c$ 时,我们就不必再对计算机进行重新连接,只要更换一下计算的步骤就可以了,如图4.3.5所示。这就是计算机程序的基本思想!

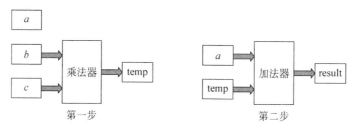

图 4.3.5　计算 $a+b\times c$ 的另一种方法

在4.1节中,我们给出了计算机程序的定义——计算机程序或者软件程序(通常简称程序)是指一组指示计算机或其他具有信息处理能力装置每一步动作的指令,通常用某种程序设计语言编写,运行于某种目标体系结构上。从这段话可以看出,程序的本质是一串指令,这些指令被用作指示计算机的每一步动作,而这些动作是有次序的。那么,计算机怎么来保存和执行这些程序呢?

4.3.2　冯·诺依曼计算机

让我们回到 ENIAC。前面说到 ENIAC 的一个问题是用十进制来表示数,导致计算的实现非常复杂,实际上冯·诺依曼给 ENIAC 提出的问题中这还不是最严重的。当冯·诺依曼看到 ENIAC 换一种算法需要重新连接那么多线路时,他意识到这是 ENIAC 最大的问题。针对这个问题,他提出了一个至今仍然在计算机中沿用的概念:存储程序。存储程序的基本思想是:程序通过编码成为一种数据,并像被计算的数据一样存储在计算机的存储器之中。在使用计算机进行求解时,这些程序就会被计算机的控制器从存储器中取出和译码,形成控制计算机各部分运转的控制信号,在时钟信号的控制下驱动计算机的运行。

运算器、存储器、控制器,再加上负责输入输出数据的输入输出设备组成了计算机,这就是冯·诺依曼提出的计算机的组成结构,这个结构一直被沿用到今天,对计算机科学与技术的影响不可谓不大,如图 4.3.6 所示。正因为冯·诺依曼对计算机技术的巨大贡献,他被全世界公认为"计算机之父"。

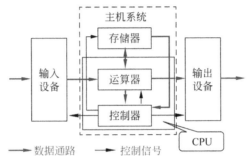

图 4.3.6 冯·诺依曼计算机

在冯·诺依曼机中,程序(指令序列)被存储在存储器内,使计算机能像快速存取数据一样快速地存取组成程序的指令。指令的存放位置由地址指定,地址码也是二进制形式。控制器根据存放在存储器中的程序工作,并由一个程序计数器(PC)控制指令的读取。控制器具有判断能力,能够根据计算结果选择不同的动作流程。这样,给出程序中第一条指令的地址,控制器就可依据存储程序中的指令顺序周而复始地取指令、译码、执行,直到完成全部指令操作为止,如图 4.3.7 所示。

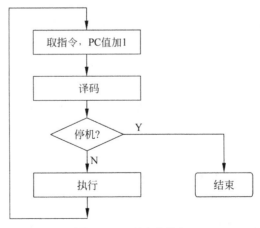

图 4.3.7 程序的执行

4.3.3　指令集体系结构

在本质上,组成程序的指令也是一串串的具有一定格式的二进制数,这些二进制数能够被控制器所理解,并产生控制计算机进行不同动作的控制信号。一台计算机(确切地说,一个处理器)能够理解和执行的所有指令的集合被称作这台计算机的"指令集",不同的计算机(处理器)具有不同的指令集,而同一系列的计算机(处理器)通常具有相同或者向下兼容的指令集,以保证软件在这些系列计算机(处理器)上的兼容性。

指令一般由两部分组成:操作码和操作数地址码。其中操作码用来表示指令的功能,如相加、传送、比较、转移等,操作数的地址码则被用于表示被操作的数据的来源与去处,一般有寄存器和存储器两种可能性。这些操作码和操作数地址码被控制器所翻译,形成控制计算机各部分的控制信号。

在计算机中,硬件与软件有着一个明确的分界,这就是指令集体系结构(Instruction Set Architecture,ISA),即计算机暴露给程序设计者的部分,如图4.3.8所示。

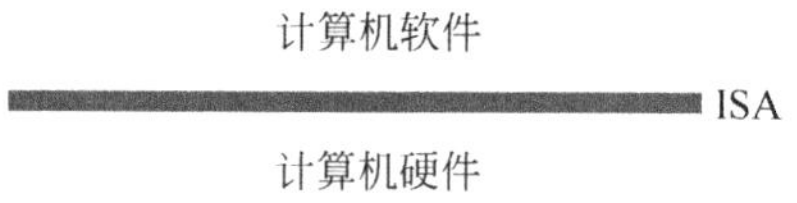

指令集体系结构不仅反映了处理器的指令集,还暴露了处理器的一些组织方法和体系结构,常见的指令集体系结构有三类:基于堆栈的指令集体系结构(如Java虚拟机的定义)、基于累加器的指令集体系结构(如6502微处理器)和基于通用寄存器的指令集体系结构(如X86系列微处理器)。现代微处理器中最常用的当属基于通用寄存器的指令集体系结构。

图4.3.8　指令集体系结构

在计算机中,一条指令的执行通常由取指、译码、执行等步骤组成。对于不同的处理器和不同功能的指令,这几个步骤的实现方法和需要的时间长度是不同的,所以它们又经常被分成一些更细的步骤。一条指令的执行通常由取指开始,在处理器的程序计数器PC中保存有下一条要执行的地址,这个地址被用于在存储器中寻找到下一条要被执行的指令,这条指令将被送到控制器的指令寄存器中,同时PC自增以指向下一条要被执行的指令。当指令被装入到指令寄存器中后,控制器对这条指令进行分析,通过一系列组合逻辑产生控制计算机各个部件运行的控制信号,这个步骤被称作译码。译码完成后,指令对应的控制信号将被按照一定的时间次序发送到计算机的各个部分去,实现数据的传送和处理等功能,这个步骤被称作执行,也是不同的指令在实现上差别最大的一个步骤。在最后的写回步骤中,指令执行的结果在控制器所发出的控制信号的控制下被写入需要的目标位置(如寄存器或存储器中),完成整个指令的执行过程。

4.3.4　处理器如何工作

下面我们看一个具体的例子。假设我们要进行1+2这样一个简单的加法运算。
在某种指令集(例如MIPS指令集)的计算机上的机器语言指令序列,如图4.3.9所示。

```
addi $1, $0, 1      0x20010001    $1=0+1=1
addi $1, $1, 2      0x20210002    $1=$1+2=3
sw $1, 8000($0)     0xac011f40    $1的内容存放到地址
                                  为8000的内存单元中
```

图 4.3.9　MIPS 计算机上计算 1+2

MIPS 有 32 个通用寄存器,用 $0～$31 来表示,其中 $0 总是返回 0。"addi $1,$0,1"是一条加法指令,它把 $0 寄存器的当前内容和常数 1 相加,经过存入寄存器 $1。"0x20010001"是这条指令对应的二进制机器指令。"sw $1,8000($0)"是一条数据存储指令,它把寄存器 $1 的内容存入地址为"$0+8000=8000"的内存单元中,这里假设这个内存单元用于保存运算结果。

MIPS 的指令都是 32 位定长的,于是上面的三条指令将占用 12 个字节。

前面说过,指令集体系结构是计算机软件和硬件的分界面。实现一种指令集体系结构的计算机硬件可以有很大的不同。最简单的处理器是单总线结构的处理器,在这种处理器中,所有数据传输都通过唯一的总线进行。总线则是各个部件之间的公共数据通路,如图 4.3.10 所示。

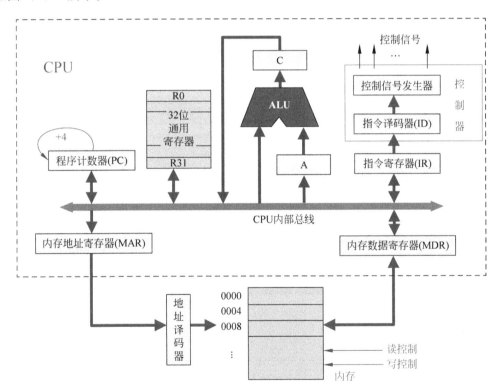

图 4.3.10　单总线 MIPS 计算机

下面看一看在单总线 MIPS 计算机上"addi $1,$0,1"指令的执行过程。因为是单总线结构,"addi $1,$0,1"指令的执行需要 7 个时钟周期。图 4.3.11～图 4.3.17 是 T0～T6 这 7 个时钟周期处理器内部发生的变化,请注意观察。

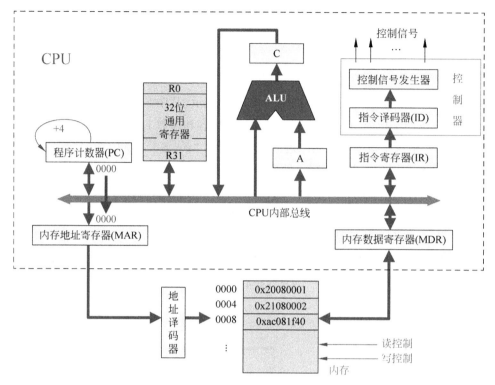

图 4.3.11　T0 周期

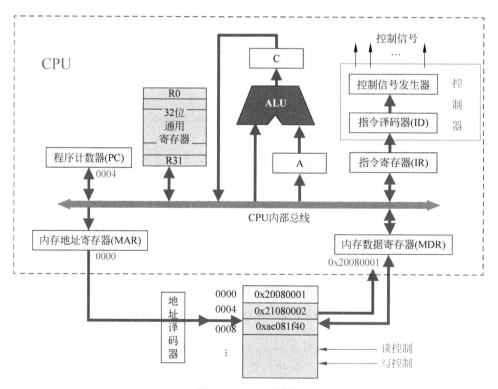

图 4.3.12　T1 周期

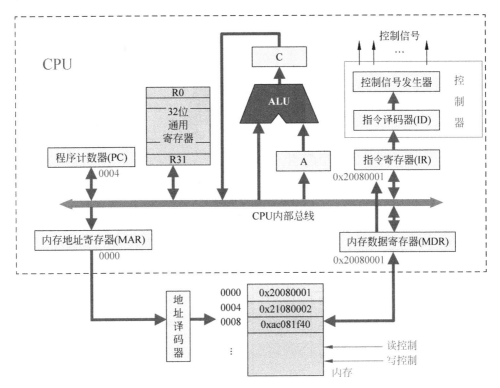

图 4.3.13　T2 周期

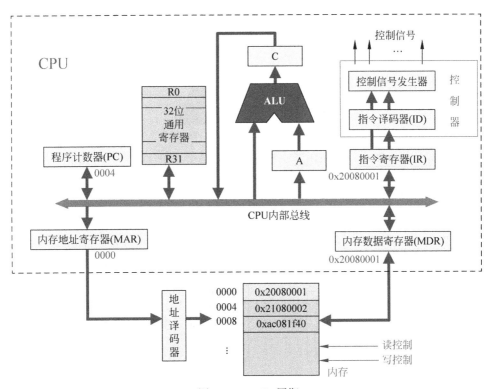

图 4.3.14　T3 周期

112　电子信息科学与技术导引

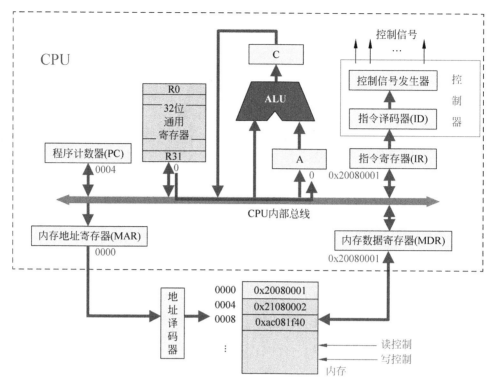

图 4.3.15　T4 周期

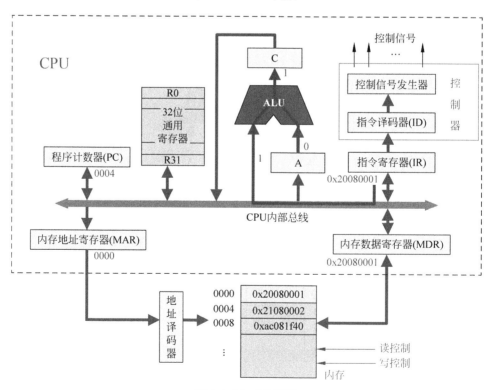

图 4.3.16　T5 周期

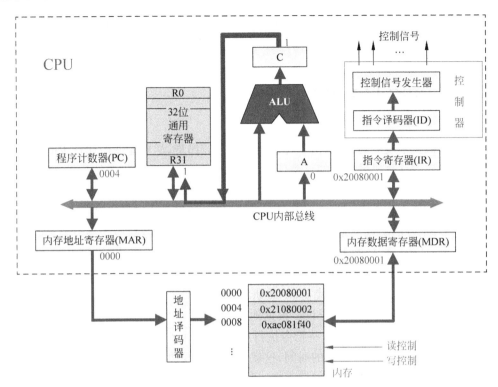

图 4.3.17　T6 周期

4.4　现代处理器设计技术

4.4.1　处理器的性能

自从计算机出现以来,让计算机的计算能力更强,能够以更快的速度解决更大规模的问题一直是计算机技术和微电子技术研究工作者努力的对象。从 ENIAC 每秒 5000 次加法的计算能力,到 2020 年世界上计算能力最强的 Fugaku(富岳)的 415530 TFlop/s,70 多年的时间里计算机的计算能力提高了几十万亿倍。其中,处理器性能的提高功不可没。那么,提高处理器性能都有哪些手段呢?

首先我们来看一个公式。假设一个程序一共需要执行的总指令数为 I,每条指令执行平均需要 C 个时钟周期,每个时钟周期时间为 T。那么,这个程序执行所需要的总时间为

$$P = I \times C \times T$$

从这个公式可以看出,要提高计算机的性能,减小程序执行所需要的时间,可用的手段主要有三种:①增强指令集的描述能力,减少一个程序执行所需要的指令数目;②通

过优化、并行等方式减少一条指令执行所需要的平均时钟数(每指令平均周期数,Clock per Instruction,CPI);③通过改进工艺等方式提高处理器的主频,减小一个时钟周期的时间。

4.4.2 CISC 与 RISC

在计算机技术发展的早期,由于计算机部件比较昂贵,尽可能使用比较少的部件完成更多的任务成为计算机设计者的首要任务。为此,增加指令集中指令的数量,增强指令的功能,进而减少一个程序执行所需要的指令数目,使计算机能够容纳更多的程序,成为提高计算机性能的主要手段。在这种情况下,计算机中的指令功能越来越强,支持的指令数量越来越多,指令的实现也越来越复杂,甚至出现了使一条指令对应于高级语言中的一条语句的努力方向。这时,绝大多数处理器都使用微程序的方式来执行指令——即使用一组微程序来解释执行程序中的一条条指令。

20世纪70年代末到80年代初,一些研究工作者对于当时流行的增强指令功能、增加指令数量的主流做法提出了异议。根据他们的研究,在当时的计算机中,处理器所支持的指令只有20%被经常使用,这些指令执行所花费的时间大约占程序运行时间的80%,而其余80%指令则只占用20%的时间,这就是80/20规律。80/20规律指出了处理器发展的一个方向,那就是将指令集精简下来,只保留这些被频繁使用的20%指令,并对其实现进行更好的优化,从而使得这些指令的执行效率更高。对于剩下的不常用的指令,则将其剔除出指令集,通过软件方式来实现它们的功能。这种处理器被称作精简指令集处理器,基于这种处理器构建的计算机被称作精简指令集计算机(Reduced Instruction Set Computer,RISC)。相应地,那种具有比较庞大的指令集的计算机被称作复杂指令集计算机(Complex Instruction Set Computer,CISC)。

除了指令集更加精简之外,RISC还具有一些对于提高计算机性能至关重要的特性,如等长而规整的指令结构,以方便指令的译码,提高译码速度;更大的寄存器堆和面向寄存器的指令结构,以方便编译器的优化和提高指令的执行速度;使用优化的硬连逻辑替代微程序实现指令的执行以提高指令的执行速度,等等。

总的来讲,传统的CISC致力于增强指令集的能力,是为了减少一个程序需要包含的指令数 I,从而降低程序运行时间 P。而RISC则采用了另一种策略,即通过对指令集的优选设法在保证 I 增长不是很大的情况下大大降低指令执行平均周期数 C,并通过优化的硬连逻辑指令实现来提高处理器的主频,降低每周期所需时间 T。

对于微处理器的发展来讲,RISC的出现可以说是一个里程碑,它规整精简的指令集、硬连逻辑的指令实现和面向寄存器的指令结构都为提高微处理器性能,进而提高计算机整体性能扫清了障碍。在RISC产生之前,微处理器的性能经常低于同时代存储器的性能,而RISC出现之后,微处理器的性能以远高于存储器的速度迅速提升,很快其性能开始高于同时代存储器的性能。到今天,微处理器的性能已经远远高于主存储器的性能,从而引起了一系列新的微处理器体系结构的出现,更进一步推进了处理器设计技术的进步。

在RISC出现几十年后的今天,RISC技术已经深入到微处理器设计的每一个角落,当前的微处理器已经很难再看到传统的 CISC 结构设计。与此同时，RISC 技术也在不断地演化，随着片上容量的不断增加，RISC 微处理器也不再像早期那样追求极致精简的指令集，而是在硬连逻辑实现的基础上适当地对指令集进行扩充，提高指令集的表现能力。以 Intel 的 X86 系列微处理器为例，早期的 Intel 8086 等微处理器都属于典型的 CISC 结构设计。而从 Pentium Pro 开始，X86 系列微处理器开始在保持指令集向下兼容的前提下使用 RISC 核心，首先将 X86 的 CISC 指令翻译为一组 RISC 微操作序列，再使用 RISC 核心来执行这组微操作序列，从而在保持指令集兼容的条件限制下获得 RISC 技术带来的各种好处。

4.4.3 指令级并行处理

RISC 的研究给处理器性能的提高开辟了一条可行的道路，但是仅仅依靠对指令集的精简和硬连逻辑实现最多能够将 C 值减小到 1，也就是说每条指令的执行至少需要一个时钟周期。要想将 C 值进一步降低到小于 1 的值，我们必须设法允许处理器同时执行多于一条的指令，这就是指令级并行技术。在指令级并行研究中，我们通常使用 C 的倒数，即每周期平均执行的指令数来表示，简称 IPC(Instruction Per Cycle)。

流水线技术是指令级并行研究中最基础的技术之一，其基本思想是将一条指令的执行分成几个步骤，这些步骤可以重叠执行，从而提高指令执行的效率。作为一种古老的指令集并行技术，流水线已经广泛使用在当前绝大多数微处理器之中，如图 4.4.1 所示。

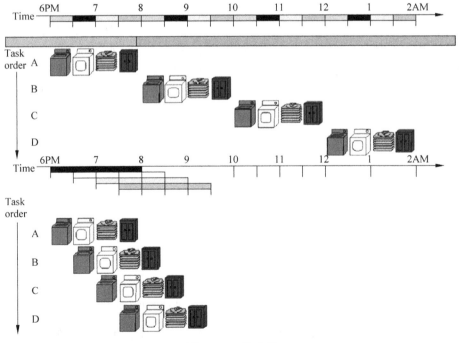

图 4.4.1　流水线

假设一个微处理器使用一条包含 N 步的流水线,那么在这个微处理器中一条指令就是由 N 步执行完成的,每步执行所完成的工作量是整条指令工作量的 $1/N$,理想状态下其花费的时间也是原来执行一条指令所需要的时间的 $1/N$——即微处理器的时钟周期减小到原来的 $1/N$,频率提高到原来的 N 倍。与此同时,当微处理器的流水线充满时,每个周期可以有一条指令投入执行,同时每个周期也会有一条指令完成执行,那么 IPC 的值可以被视为 1——每个周期执行一条指令。由此可见,一个包含 N 步的流水线可以将微处理器执行一条指令所需的时间降低到原来的 $1/N$,即性能提高 N 倍。理论上来讲,更大的 N 值将能为微处理器带来更高的性能增益,当 N 值提高到一定程度时,我们就称这种比较长的流水线为"超流水线"。

但是,并不是 N 值越大,流水线越长,微处理器的性能就会越好。原因在于,我们前面的分析都是在一个假设的前提下:流水线始终充满。而在实际使用时,由于程序中的指令经常会由于各种原因而无法并行执行,流水线很难总保持着充满的状态,其中总会有一些"气泡"的出现——这些"气泡"会浪费流水线资源,降低微处理器的效率。更糟糕的是,随着流水线长度的增加,这些"气泡"会越来越多,流水线保持充满的状态越来越难,其结果就是流水线性能的严重下降。例如 Intel 在推出 Pentium 4 微处理器时,曾经对其 20~31 级的超流水线寄予厚望,希望这种超流水线以及随之而来的超高主频能够大大提高 Pentium 4 的性能。但是,事实让 Intel 很难堪:虽然 Pentium 4 屡屡创出主频的新高,但是其性能始终未能取得大的突破,Pentium 4 的性能还不如 10 级流水线的同频的 Pentium III 微处理器。这种"高频低能"的现象证明了在此之前简单依靠提高处理器主频来提升处理器性能的途径已经走到了终点,处理器的主频不再是处理器性能的关键因子,流行多年的"频率神话"就此破灭。

既然一条步数越来越多的流水线对于微处理器的性能提高是远远不够的,那么使用多条流水线同时(并发)执行多条指令就成为一种非常自然的想法,这也就导致了超标量处理器的诞生,如图 4.4.2 所示。在真实的历史上,具有多条流水线的超标量处理器出现时频率神话还没有破灭,依靠提高微处理器主频来提升微处理器性能的做法还很有效。

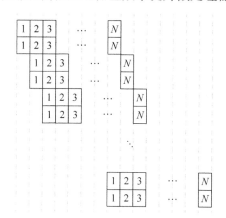

图 4.4.2 超标量处理器中多条流水线的并发执行

无论流水线还是超标量,在微处理器中不是程序中的任意两条指令都能够被并发执行的,如果一条指令 A 直接或间接地依赖于另外一条指令 B 的执行结果,那么 A 就必须在 B 执行结束之后再投入执行,这种限制是任何并行技术都无法越过的。这时我们就称 A 指令与 B 指令相关,这就是程序中的指令相关性。常见的相关关系主要有两种:A 使用 B 的执行结果,称数据相关;或者 B 是一条条件转移语句,A 是否执行与 B 指令是否转移有关,称转移相关。

既然转移相关作为相关性限制的一种影响了微处理器的执行效率,那么设法减轻这种影响就成为指令级并行研究的一个重要方向。在这个方向上,最重要的研究成果被称作转移预测——即根据前几次转移指令的执行结果来猜测下一条转移指令执行的结果(是否发生转移),并按照猜测的结果提前执行下面的指令,从而减轻转移相关对微处理器性能的影响。在目前的微处理器中,转移预测技术以及相关的转移目标缓冲(BTB)等技术已经得到了广泛的应用,转移预测比较高的成功率(目前的微处理器中转移预测的成功率一般在 90% 以上)已经为当前的微处理器性能提升起到了重要的作用,如图 4.4.3 所示。

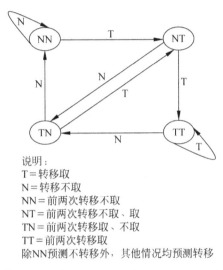

图 4.4.3 用于转移预测的有限状态自动机

转移预测减轻了转移相关对指令级并行的影响,但数据相关的影响依然存在,而且从理论上无法消除——这就使得我们只能设法减小这种相关带来的性能影响,一种比较流行的做法是快捷数据通路(Data Shortcut)。在传统的指令执行中,只有 B 的执行结果被写回(到寄存器或存储器中)之后,A 才能够开始执行,并从寄存器或存储器中读出 B 的执行结果。如果我们能够在微处理器中设置一条快捷数据通路,将 B 的执行结果在写回的同时就回送到 A 的输入端,A 指令就能够得到提早执行,从而减少指令的等待时间。除此之外,针对存储器 Load/Store 指令的相关性也出现了一系列的指令多次调度的技术,通过减少存储访问指令之间的假相关来降低这种相关对指令级并行的影响。

在传统的计算机中,指令是按照其出现的次序依次执行的,这就意味着如果一条指令由于相关性限制无法投入执行,则其后的指令都不能被投入执行——哪怕这些指令并不存在相关性限制。这对于提高微处理器的性能十分不利。于是,"乱序执行"技术应运而生。乱序执行实际上就是通过一些技术手段使得指令可以不按照其出现的次序执行,而得到的结果与按照其出现的次序执行时相同。乱序执行主要依赖于微处理器中的"重排序缓冲器"(Re-Order Buffer),如图 4.4.4 所示。

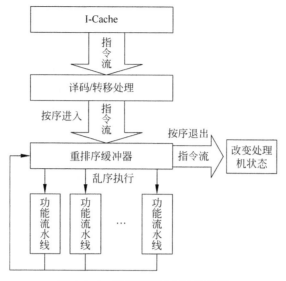

图 4.4.4　重排序缓冲与乱序执行

在程序的执行过程中,指令首先按照其顺序进入处理机的重排序缓冲器中并记录其顺序。然后在重排序缓冲器中等待其相关指令的运行结束(以满足指令之间的相关关系)和指令所需的相关资源(尤其是功能流水线)的空闲可用。一旦上述要求得到满足,指令将被从重排序缓冲器中发射到功能流水线以完成其运行。当指令运行结束后,指令的执行结果并不直接对处理机状态进行改变,而是暂时存储在重排序缓冲器中,直到重排序缓冲器中在该指令之前进入的所有指令都已经退出重排序缓冲器之后,该指令才退出重排序缓冲器并实际改变处理机状态(这个过程称为"退出"或"退休")。上面的过程被总结为"按序进入,乱序执行,按序退出"。

需要注意,在现代处理机中,绝大多数处理机都使用了以重排序缓冲器为基础的乱序执行方式来提高程序执行的指令级并行性。Intel x86 系列处理器里面 Pentium Pro 之后的处理器都采用了乱序执行方式。在很多处理机的微体系结构中重排序缓冲器的功能分别由多个部件来实现,这些部件一般包括重排序缓冲器(Re-Order Buffer)、预约站(Reserve Station)、退休部件(Retire Unit)、已执行指令缓冲器(Executed Instruction Buffer)等。

在现代的乱序执行处理机中,重排序缓冲器的规模对处理机的性能影响很大,重排序缓冲器越大,能够容纳的指令越多,则乱序执行时功能流水线的利用率也就越高。但是由于重排序缓冲器中的各指令项不是遵循 FIFO 的顺序而是需要随机并行访问,大规模的重排序缓冲器的实现也比较困难。

除此之外,20 世纪 90 年代初提出的"同时多线程"技术也是用来解决相关性问题,提高微处理器执行效率的一个重要手段,如图 4.4.5 所示。"同时多线程"技术来自这样一个想法:既然操作系统中有多个不同的线程,线程之间相互独立,那么不同线程的指令之间一定不会有相关性,这些指令一定能够并发执行。这样,同时从多个不同的线程选取指令进行执行,就可以减小指令之间相关性对微处理器性能的影响了。

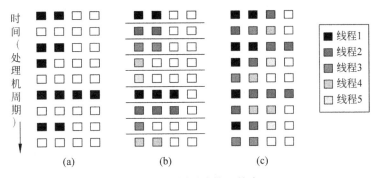

图 4.4.5 同时多线程技术

需要说明的是,自 Pentium 4 开始,Intel 和 AMD 在多款微处理器中使用了同时多线程技术,只不过将其改了个名字——超线程(Hyper Thread)。

除了超线程之外,当前主流的多核技术也是来自于 20 世纪 90 年代初的一项被称作"片上多处理器"(on-Chip Multi-Processor,CMP)的研究。这项研究和同时多线程一样是当时研究工作者面对芯片上晶体管数不断以指数增加的发展趋势而提出的一种"未来"的微处理器指令级并行技术,其基本思想就是把传统的对称多处理机(SMP)集成到同一个芯片之中,从而提高微处理器的效率。多核技术实际上就是 CMP 的一种变种,即集成到一个芯片上的不是多个完整的处理机,而是多个处理机核心和一套处理机外围电路。在频率神话破灭之后,多核技术为微处理器的性能提升提供了另一种有效的解决方案,同时也对指令级并行技术提出了新的挑战。在以提高频率为主的日子里,处理器主频的提高可以直接转化为处理器性能的提升;而多核微处理器中如果编译器、操作系统、函数库等软件不能有效地将处理器的程序负载分散到多个核心上,多核的优势将无从发挥。

4.4.4 Cache 和新总线技术

由于微电子技术的限制,早期的微处理器主频一般要低于存储器的主频,也就是说微处理器的处理能力要低于存储器的数据存取能力,这时的瓶颈在微处理器的处理能力,于是使用各种技术提高微处理器的处理能力成为当时的关键。随着微电子技术的不断发展,到 20 世纪 80 年代,微处理器的处理速度开始高于存储器的存取速度,而且这个差距还在不断地拉大,存储器提供数据的能力逐渐成为影响微处理器性能提高的关键因素之一。于是,Cache 等提高存储系统能力的手段逐渐在微处理器设计中得到应用。

Cache 是提升存储系统性能的重要手段,其理论基础是程序的局部性:一个程序在运行过程中,其内存访问在时空上呈现出集中的趋势,刚刚被访问过的数据,被重新访问的概率会比较高,而且其相邻的数据也有比较大的访问概率。这种局部性给我们一个机会:用一个规模比较小、距离处理器比较近而且速度比较快的存储器来对主存储器中的数据进行暂存,称作 Cache。在程序局部性原理的作用下,大部分对主存储器中数据的访问都会命中在 Cache 之中,从而得到快速访问而无须再对速度比较慢的主存储器进行访问。Cache 对存储系统的提升具有非常重要的作用,尤其是和微处理器在同一个芯片上的片上 Cache 更由于其高速度而大大提升存储系统的性能。在单一 Cache 无法满足性能需求的情况下,多级 Cache、指令与数据分离的 L1 Cache、基于程序执行踪迹的 Trace Cache、通过预取提高 Cache 命中率的 Cache Prefetch 等 Cache 技术也越来越多地应用在微处理器设计之中,借以进一步提高微处理器的性能。

除了 Cache 之外,使用更新的总线技术,提高为微处理器供应数据的内部总线(前端总线)的性能也是当前业界提升计算机系统性能的一种重要手段,从 ISA 到 PCI 再到 FSB,直到今天的 QPI 和 HyperTransport,每次新总线技术的应用都会给微处理器的性能带来一次飞跃性的提高。而且,随着微电子技术的进步,将处理器嵌入存储器中的 IRAM、将处理机体系结构暴露给软件的 Raw Machine 等技术也有可能成为下一个为微处理器性能提升提供动力的源头。

自 1965 年戈登·摩尔(Gordon Moore)提出著名的摩尔定律,指出"集成电路芯片上所集成的电路数目每隔 18 个月就翻一番"以来,这个看似简单的定律支配了微电子与计算机行业已经超过 40 年,而且目前还看不到什么时候这个定律会终结在物理学或制造工艺形成的壁垒上。对于微处理器的未来,我们有很多猜想:量子计算、生物计算、光计算……到底哪个会成为未来计算的基础?直到今天,我们的计算机依旧建筑在微电子技术所提供的基础之上,并随着微电子技术的进步而获得巨大的进步动力。面对未来,我们面临着诸多的挑战:微处理器中多少个核心是合适的或者够用的?多核对计算机中其他部分(如存储系统)会带来哪些挑战?面向多核(或者更多核心的"众核")微处理器,我们的编程模型和软件系统又要有怎样的改进?或者,随着微电子技术的进步,多核结构又会被别的什么性能更加强大的技术所替代?面对这些问题和挑战,我们又能做些什么?

致谢:邓俊辉、黄震春、马惠敏老师参与了本章的编写工作,在此表示感谢。

第 5 章 数据与算法

作者简介

吴及,清华大学电子工程系副系主任,长聘教授,博士生导师。清华大学精准医学研究院临床大数据中心共同主任。

1996 年和 2001 年在清华大学电子工程系获得工学学士和博士学位,2013—2015 年在美国佐治亚理工学院担任访问学者。主要从事人工智能、机器学习、自然语言处理、模式识别、数据挖掘等领域的研究工作。从 2006 起担任清华-讯飞联合研究中心主任。现在为 IEEE 高级会员,中国语音产业联盟技术工作组组长,认知智能国家重点实验室学术委员会委员,口腔数字化医疗技术和材料国家工程实验室第二届技术委员会委员,中国计算机学会语音对话与听觉专业组委员。还担任 2018—2022 年教育部电信类专业教学指导委员会副秘书长。

承担国家重点研发计划、863、国家自然科学基金、工信部电子发展基金等多项国家科研项目。参加的项目"智能语音交互关键技术及应用开发平台"于 2011 年获国家科技进步二等奖。负责的项目"面向海量语音数据的识别、检索和内容分析技术及其应用"获 2014 年度北京市科学技术奖一等奖。已在 *Nature Communications*,*IEEE Trans. on ASLP*,*AAAI*,*ACL* 等重要学术期刊和学术会议上发表论文约 130 篇。

5.1 数据

5.1.1 什么是数据

"数"是人们用来表示事物的量的基本数学概念。在人类发展的历史上,这种抽象的"数"的概念是从具体事物中逐步获得和建立起来的。例如,"一个苹果""二个橘子""三个香蕉"描述的是具体的事物,而"一""二""三"则是与具体事物无关的抽象的"数"。另一个相关的概念是"数字"。数字是人们用来计数的符号,如现在人们常用的阿拉伯数字"1""2""3",又如中文的数字"一""二""三"和罗马数字"Ⅰ""Ⅱ""Ⅲ"。而我们在这里要讨论的"数据",则是一个范围大得多的概念。

数据是客观事物的符号表示,往往是通过对客观事物的观察得到的未经加工的原始素材,是包含知识和信息的原始材料。在今天的信息社会中,数据可以说无处不在,其表现形式也是多种多样,例如:

(1) 文字和符号。文字和符号不仅普遍存在于书籍、报纸等传统的纸质媒介上,也广泛存在于计算机、手机、平板电脑等电子设备上;既包括今天人们使用的各种文字符号,也包括从远古时代遗存下来的象形文字和甲骨文等。

(2) 多媒体数据。计算机的图形界面、广播、电视、电影、数码相机(DC)和数码摄像机(DV),使得我们身处丰富多彩的多媒体时代。多媒体数据的采集,保存和播放已经非常方便;图像、音频、视频等各种媒体数据在我们的日常生活中随处可见。

(3) 通信信号。电信号和电磁波已经成为人类社会信息最方便快捷的传输方式,这些用于通信、控制和信息传输的电话信号、导航信号、手机信号、广播信号,无论是在发送端还是在接收端都是数据。

(4) 传感器采集的数据。通过各种各样的温度传感器、压力传感器,以及CT、B超、声呐等设备,人们可以采集到各种各样能够描述客观事物的数据。

(5) 社会性数据。人类社会生活的方方面面同样需要大量数据来描述,如社会普查数据、人口统计数据和民意调查数据等,著名的如美国总统大选期间盖洛普所做的候选人支持率的民意测验;也包括和我们日常生活有紧密联系的经济运行数据,如物价、收入等。随着社交网络的发展和普及,人们之间通过互联网和移动互联网的交互行为也成为重要的海量数据来源。

因此,可以很清楚地看到对数据的掌握和处理是当今社会的一个基本问题,在科研活动、经济活动、文化活动和政治活动中,我们随时都会面对各种各样的数据。数据和对数据的处理与我们每个人都息息相关。

我们在这里讨论的数据,进一步特指能够输入到计算机并被计算机所处理的数据。

5.1.2 数据处理技术

数据处理技术包括数据的获取、数据的存储、数据的传输,以及针对数据的计算。

数据是客观事物的表示和描述。人具有很强的获取数据的能力,如人对客观事物的观察、社会普查等;数据获取也可以通过多种多样的设备,如温度和压力等各种传感器,万用表和光谱仪等各种测量仪器,照相机和摄像机等图像视频采集设备,麦克风和录音机等声音采集设备,雷达接收机和卫星接收机等各种信号接收设备,等等。

传统的数据存储主要依靠纸质媒介,如书籍、报表和纸质文件等,典型的模拟存储介质有胶片和磁带。随着数字技术的发展,数字存储介质已经成为主流。从大型的磁盘存储系统,到容量越来越大的计算机硬盘,再到便携的移动硬盘、U盘、光盘和闪存卡;存储容量不断增大,而且价格越来越便宜。

语言交流和书信曾是人类历史上数据传输和信息交互的主要手段。电磁波和电信号的发现和利用,造就了电话、电报等快捷的数据传输方式。互联网、移动通信以及USB和DisplayPort等高速率数据传输技术的发展,使数据传输的快速、高效和方便达到了前所未有的程度。

面向数据的计算涵盖了对数据的分析、管理和利用。其中既包括以处理器性能为代表的计算能力,又包括对数据进行处理以实现信息抽取和知识发现的技术方法。

随着信息技术的飞速发展,人类在数据采集、数据存储和数据传输方面的能力得到了巨大的发展。我们都知道,二进制是数字计算机的基础,计算机存储容量的基本单位是字节(Byte),每一字节包含8个二进制位。为了描述不同规模的数据,人们定义了一系列的数据计量单位:

Bytes→ Kilobyte(2^{10} Bytes) → Megabyte(2^{20} Bytes) → Gigabyte(2^{30} Bytes) → Terabyte(2^{40} Bytes) → Petabyte(2^{50} Bytes) → Exabyte(2^{60} Bytes) → Zettabyte(2^{70} Bytes) → Yottabyte(2^{80} Bytes)

其中我们比较熟悉的有千字节(KB)、兆字节(MB)和吉字节(GB)。我们甚至难以想象更大的数据量单位意味着什么。美国国会图书馆所有藏书约为10TB。按照2001年的数据估算,美国国家航空航天局地球观测系统(Earth Observing System)三年的数据总和约为1PB[1]。据称1ZB大概相当于全世界所有海滩上的沙子总和,而1YB大概相当7000人体内的原子数总和[2]。如果以1MB/min的速度不间断播放MP3格式的歌曲,1ZB存储的歌曲可以让人听上19亿年。

根据IDC的统计和预测,2007年全球数据量约为161EB;2008年激增到487EB;金融危机的2009年,全球数据量达到0.8ZB,增长62%;2010年进一步增长到1.2ZB,约为2007年的8倍;而到2020年,这一数字将达到35ZB。人类所拥有的数据量还在以更快的速度增长,2010年3月,视频网站YouTube宣布每分钟就会有24小时的视频被上传,而到了2010年11月,每分钟上传至YouTube的视频长度已达35小时。根据YouTube产品管理负责人的计算:"如果美国三大电视网每天播放24小时,一周7天,一年365天不间断播放 60 年,那么这些视频内容才与 YouTube 每 30 天增加的内容一样多。"而到了 2014 年,每分钟上传的视频长度已经超过 300 小时,YouTube 上已经有了超过 1 万亿个视频。

根据《2018 年全球数字报告》,到 2018 年年初:
- 全世界互联网用户已经超过 40 亿,2017 年增加超过 2.5 亿;
- 全球活跃的社交媒体用户将近 32 亿,2017 年平均每天新增 100 万用户;
- 全世界有 51 亿的手机用户,移动互联网用户超过 37 亿;
- 占据社交领域头把交椅的 Facebook 的月活用户达到 21.7 亿;
- 微信的月活用户为 10 亿,排名全球第五,每天发出消息 380 亿条;
- YouTube 每分钟上传视频 300 小时,每天观看次数达到 50 亿次;
- 互联网用户每日平均在线 6 小时,互联网已经占据了人们清醒时间的 1/3,人类一年的总在线时长已突破 10 亿年。

很显然,人类获取和生产数据的能力已经十分惊人,我们已经生活在一个"数据爆炸"的时代。为了应对数据爆炸性的增长,最近 20 年以来,人类在数据存储能力上的进步极为迅速。20 年前,我们使用的个人计算机往往只有 40MB 的硬盘,数据交换依靠 720KB 的 5 英寸软盘和 1.44MB 的 3.5 英寸软盘。今天的个人计算机,1TB 的硬盘几乎成为标准配置,用于数据交换的移动存储设备也是 500GB 以上的移动硬盘和 8GB 以上的 U 盘。个人数据存储产品的容量 20 年间增大了成千上万倍。数据中心更是从萌芽走向成熟,当今的数据中心的存储规模往往能达到 PB 量级,并且在能效、安全、接入和管理等方面有了越来越完善的考虑和设计。

数据传输技术的发展同样迅猛。依赖于移动存储介质的数据交换,除了存储量增大以外,传输速率也飞速增长。传统的 1.44MB 软盘的传输速率为 62.5KB/s,计算机串口的传输速率为 14.4KB/s。CD 光盘的读取速度为 7.5MB/s,DVD 光盘的读取速度为 16.6MB/s。现在得到广泛应用的 USB 2.0 理论传输速率为 60MB/s,实际传输速率能达到 20~30MB/s;2008 年年底发布的 USB 3.0 标准理论传输速率已经达到了 600MB/s,而 2013 年 12 月发布的 USB Type-C 的最大数据传输速率达到了 10Gb/s。因此基于移动存储介质的传输速率在 20 年间也得到数百倍乃至数千倍的提升。互联网的发展使得数据传输不再受到地理位置的约束。早期 Modem 拨号上网的速率为 56Kb/s;现在 ADSL 接入的下行速率可以达到 1Mb/s,目前家庭常用的速率为 512Kb~2Mb/s。而局域网的传输速率可以达到 100Mb/s 甚至 1000Mb/s。而基于无线传输的 4G 移动互联网理论上也可以提供高达 100Mb/s 的下行速率。随着互联网,特别是移动互联网的发展,人们将继续向随时随地快速传输数据的目标前进。

数据的计算需要强大的处理能力,其中处理器和随机存储器起着至关重要的作用。20 年前的个人计算机,Intel 80386 的典型配置是 33MHz 主频和 1MB 内存;Intel Core2 的典型配置是主频 3GHz,64KB 的一级缓存(L1 Cache)和 6MB 的二级缓存(L2 Cache);而 Intel Core-i 系列进一步引入了三级缓存,并实现了 CPU 与图形处理单元 GPU 的整合封装。因此今天的处理器,计算能力已经不可同日而语。然而单处理器计算能力的提高仍然远远不能满足数据处理的需要,因此各种并行计算技术风起云涌,从多核处理器、并行程序设计技术如 OpenMP、MPI，到分布式计算、网格计算和声名显赫的云计算，给数据计算提供了前所未有的强大能力。随着深度学习技术的迅猛发展，原来用于图形处理的 GPU 一跃成为人工智能第三波浪潮中最为重要的推动力量之一。

然而数据的计算除了计算能力之外，同样甚至更为重要的是计算的方法，因此近年来以机器学习、数据挖掘为代表的海量数据处理技术得到了普遍重视和迅速发展。而 2006 年提出的深度神经网络，在随后十多年中在语音、图像、机器翻译和不同扩展的更多领域得到了成功应用，直接推动了人工智能第三波浪潮的汹涌而来。

数据的重要性导致了数据采集能力和生产速度不断提高，爆炸性的数据增长推动了数据存储、数据传输和数据计算能力与计算方法的飞速发展，而数据处理技术的发展进一步提升了数据的可用性和重要性，这就形成了一个正反馈，从而促使数据和数据处理相关的领域成为当今社会最有活力的发展方向。同时应该看到，相比于数据的采集、传输和存储，数据的计算能使人们更充分更有效地发挥数据的价值，因此我们有理由期待数据的计算有着更为广阔的发展空间。

5.1.3 数据的重要性

我们在 5.1.2 节中将数据的重要性作为论述的基础，在这一节我们试图去回答数据为什么是重要的。数据是客观事物的符号表示，人类通过观察获得数据，通过数据积累和分析去获取知识，人类发展的历史同时也是一个数据积累和知识增长的过程。

远古时代，我们的祖先就为了生存去观察和适应环境，但在很长时间里人们缺乏描述客观事物的有效手段，观察的积累主要依靠个体进行。人们的知识主要来自直接的生活经验，信息的交流和保存非常困难，知识的积累缓慢而艰难。随着语言、文字的出现，以及保存文字的介质（如泥版和纸）的发明，人们对客观事物的观察和认识能够以数据的形式保存、积累和交流，人类文明也进入了新的发展阶段。然而在很长的时期，学习、掌握、传承和发展新的知识仍然主要依靠人类社会中的某些特殊群体，社会整体仍然处于愚昧落后的状态。17 世纪义务教育开始出现，18 世纪印刷术开始普及，书籍和报纸逐渐变得普遍起来，19 世纪电报和电话的诞生，20 世纪计算机和互联网的崛起，这些进步对于人类文明具有重要意义，它们推动了数据的产生、存储和传输，直接促进了信息和知识的分享。人们越来越多的知识来自于对数据的处理，而不是直接的生活经验。一个非常典型的例子是：16 世纪的丹麦天文学家第谷穷毕生精力，积累了大量准确细致的天文观测数据，在这些数据的基础上，他的学生、德国天体物理学家开普勒提出了著名的行星运动三大定律。可以说，正是第谷长期积累的精确数据加上开普勒的创新思想，对原始观测数据的尊重和有效利用，共同铸就了这一辉煌成就。

随着信息技术的发展和对社会的巨大影响，恐怕已经没有人会置疑信息的重要性，然而信息是不能单独存在的，数据是信息的载体。同样，数据尽管非常重要，但需要人们具有从数据中获取信息的能力，才可能有效地利用数据，真正发挥数据的作用。一方面，人们在传输数据以实现信息传递时，需要先验性的知识和约定，才能相互理解；另一方面，即使同样的数据,不同人从不同的视角也能得到不同的信息和知识。有人说读书实际上是一个二次创作的过程,鲁迅先生在评价古典名著《红楼梦》时写道:"经学家看见《易》,道学家看见淫,才子看见缠绵,革命家看见排满,流言家看见宫闱秘事……",恰好说明了这种现象。

人们从对自然和社会的观察中获得数据,在这些数据中包含了人们知道和不知道的各种知识和规律,而这些未知的部分就是科学研究试图去发现的。

在以往使用数据的过程中,人们往往是通过数据的观察产生假设,然后用数据进行验证。但在数据爆炸性增长的今天,很多时候数据中蕴含的规律很难通过观察直接获得,因此从海量数据自动发现其中蕴含规律和知识的数据挖掘技术开始崭露头角。

通过对客观事物的观察获得数据,依靠存储和传输积累数据,针对数据进行分析和思考总结规律,使用更多数据进行验证,这是人类认知的基本途径。因此数据和数据处理极为重要,数据的积累和数据处理能力的提高是人类文明发展的重要阶梯。

5.2 数学模型

5.2.1 什么是数学模型

人们在长期的生产实践中遇到各种各样的问题,现实中的问题由于涉及很多因素而变得十分复杂,并不容易解决。对这些问题进行抽象和简化,保留主要矛盾,摒弃影响较小的次要因素就成为非常重要的思想方法。杠杆是人类最早使用的简单机械之一,早在公元前,东西方文明都已经认识到了"二重物平衡时,它们离支点的距离与重量呈反比"的杠杆原理。阿基米德曾经说过一句流传千古的名言:"给我一个支点,我可以撬动地球"。但要知道"动力×动力臂=阻力×阻力臂"的平衡条件是基于两个假设的,杠杆是无重量的刚体,而支点也要求是刚体。但正是这些并不完美的模型,推动了人们对各种自然现象和社会现象的理解,并且成为人类工程技术成就的重要基石。

数学模型是对于客观世界的现实对象,根据其内在规律,经过简化得到的数学结构。数据是客观事物的符号表示,但如果不能描述数据之间的内在联系,孤立的数据本身可能是片面的、冗余的,甚至是相互冲突的。数学模型由于抓住了客观事物的内在规律和主要矛盾,因而成为数据处理技术中的重要环节。针对研究对象,采集数据,根据对事物的认识和拥有的数据建立数学模型,形式化定义问题,然后设计和优化算法进行求解,再进行测试验证和反馈完善,已经成为科学研究的一般化方法。因此在我们讨论数据和算法的关系和相互作用时,也必然会涉及数学模型。

5.2.2 数学模型的种类

由于面对的问题纷繁复杂，数学模型也就必然多种多样。

在对电路进行分析时，根据欧姆定律和基尔霍夫定律就可以得到一组线性方程，求解这组线性方程就可以得到电路中的电流和电压参数。线性方程组就是重要而基本的数学模型。当方程数目超过变量数目（称为"超定"）时，实验数据的曲线拟合就是具有普遍性的超定方程求解问题。当方程数目少于变量数目（称为"欠定"）时，在实际工作中经常会转换成为线性规划问题进行求解。

客观世界中很多物理量之间的关系不是线性的，例如物体运动距离和加速度之间的关系，两个天体之间的万有引力与它们之间距离的关系等，非线性方程和非线性方程组就是描述这些物理规律的数学模型。

在对天体运动，摆线运动轨迹和热传导等问题的研究中，人们发展出了常微分方程和偏微分方程。微分方程模型已经成为一类重要的数学模型，用于描述电磁场的著名的麦克斯韦方程组就是由4个偏微分方程组成的。微分方程离散化就是差分方程，随着数字化的发展，特别是计算机的广泛应用，差分方程模型已经变得越来越重要。

概率论最早的起源是人们对赌博的研究及其内在规律的思考，概率和统计现在已经成为数学最重要的分支之一。人们可以用概率模型来描述彩票、保险、天气预报等社会生活中的很多问题。统计模型的经典例子包括用于进行人口预测的阻滞增长模型（Logistic model），用于描述无后效随机过程的马尔可夫模型，用于描述随机服务的排队论模型等。

集合上的序关系是数学中最基本的抽象结构之一，在二元关系的基础上，数据元素可以形成线性结构、树结构和图结构这些基本数据结构，如图5.2.1所示。对于集合M，笛卡儿积$M \times M$的子集R称为M上的二元关系：$R=\{(a,b), a,b \in M\}$。二元关系R中的每一个元素(a,b)，a称为前件，也是b的前驱；b称为后件，也是a的后继。对于线性结构，除了第一个元素外，每个元素都有唯一的前驱；除了最后一个元素外，每个元素都有唯一的后继。对于树结构，有唯一的称为根的元素，除了根元素外，每个元素都有唯一的前驱；所有元素都可以有多个后继。对于图结构，每个元素都可以有多个前驱和多个后继。这些数据结构是很重要的数学模型，可以用于描述很多实际问题，如学生信息、家族谱系和互联网。很容易想象，线性结构最简单，但描述能力相对较弱；而图结构最复杂，同时描述能力也最强。由于这些数据结构描述的数据对象都是不连续的，因此称为离散模型。

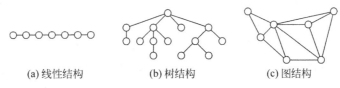

(a) 线性结构　　(b) 树结构　　(c) 图结构

图5.2.1　基本数据结构

我们还会遇到其他的一些模型,例如我们在研究经典力学中的直线运动、弹性碰撞、机械振动等问题时,一般都把物体视为刚体或者质点,这就是刚体模型和质点模型。这一类的模型由于只是出于特定的目的对客观事物加以简化得到的模型,一般称之为物理模型,我们还需要引入数学语言对其进行形式化描述才能得到数学模型。

当我们采用数学模型来描述客观世界时,客观世界的问题也就转换为数学模型上的问题。通过对数学模型上问题的求解,就可能得到客观世界中原始问题的解。当然这个过程并不能保证解的正确性,仍然需要通过客观世界的验证。如果解不能反映客观真实,那么既有可能是由于数学模型上问题求解不正确导致的,也可能是由于采用的数学模型对客观世界描述不够准确所导致。

5.2.3 数学模型与计算机

数学问题的一个重要来源,就是人们在社会生活和生产实际中遇到的各种问题。人类最初的数学大致来自于土地丈量、天文历法、工程建筑和贸易的实际需要。16世纪以后,随着航海、天文学和地理学的发展,引发了一系列在理论和实践上都非常重要的课题,例如经纬度的测量,时间的准确测定,物体运动的瞬时速度,炮弹的最大射程,曲线的线长和面积,行星的运动描述,热传导规律等。这些问题导致很多重要数学分支的诞生:解析几何、微积分、级数、微分方程等。从社会实践中的问题抽象出数学问题的过程,实际上就是数学模型建立的过程。数学问题求解上的进展又会在社会实践中得到应用,从而提高人们的实践能力。因此,数学建模是实际应用和抽象数学之间的桥梁。

对很多复杂的数学问题,人们经过研究发现有些问题是没有解析解的,如五次以上高次方程;有些问题能够找到精确或者近似的解法,但在实际应用中代价过大。

第二次世界大战期间,研制和开发新型大炮和导弹的需求十分迫切,为此美国陆军军械部在马里兰州的阿伯丁设立了"弹道研究实验室"。宾夕法尼亚大学莫尔学院电子系和阿伯丁弹道研究实验室共同负责为陆军每天提供6张火力表。这项任务非常困难和紧迫,因为每张表都要计算几百条弹道,而每条弹道的数学模型是一组非常复杂的非线性方程组。这些方程组是无法求出准确解的,只能用数值方法近似地进行计算。而一个熟练的计算员计算一条飞行时间60秒的弹道要花20小时。尽管他们改进了微分分析仪,聘用了200多名计算员,一张火力表仍要计算两三个月。

这么慢的速度显然不能满足军方和战争的需求,这就成为电子计算机诞生的最重要驱动力。从1943年开始研制,到1946年2月,第一台得到实际应用的电子计算机ENIAC诞生了。ENIAC的体积约为90平方米,占地170平方米,总重量达到30吨。它拥有电子管18000个,继电器1500个,耗电150千瓦,每秒运算5000次。尽管ENIAC体积庞大,耗电惊人,运算速度也不过每秒几千次,但它已经比当时的计算装置要快1000倍,而且可以按照事先编制好的程序自动执行运算。ENIAC宣告了一个新时代的开始。[4-6]

图5.2.2中正在操作计算机的女士们可以被称为最早的计算机程序员。

对于实际问题求解的需求导致了计算机的出现和不断发展,而计算机的出现给人们

图 5.2.2　第一台通用电子计算机 ENIAC

提供了前所未有的计算能力和存储能力。这不但使人们具备了更有效的计算工具，并且推动了数学建模和计算机算法的迅猛发展。通过数学模型描述客观事物，并解决相应的数学问题成为科学研究和工程实践的有效途径，人们认识世界和改造世界的能力不断得到增强。

5.3　算法

5.3.1　什么是算法

算法描述的是解决特定问题的方法。算法的中文名称出自《周髀算经》；而英文名称 Algorithm 来自于 9 世纪波斯数学家花拉子米（al-Khwarizmi）。算法给出的不是问题的答案，而是描述如何获得答案的过程，因此算法的创意、设计、构造和分析能让人们获得解决问题的有效途径，这要比仅给出某个问题的答案重要得多。

我们在这里讨论的算法是由一系列确定性的步骤组成的，因此更为严格地说，算法是用以求解问题的有限长度的指令序列，或者说算法是特定问题的程序化解决方案。一个非常古老而经典的算法是用于求两个整数最大公因子的欧几里得算法，也称辗转相除法。

对于问题：求整数 m 和 n 的最大公因子，欧几里得算法描述如下：

（1）用 n 去除 m，将余数赋给 r；
（2）将 n 的值赋给 m，将 r 的值赋给 n；
（3）如果 $n=0$；返回 m 的值作为结果，过程结束；否则，返回第（1）步。

可以尝试用欧几里得算法来求 60 和 24 的最大公因子，按照上述步骤可以得到结果为 12。

虽然现在的算法绝大多数情况下都是通过计算机来实现的，但算法本身并不依赖于计算机。计算机只是由于其强大的计算能力和存储容量而成为算法研究和实现的最重要工具;而用计算机语言所写成的程序就成为算法最常见的载体。

著名计算机科学家、图灵奖获得者、美国斯坦福大学计算机系荣誉退休教授高德纳(Donald Knuth)在他的经典名著《计算机程序设计艺术》(*The Art of Computer Programming*)一书中,给出了算法的 5 个基本特征[7]。

有穷性:一个算法必须在执行有穷步之后就能够结束,并且其中每一步都可在有穷时间内完成;

确定性:算法的描述必须无歧义,以保证算法的实际执行结果是精确地符合要求或期望,通常要求算法的实际执行结果是确定的;

可行性:算法中描述的指令都可以通过已经实现的基本操作运算的有限次执行来实现;

输入:一个算法有零个或多个输入,这些输入取自某个特定的对象集;

输出:一个算法有一个或多个输出,输出量是算法计算的结果。

在现代社会中,算法已经成为一种一般性的智能工具,并且在绝大多数的科学、商业和技术领域都得到了广泛的应用。但算法并不能解决所有问题,例如我们无法找到一个使人生活愉快的算法,也不存在使人富有和出名的算法[10]。

5.3.2 问题与解

在为某个问题寻找求解的算法之前,我们首先关心的是问题是否有解,如果有解,解是否唯一。例如线性方程组 $Ax=b$,如果系数矩阵 A 是满秩的,则线性方程组有唯一解;如果系数矩阵 A 是缺秩的,那么线性方程组可能有无穷多个解,也可能没有解。采用随机访问的方式遍历一个数据集合,会得到很多个不同的数据序列;但是对一个给定的实数序列进行排序的结果是唯一的。因此,对于待求解的问题,解的存在性和唯一性是我们在设计具体的求解算法之前就需要关心的问题。

我们用计算机处理和解决的问题一般可以分为两类,分别是数值问题和非数值问题。用于求解数值问题的算法称为数值算法,这个学术方向也称为数值分析或者科学计算;而用于求解非数值问题的算法称为非数值算法。

典型的数值问题包括求解线性方程组、非线性方程、拟合和插值、矩阵运算、数值微积分和很多规划问题。这类问题的解空间是连续的,一般是 n 维实数空间 $\mathbb{R}^n$ 或者是其子集 $S \subseteq \mathbb{R}^n$。这些问题中很多要么不存在解析解,要么求解过程的代价很大,因此利用计算机实现数值算法进行求解就成为最有效的手段。为了提高计算效率,在计算机上建立模型或者求解过程中需要控制复杂度,这就会引入"截断误差",例如利用台劳展开时往往会截取到一阶导数项或者二阶导数项,而把更高阶的项直接丢弃。除此之外,计算机是一个离散的数字系统,其中能表示的数是非常有限的,因此在数值问题的描述和求解过程中总是需要用计算机能表示的数值近似替代实际的数值,这就引入了"舍入误差"。截断误差和舍入误差都是导致计算误差的原因,除了计算误差外,误差还会在计算过程中传递,称为传播误差。因此计算机用于描述和求解数值问题时，误差成为难以回避的关键问题。我们很少有机会利用计算机求得问题的精确解，而是只能满足于得到一个误差足够小的近似解。

对于数值问题，我们还很关心问题的病态性。一个数值问题被称为病态的，是指当问题对于输入参数非常敏感，只要输入参数有微小的变化时，问题的解就会发生非常大的改变。例如对于线性方程组：

$$\begin{cases} x + \alpha y = 1 \\ \alpha x + y = 0 \end{cases}$$

当 $\alpha = 1$ 时，问题无解；当 $\alpha \neq 1$ 时，解为：$\begin{cases} x = 1/(1-\alpha^2) \\ y = -\alpha/(1-\alpha^2) \end{cases}$。因此当 $\alpha \approx 1$ 时，问题的解就对 α 的取值非常敏感，例如当 $\alpha = 0.999$ 时，$x = 500.25$；而当 $\tilde{\alpha} = 0.998$ 时，$\tilde{x} = 250.25$；问题的参数值变化了千分之一，解的数值就随之变化了一倍。因此，当 $\alpha \approx 1$ 时，这个线性方程组是病态的。

由于计算机表示数值问题时，误差是不可避免的，而病态问题的解是不可信的。我们还可以进一步定义数值算法的病态性。但值得注意的是，如果一个数值算法不是病态的，我们有可能通过寻找更稳健的算法来得到可靠的解；但如果一个数值问题是病态的，那无论采用什么算法，都不能改善其病态性。

虽然计算机的发明首先来自数值计算的迫切需求，但由于计算机同样具有出色的逻辑运算和符号计算的能力，因此计算机已经越来越多地被用来解决非数值问题，包括描述集合、线性表、树和图等数据结构及其操作，查找和排序，以及各种组合优化问题。

尽管非数值问题的解空间也可以很大，但可行解一定是离散的，非数值问题的求解实际上是符号运算的过程。因此在使用计算机来表示和求解非数值问题时，一般来说误差不是关键问题。

数值问题和非数值问题具有不同特性，因此在求解时关注点也有所不同。然后在解决很多实际问题时，其求解方案中可能既有数值的部分，也有非数值的部分。这既说明了实际问题的复杂性，也提醒我们需要对这两类问题都有深刻的理解。

5.3.3 算法的分析与评价

解决一个问题可以采用很多种不同的算法，那么如何评价这些算法呢？算法最主要的评价标准有两个，其一是正确性，其二是算法效率。

算法要求对于符合条件的输入，能够得到符合预期的正确结果。这是对算法正确性的基本要求，但是这个看似简单的要求并不容易满足，因为一个算法对某些输入数据得到结果正确并不能保证它对于所有输入数据都能得到正确的结果，而要对所有符合条件的输入数据都进行测试是不现实的。因此我们希望通过一些精心选择的、典型、苛刻且带有刁难性的输入数据来对算法进行正确性测试。而对算法更高的要求是，如果输入不符合条件,算法要能够妥善应对,特别是不能因为对输入数据的可能性考虑不周而引起程序崩溃,这样的算法才是稳健的。因此算法的正确性和稳健性测试是一项重要的、有很大难度的专门性工作。

需要与算法的正确与否严格区分的是精确和近似算法。能够得到问题精确解的算法就是精确算法,但在很多情况下得到问题的精确解或无可能或无必要,这时我们往往会采用近似算法。这其中又分为两种类型,其一对数值问题,如解方程组,求定积分,矩阵分解,函数插值和逼近等,这类问题研究的是连续性对象,问题的解也往往具有连续性,因此算法的目标就是给出符合精度要求的近似解。其二是有一些非常困难的问题,得到精确解的时间或者资源代价过高,如经典的旅行商问题(TSP)和图着色问题。因此在工程实践中,对于这类问题,我们通常满足于通过一个效率较高的近似算法得到原问题的次优解。

对于近似算法,在算法设计时就确定了算法求解的目标是能够满足需要的近似解。只要达到了预期的要求,近似算法就是正确的。这与由于算法设计和实现上的错误,导致输出结果不正确是完全不同的。

正确的算法并不一定就是好算法。算法评价的另一个重要标准是算法的效率,包括算法的时间效率和空间效率,即执行算法获得正确结果所需要耗费的时间和空间资源。尽管计算机所拥有的计算能力和存储能力增长非常迅速,但是算法的作用仍然不是计算机硬件性能提升所能替代的。我们用下面这个例子来说明算法效率的重要性。

排序是非常重要的基本算法,应用极为广泛。在基于比较的排序算法中,插入排序是一种时间效率较低的排序方法,它的执行时间与待排序序列规模 n 的关系为 $C_1 n^2$;而归并排序是一种时间效率较高的排序方法,它的执行时间与待排序序列规模 n 的关系为 $C_2 n \log n$;我们分别用运算速度不同的两台计算机 A 和 B 来运行这两种算法,具体情况如下:

排序方法	时间复杂度	系数取值	运行速度
插入排序	$C_1 n^2$	$C_1 = 2$	计算机 A:10^9
归并排序	$C_2 n \log n$	$C_2 = 50$	计算机 B:10^7

计算机 A 的运行速度是计算机 B 的 100 倍,我们用速度较快的计算机 A 来执行效率较低的插入排序算法,而用速度较慢的计算机 B 来执行效率较高的归并排序算法。我们希望通过这组实验来观察算法的效率和计算机的运行速度,分析在算法的实际执行中影响更大的因素。我们分别对序列规模为 10^4、10^6 和 10^7 的两个序列进行对比实验,结果如下:

排序方法	序列规模 $n=10^4$		序列规模 $n=10^6$		序列规模 $n=10^7$	
	指令数	运行时间	指令数	运行时间	指令数	运行时间
计算机 A 运行插入排行	2×10^8	0.2s	2×10^{12}	2000s	2×10^{14}	2.3day
计算机 B 运行归并排行	6.64×10^6	0.66s	10^9	100s	1.17×10^{10}	20min

可以看到,对于规模为 10^4 的序列,B 的运行时间约为 A 的 3.3 倍,但耗时都不到 1s;但随着序列规模的增大,B 采用高效算法的优势开始表现出来。对于规模为 10^6 的序列,A 的运行时间是 B 的 20 倍;对于规模为 10^7 的序列,A 的运行时间是 B 的 171 倍。因此,算法的作用要远远超出不同计算机硬件之间的性能差异,并且当处理问题的规模越大时,算法的作用会体现得越明显。而在当今这个数据爆炸的时代,算法处理的问题的规模在迅速膨胀。这也是算法的效率非常重要的原因。

5.3.4 算法的实现方式

算法的分类方式很多,根据算法的实现方式就可以有很多分类。

递归与迭代:递归是不断调用自身直到满足终止条件的算法实现方式,递归由于其易于理解和实现方便得到了广泛的应用。迭代是通过构造重复结构来求解问题的算法实现方式。人们有时希望通过实现递归算法的非递归化来提高算法的时间和空间效率,而引入迭代是消除递归的重要方式。我们前面提到了用于求解两个整数最大公因子的欧几里得算法,既可以用递归算法实现,也可以采用非递归的迭代算法来实现。

串行、并行和分布式算法:在一般的算法设计中都假设指令会被逐条执行,这样的算法称为串行算法,适合在顺序执行指令的计算机上运行。如果一台计算机可以有多个处理器同时处理一个任务,我们就可以设计相应的并行算法,通过同时利用多个处理器的计算能力来缩短算法的执行时间。如果存在用网络连接的多台计算机,我们就可以设计分布式算法来使这些计算机协同处理一个任务,Google 采用的搜索引擎算法就是典型的分布式算法。对于并行算法和分布式算法来说,不仅要考虑多台计算机和多个处理器的任务分配,还需要考虑计算机之间,以及处理器之间的通信和协同问题。

5.3.5 常用的算法设计思想

算法是求解问题的方法,因而算法设计就是寻找适合求解特定问题的有效策略。设计一个正确而高效的算法往往是一件困难的事情,因为没有办法告诉人们对于一个新的问题,如何才能设计出最合适的算法。因此算法的设计是一个创造性的过程,优秀的算法往往也是经过长期努力不断优化才得到的。排序、查找和模式匹配这些经典问题的算法发展历程就清楚地表明了这一点。

经过学者们长期不懈的努力,算法设计的技术体系逐步形成。这些算法设计技术已经成为计算机科学的核心内容,对于我们寻找解决问题的策略并进行优化具有重要的价值。常用的算法设计技术包括蛮力法、分治法、变治法、动态规划、贪心算法、线性规划、搜索算法和随机算法,我们在这里只进行简要的介绍。

蛮力法,顾名思义,就是不采用任何技巧,基于问题的描述简单直接地解决问题的方法。例如在求两个整数 m 和 n 的最大公因子时,可以连续检测从 2 到 m 和 n 中较小者,从所有可以同时整除 m 和 n 的数选出最大的,即为 m 和 n 的最大公因子。又如传统的百元买百鸡问题:公鸡每只 5 元、母鸡每只 3 元、小鸡 3 只 1 元,百元买百鸡,问共有多少种买法?根据百元最多可以购买的公鸡、母鸡和小鸡数目,穷举所有可能的组合,寻找满足百鸡约束的方案。这种穷举的方法就是一种典型的蛮力法。一般来说,蛮力法的效率相对较低,但是蛮力法仍然是一种非常重要的算法设计技术。这是因为首先蛮力法的思路很直接,实现简单,也容易被理解,往往可以作为求解问题的基本方案,并用于衡量其他方法的正确性和效率。其次,对于一些规模较小的问题,花费很大精力去研究高效算法也许并不值得,这时采用蛮力法是一种很经济的做法。

分治法:这可能是最著名的算法设计技术,基本思想是把问题的一个实例分解成为属于同一问题的若干个规模较小的实例,重复这个过程直到规模较小的实例很容易求解,然后通过合并这些规模较小的实例来得到原始问题的解。分治法的例子很多,如快速排序、二叉树遍历等。有一类较为简单的分治法称为减治法,是指把问题转化为规模较小的子问题,通过求解子问题来得到原问题的解。分治法一般会把一个规模较大的问题分解成为若干个规模较小的问题进行求解;而减治法直接降低了问题的规模,问题的个数仍然是一个。减治法的典型例子是二分查找,读者可以通过这个例子来体会减治法和一般分治法的区别。

变治法:其基本思路是把一个求解困难的问题转换成为一个有已知解法的问题,并且这种转换的复杂度不超过求解目标问题的算法复杂度。如堆排序算法,将一个针对待排序序列的排序算法转化为先将这个待排序序列构建成最大堆,然后逐个输出堆顶元素的过程。又如查找问题,一种典型的动态查找算法是根据数据先构建出一棵查找树,然后在查找树上实现快速查找。

动态规划:这是一种求解多阶段决策过程最优化问题的通用方法,是在 20 世纪 50 年代由美国数学家 Richard Bellman 发明的。问题的整个过程被划分为若干个阶段,在每个阶段都需要做出决策从而进入下一个阶段。适于用动态规划求解的问题是由相互交叠的子问题组成的。如果这样的问题满足最优子结构和无后效性,采用动态规划求解就一定可以得到问题的最优解。著名的背包问题就可以采用动态规划算法求得最优解,用于卷积码最大似然译码的 Viterbi 算法和求解图的全源最短路径的 Floyd 算法都是动态规划的典型例子。

贪心算法:与动态规划一样,贪心算法也是用于求解多阶段决策问题,但是贪心算法在每个阶段只根据当前情况作出局部最优的决策,并不考虑解的全局最优性,这也是贪心算法得名的原因。贪心算法最著名的例子是找零问题,这是一个大家日常生活中经常遇到的问题。贪心算法具有很高的效率,但不能保证得到的解是最优解。但有一些问题确实存在能够得到最优解的贪心策略,如求图的最小生成树的 Prim 算法和 Kruskal 算法,寻找最优编码的 Huffman 算法。

线性规划:这是一种解决多变量最优决策的典型方法,一般是在一组不等式约束下对一个线形目标函数求最优解。典型的线性规划问题有生产计划安排、货运方案问题等;求有向图的最大流也是线形规划问题。线形规划问题的典型求解方法是单纯形法和内点法。

搜索算法：对于组合优化问题，可行解的集合可以用确定的解空间来描述，因此按照某种规则在解空间中进行搜索可以求解这类问题。搜索算法又可以分为遍历算法、回溯算法和分支界限法。对于很多问题，解空间的规模都相当大，因此如何提高搜索效率就成为提升算法性能的关键。我们希望能够找到有效的方法，在保证最优解存活的基础上通过剪枝以尽量减少对搜索空间不必要的访问。启发式搜索算法则希望通过对问题的理解、背景知识的利用和一些特殊的技巧，在较低的复杂度下得到问题的最优解或者次优解。虽然启发式算法并不能保证解的质量和求解效率，但在处理很多实际问题时，好的启发式算法确实在这两个方面都表现出了优异的性能。

随机算法：随机算法希望在求解问题的过程中引入了随机性的选择，并且正是随机性的引入使我们有可能实现更好的性能。例如在快速排序中，划分元素是随机选择得到的，这使得快速排序在所有基于比较的排序方法中平均时间复杂度最低。这是舍伍德算法（Sherwood Algorithm）的一个例子。典型的随机算法还有拉斯维加斯算法（Las Vegas algorithm）和蒙特卡罗方法（Monte Carlo algorithms）。

时空平衡技术：在设计和优化算法过程中，时间效率和空间效率有时会成为一对矛盾，也就是说我们可以通过牺牲空间效率来提高时间效率，或者通过牺牲时间效率来提高空间效率。一个典型的例子是散列，在散列中我们建立了从关键字到存储地址的映射，并通过冗余的表空间来处理冲突，以降低空间效率来换取查找操作较高的时间效率，很好地反映了时空平衡的思想。在一些对时间效率要求很高而空间资源相对宽裕的场合，我们常常会利用查表法来满足应用需求，采用的是空间换时间的思想。

预构造技术：即为了后续操作的方便和高效，预先将数据构建成某种结构形态。例如，在动态查找算法中，可以将数据元素组织成二叉搜索树、B-树或红黑树等多种查找树，通过数据的逻辑结构体现数据之间的部分有序性，使得后续查找和维护操作都比较方便。另一个非常重要的例子是在搜索引擎中，为了对用户的搜索请求给出迅速而正确的回复，在网页搜寻和处理阶段就需要构建倒排索引，倒排索引是搜索引擎最重要的基本技术。

输入增强技术：在算法正式执行之前，我们可以对输入数据进行预先的处理，使得算法在实际执行过程中由于能够充分利用输入数据的特性从而取得更高的效率。例如，在字符串模式匹配中，KMP 算法和 Boyer-Moore 算法都是通过对子串进行预处理来把握子串的特性，并利用这种特性来提升算法的时间效率，这就是输入增强技术。

时空平衡技术、预构造技术和输入增强技术都是典型的算法优化技术。

值得注意的是，不同的算法设计和优化技术之间并不是泾渭分明的。例如，我们在待查找的数据集上建立二叉搜索树、B-树或红黑树等动态查找结构，高效率地实现查找和维护数据集等操作。这样的做法既可以认为是采用变治法的思想，也可以认为是引入了预构造技术。算法设计和优化技术是人们对长期以来形成了设计方法和优化思路经过总结归纳形成的一个体系，帮助我们在面对新的问题时有可能借助这些已有的算法设计思想找到好的解决方案，但同时我们也不能被现有的体系所束缚，算法设计和优化是一个非常需要创新性思维的研究领域。

5.4 数据与算法的相互作用

数据与算法是什么关系呢？数据是客观世界的描述，是信息的载体，是算法的处理对象；算法是解决问题的方法和步骤，是处理数据的系统。因此数据与算法的关系，本质上是信息载体与系统的关系。

今天，信息已经和物质、能源一起成为人类社会的三大基石。然而信息不能独立存在，必须要依附于某种载体；电势、比特和各种信号都可以是信息的载体。数据的广泛性使其成为信息最重要的载体。算法是处理数据的系统，按照数据形式、规模以及需求的不同，我们可以设计各种不同的算法来处理数据。

人类从自己的感知来感受，了解和认知我们所处的世界，因此科学的发展具有很强的经验主义传统。由于经验知识往往是零散而不完善的，因此在相当长一段时间里根据逻辑规则进行演绎成为数学研究的主要方式，人们试图构造出完美的公理系统。但是哥德尔不完备定律则证明这样的努力不可能取得成功。仅仅依靠演绎对于科学的发展是不够的，直觉和实验是引发科学猜想的重要源泉。特别是随着计算机的发展，计算和模拟在科学研究中的地位越来越重要。

基于这个认识，科学研究的一般方法如图 5.4.1 所示。

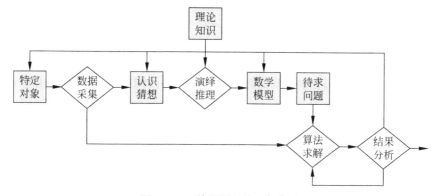

图 5.4.1　科学研究的一般方法

人们通过对客观世界中的特定对象的观察，或者设计各种特定的实验来采集数据。在这些数据的基础上形成对特定问题的认识和猜想，根据人们已经掌握的理论知识，经过演绎推理形成数学模型，同时现实问题也被抽象成为数学模型上的待求问题。设计相应的算法来求解这些问题，对求解得到的结果进行分析，判断是否符合实际情况，如果不符合，可能是对特定对象的认识和猜想有不正确的地方，也可能是没有形成足够好的数学模型，或者求解的算法存在问题；经过反馈验证，调整数学模型和求解算法，最终得到满足要求的结果。

在这个迭代过程中，数据包含了客观事物的信息，是算法处理的对象；算法是人们设计的处理数据的方法，包含了人们对数据和问题的认识和猜想。同时，算法的设计和优化必须充分考虑到数据的性质和存在形式。不了解和利用数据的特性,不可能找到最有效的算法。这很好地体现了数据和算法之间相互作用的关系。

当人们面对的数据很少时,人们通过自身的观察和认知能力,以及对小规模数据的观察、分析和思考,来探寻其中蕴含的规律和知识。但随着数据规模越来越大,数据中蕴含的规律越来越复杂,人们仅依靠自身的能力往往不足以形成有效的认知。因此,在数据爆炸的今天,海量数据的处理能力对人类提出了越来越大的挑战。

随着社会的进步,人们对于人工智能给予了更多的关注。机器是否能具有智能? 人造的机器能够比人更聪明吗? 影响较大的尝试有 IBM 的深蓝、沃森(Waston)以及 Google 的 AlphaGo。

深蓝是一台 32 节点的 IBM RS/6000 SP 计算机,运行 AIX 操作系统,专为国际象棋设计,拥有强大的计算能力,每秒可检查超过 2 亿个棋步。1996 年 2 月 10 日,深蓝首次挑战卡斯帕罗夫,但以 2∶4 落败,1997 年 5 月,改良后的深蓝再次挑战卡斯帕罗夫,以 3.5∶2.5 击败卡斯帕罗夫,成为首个在标准比赛时限内击败国际象棋世界冠军的计算机系统。卡斯帕罗夫与深蓝对阵的第 6 局如图 5.4.2 所示。

图 5.4.2　卡斯帕罗夫与深蓝对阵的第 6 局

沃森,拥有 90 个 IBM 处理器,是首台由标准服务器构成的超级计算机(4 路 8 核 32 线程 3.5GHz 处理器,共 2880 核),拥有 16TB 的存储容量,以 IBM 创始人托马斯·沃森命名。《危险边缘》($Jeopardy$)是美国著名的智答竞赛节目,其问题设置的涵盖面非常广泛,涉及历史、文学、艺术、流行文化、科技、体育、地理、文字游戏等各个领域。2011 年 2 月 14 日到 16 日,沃森与《危险边缘》这个节目历史上最成功的两位传奇选手肯·詹宁斯和布拉德·鲁特展开了公开对决,结果沃森以大比分获胜,如图 5.4.3 所示。

AlphaGo(阿尔法围棋)是 Google DeepMind 开发的人工智能围棋程序。2015 年 10 月,AlphaGo 在五番棋比赛中以 5∶0 战胜了欧洲围棋冠军华裔法籍棋士樊麾二段。2016 年 3 月,AlphaGo 以 4∶1 战胜了顶尖职业棋手李世石,成为第一个无须让子而击败围棋职业九段棋士的计算机围棋程序,如图 5.4.4 所示。2017 年年初,AlphaGo 化名为 Master 在网络上取得对职业顶尖棋手的 60 连胜。2017 年 5 月,AlphaGo 以 3∶0 战胜世界排名第一的中国围棋选手柯洁。

图 5.4.3 机器智能系统 Waston 在《危险边缘》中击败人类选手

图 5.4.4 AlphaGo 在五番棋中战胜世界冠军李世石

以上三个例子说明了人类在人工智能领域取得的辉煌成就。在国际象棋、智力问答和围棋这三个特定领域,人们针对数据的表示和存储,针对特定目标的算法进行了大量的研究工作,使得在这三个任务上数据和算法之间达到十分融洽的程度。在这三个特定场景下,数学模型被精心的设计和建立起来,数据的表示和存储最便于被算法所处理,信息也能以最有效的方式被提取;同时一系列针对性的高性能算法被设计和优化,这些是深蓝、沃森和 AlphaGo 取得成功的根本原因。这样的例子还有很多,例如已经成为人们最重要信息来源的搜索引擎,试图将地球上大部分人都纳入其中的社交网络(SNS)。但是这些成功并不意味着机器已经比人更聪明,针对特定应用,经过特殊优化的计算机系统表现出来的能力,还不足以推广到一般情形。何况,即使是在比赛中获胜的沃森,也犯了一些在人看来不可思议的低级错误。因此,今天的机器,无论多么先进,都还远不足以拥有真正的智能。但这些成功案例让我们看到,数据和算法的完美融合,将会迸发出多么巨大的威力。人工智能技术研究的目的,并不应该是让机器取代人,而是看到机器和人类各自的优势和特点,从而充分地发挥机器的特长和能力,来更好地为人类服务。

作为客观事物符号表示的数据,是信息的载体;解决特定问题策略的算法,是处理数据和信息的系统。因此数据与算法,反映了信息载体与系统的相互作用。数据会具有更加多种多样的呈现形式,算法也可以组合形成更复杂的集成系统。数据与算法的关系,体现了人类不断探索、实现认知的发展历程。每个人在工作和个人生活中,时时刻刻都能看到数据的身影,也随处可见算法的智慧。随着社会的信息化,面对触手可及的数据浪潮,人类已不仅在使用算法工具,有时人类自身也已经开始成为算法的一个部分,例如:Google 的 PageRank 算法在进行搜索结果排序时就会考虑外部链接的数量和质量,通过群体的协作实现更准确的评价;同时使用搜索引擎的用户点击又成为 Google 优化搜索引擎性能的有效信息。又如,在简单的协作和分享的机制下,维基百科取得了出乎很多人意料的成功,让更多的人参与进来,他们既是知识的提供者,又是知识的使用者,角色的模糊造成了信息流动的更复杂模式。时代在发展,人们对于数据与算法的认识还在不断进化,新的模式也需要用新的数学模型来描述。但毫无疑问,这是一个对人类生活有着巨大影响的前进方向。

参考文献

[1] Huggins J S. How Much Data Is That? http://www.jamesshuggins.com/h/tek1/how_big.htm.
[2] Smith B. Care for a Byte-Explaining Bits, Bytes and More. http://www.digital-photography-school.com/care-for-a-byte-explaining-bits-bytes-and-more.
[3] 莫里斯·克莱因. 古今数学思想. 张理京,张锦炎,江泽涵,译. 上海:上海科学技术出版社,2002.
[4] Weik M H. The ENIAC Story. Ordnance Ballistic Research Laboratories. Aberdeen Proving Ground,MD.
[5] Winegrad D, Akera A. A Short History of the Second American Revolution. http://www.upenn.edu/almanac/v42/n18/eniac.html.
[6] 张凤雏. 电子计算机之父——冯·诺依曼(上). 中国计算机报:1999,305(05)[1999-02-03].
[7] Knuth D E. 计算机程序设计艺术. 北京:人民邮电出版社,2010.
[8] Sedgewick R. C++算法——图算法. 林琪,译. 北京:清华大学出版社,2003.
[9] Sedgewick R. 算法Ⅰ-Ⅳ(C++实现)——基础、数据结构、排序和搜索. 张铭泽,赵剑云,等译. 北京:清华大学出版社,2004
[10] Levitin A. 算法设计与分析基础. 潘彦,译. 北京:清华大学出版社,2004.
[11] Cormen T H. Introduction to algorithms. Second Edition. MIT Press,2001.
[12] 朱明方,吴及. 数据结构与算法教程. 北京:人民邮电出版社,2011.
[13] 朱明方,吴及. 数据结构与算法. 北京:清华大学出版社,2010.
[14] 殷人昆,等. 数据结构(用面向对象方法与C++语言描述). 北京:清华大学出版社,2007.
[15] 朱明方,吴及. 数据结构教程. 北京:机械工业出版社,2007.
[16] Heath M T. 科学计算导论. 张威,贺华,冷爱萍,译. 北京:清华大学出版社,2005.
[17] 严蔚敏,吴伟民. 数据结构(C语言版). 北京:清华大学出版社,1996.
[18] Newborn M. 旷世之战——IBM深蓝夺冠之路. 邵谦谦,译. 北京:清华大学出版社,2004.
[19] 新浪科技. IBM沃森超级电脑人机对战专题. http://tech.sina.com.cn/d/IBMWatson/,2011.
[20] 新浪科技. 谷歌人工智能破解围棋比赛. http://tech.sina.com.cn/d/AlphaGo/,2011.

第 6 章 通信与网络

作者简介

王昭诚,清华大学长聘教授,IEEE Fellow/IET Fellow,科睿唯安全球高被引学者。1996—1997 年,在新加坡南洋理工大学做博士后研究;1997—1999 年,在新加坡 OKI 技术中心任职;1999—2009 年,在德国 SONY 欧洲研发中心任职;2009 年 4 月受聘为清华大学教授。研究方向为毫米波通信、无线光通信和人工智能,主持 973 课题、863 课题和自然科学基金等项目;授权欧美发明专利 46 项(23 项为第一完成人),授权中国发明专利 45 项,多项授权欧美发明专利已被国际标准采纳;发表 SCI 论文 150 余篇,出版 Wiley 专著 2 部;被 Web of Science 引用 6000 余次、被 Google Scholar 引用 11000 余次;曾获国家科学技术进步奖一等奖、IEEE Transactions on Broadcasting 年度唯一最佳论文奖、Electronics Letters 年度唯一最佳论文奖、IEEE Journal on Selected Area in Communications 年度唯一最佳论文奖、ICC2013/ICC2017 最佳论文奖等荣誉。

第 6 章 通信与网络

本章阐述通信与网络的基本概念与应用实例,帮助同学们了解该领域的主要知识点,梳理与通信和网络相关重要课程之间的相互关系,以期达到更好把握知识脉络的目的。

首先介绍信息的基本概念;然后,分析信息在传输过程中所需要进行的调制和解调、信源与信道编码等常用处理方式,进而讨论通信系统的组成及基础理论;最后,阐述信息交换的基本概念,并以 Internet 为例进行说明。

6.1 概述

本节主要包含三部分内容:一是信息的基本内涵;二是在通信范畴中传输的概念,即如何可靠地进行信息的传输;三是网络范畴里交换的概念,即如何高效地完成信息的交换。

在阐述信息的基本内涵之前,先来认识一下基本概念对于科学研究的重要性。在物理学发展史上,安培、高斯和法拉第分别发现和定义了电场和磁场之间的一些相互作用,例如安培环路定理、法拉第电磁感应定律等,这些工作都揭示了尽管电场和磁场是两个不同的东西,但他们之间有相互作用,存在相互影响。在前人工作基础上,麦克斯韦将安培、高斯和法拉第等提出的四个看起来不相关的定律有效地结合在一起,认为电场和磁场是物质统一体,变化的电场产生磁场,变化的磁场产生电场,也即我们常说的"电生磁、磁生电"。由于这个概念的突破,麦克斯韦于 1861 年统一了上述四个公式,完善了电磁场理论(图 6.1.1),并且在安培环路定理中引入位移电流的概念,使得电场和磁场得到了全面的统一,电场和磁场是物质统一体这个概念的引入也奠定了现代工业社会和信息化社会的基础。这个例子充分说明了基本概念在科学研究中的重要性,深入明确基本概念,也就抓住了所分析问题的主要矛盾。

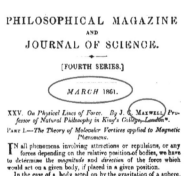

图 6.1.1 麦克斯韦及其提出的电磁场理论

因此,在本章节的学习中,会重点阐述信息、通信和网络中的一些基本概念,并分析在通信与网络中需要解决的主要问题。

6.1.1 信息的内涵

香农于1948年在他的经典论文《通信的数学理论》中明确指出:"信息是用来消除随机不确定性的东西",如图6.1.2所示。例如,甲打电话询问乙是否吃过饭,在打电话之前,他并不知道乙的吃饭情况,即这件事存在不确定性。如果乙在电话中说他已经吃过了,那么这件事的不确定性就消除了,即乙通过电话将此信息传递给了甲。

 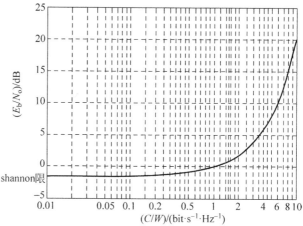

图 6.1.2 香农理论

当然,信息传递需要通过一定的途径来进行,在这个过程中我们有两个问题要讨论,一是如何进行可靠地传输,二是如何进行高效地交换,这就涉及通信和网络的核心概念。信息从一点到另一点的传递过程属于通信传输范畴,可靠传输是其中的一个核心问题,存在一系列的基本理论及方法来解决这一问题;而网络本身是由各个节点相互连接构成的,如何通过协议来实现高效交换是另一个需要探讨的核心问题。

6.1.2 典型系统介绍

根据传输媒质的不同,通信一般分为有线和无线两种,不同的传输方法都会有相关的理论来支持,对应于将来会学到的不同课程。双绞线和光纤是我们在日常生活中常见的有线通信媒质,其中光纤通信由于其信道容量高而被广泛应用于骨干网中。光纤通信的基本原理是光纤核与包层的折射率不一样,因而存在一个临界角,如图6.1.3所示,光沿此角度入射,就会发生全反射,理想情况下没有能量损失。因此,光在光纤中可以传输很长距离,这就使得远距离、大容量光纤通信成为可能。光纤的发明人之一高锟教授于 2009 年获得了诺贝尔物理学奖,他曾经在清华大学电子工程系工作和生活。

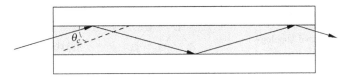

图 6.1.3　光的全反射

无线通信的环境相对复杂一些,由于信号在空间传输需要占用一定的频谱资源,其典型的频谱划分如图 6.1.4 所示。

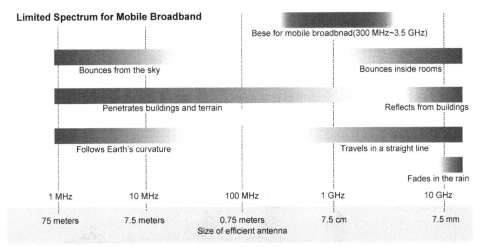

图 6.1.4　无线频谱

在进行无线通信时,承载信号的电磁波需要通过天线辐射出去,尽管天线的设计形式多种多样,但其尺寸基本上与电磁波半波长长度相关。在低频段,电磁波的波长较长,因此天线的尺寸也较大,但其绕射能力强,即使收发双方之间不存在直射路径,也可以进行信息传输,这在一些特定领域(如国家战略核潜艇通信等)有很大的实际应用价值。当频谱达到毫米波频段时,波长较短,因而天线尺寸也会较小,但此时电磁波的衰减较大,无法穿透建筑物,应用场合受限。

网络由很多节点(两个节点之间可以互连、也可以不连)和可连接的边组成。严格来讲,网络可以用四个基本要素来定义:节点、连接、拓扑结构和算法。网络的拓扑结构可以有很多种,例如,星状结构、环状结构、树状结构和 Mesh 结构等,如图 6.1.5 所示。一般而言,由于网络中节点众多,不可能保证每一对节点对之间都直接互连,大家可以共享一些基本链路。

无论是在实验室中由几台机器组成的简单局域网,还是人体本身构成的复杂网络,虽然形式各异,但是它们的核心都是高效交换。目前,物联网已成为新兴的研究热点,它是由传感器网络和其他网络相互作用、融合而形成的异构网络,如图 6.1.6 所示。可以看到

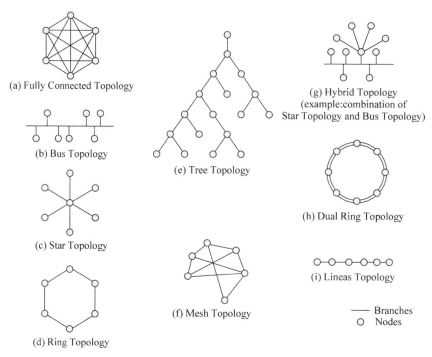

图 6.1.5 一些常见的网络拓扑结构

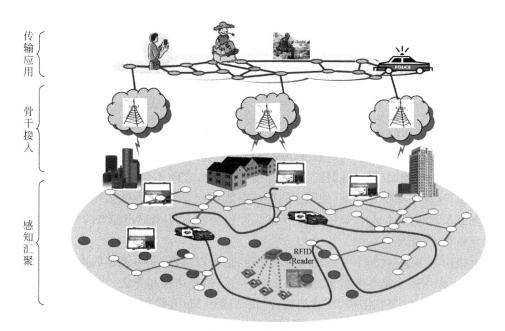

图 6.1.6 物联网

底层由一些基本的传感器网络实现感知汇聚，而骨干接入网络就是现在常用的一些网络，包括无线网、电话网、卫星网等，最上层实现各种应用。物联网的出现极大丰富和便利了人们的日常工作、生活以及自身健康。

6.2 信息的传输

6.2.1 通信系统的组成

通信按照信号形式可以分为模拟通信和数字通信两种，模拟通信中最重要的是变换的概念，而数字通信强调的是抽样的概念。通信技术自诞生以来发展非常迅速。如前所述，1861年麦克斯韦发表了电磁场理论，1876年贝尔发明了电话，1896年马可尼首先实现了无线电的跨洋传输，1936年实现了调频传输，1937年第一次产生了数字通信，1938年发明了电视，1940年由于战争的需要制造了雷达，1948年晶体管出现，1957年第一颗人造卫星飞入太空，继而1958年通信卫星发射成功，1960年有了激光，1961年实现了集成电路，20世纪70年代至80年代光纤和卫星投入商用，从此进入了一个通信和网络大发展的阶段。

简单地说，通信系统包含信源、变换器、信道、反变换器和信宿等部分，如图6.2.1所示。信源是指产生图像、声音等信息的实体；变换器的作用是把信源发出的消息变换成适合在信道传输的信号；信道是信号的传输媒介，如有线信道、无线信道等，其中可能会存在各种干扰和噪声；反变换器完成变换器的反过程，把经信道接收的信号变回原信息；信宿是该信息的接收者。

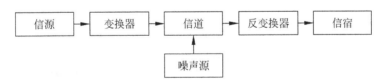

图6.2.1 通信系统的组成

在通信过程中，各种各样的噪声及干扰是无处不在的，可靠、鲁棒地接收信号是通信系统的基本要求。在通信系统中，会涉及时间和频率的概念。时间是我们日常生活中非常熟悉的，频率则是为了分析问题需要而定义的另一种信号表现形式，将一个随时间变化的信号经过傅里叶变换就可以得到其相应的频率域信号形式，如图6.2.2所示。

图6.2.2中，$x(t)$是矩形方波信号，$\omega=2\pi f$，f是频率。可以看到，在时域有限长的方波信号变换到频域却几乎占用了整个频带，由于实际的频率资源有限，因此实际通信系统传输的信号必须限制带宽（限带），这就意味着信号在时域上不能是矩形波。

模拟通信是指在传输过程中信号在时间和幅度上都是连续的，其典型框图如图6.2.3所示。由于模拟通信的频谱利用率不高，在目前的通信系统中已很少使用。现在，所需传输的信息一般都会经过采样和量化等数字化处理，变成数字信号，数字信号在时间上和幅度上都是离散的。相对于模拟信号而言，数字信号抗干扰能力较强，无噪声积累，便于和

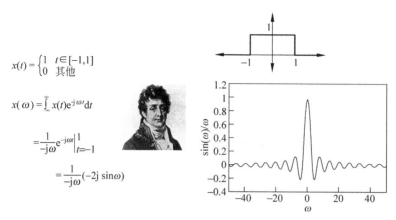

图 6.2.2 傅里叶变换

计算机连接以及加密。相应地,数字通信系统框图如图 6.2.4 所示。数字通信系统的性能通常用信息传输速率、频带利用率和误码率来衡量。信道中信息传输速率是以每秒钟所传输的信息量来衡量的,单位是比特每秒;频带利用率是指单位频带内的信息传输速率;误码率则是指在传输过程中发生误码的码元个数与传输的总码元数之比。

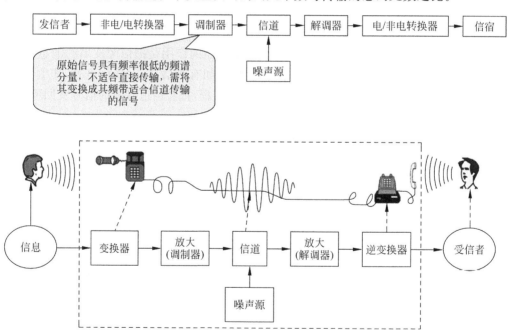

图 6.2.3 模拟通信系统框图

如前所述,由于时域上的矩形波在频域上占满了整个频段,在实际中是无法应用的,需要进行限带,限带后的时域波形如图 6.2.5 左图所示。我们通常用"眼图"的概念来评价接收信号的质量。将接收到的信号按照符号周期重叠相加在一起,可以得到如图 6.2.5 右图所示形状,通常定义为眼图。通过眼图我们可以了解信号的码间串扰、定时抖动等特征,而"眼皮"张开最大的地方即为最佳判决点。

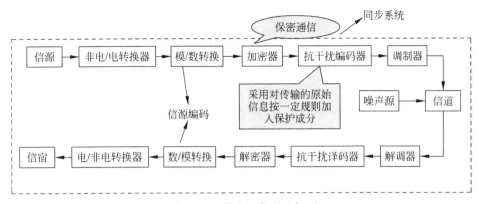

图 6.2.4 数字通信系统框图

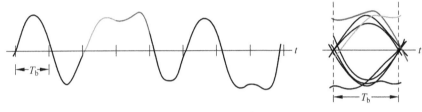

图 6.2.5 眼图

数字通信系统中一般都会存在将模拟信号进行采样变为数字信号的过程,如何采样才能使得接收端在恢复出原来的模拟信号时无失真呢? 这就会涉及著名的奈奎斯特准则,若信号的带宽为 W,则采样率需要不低于 $2W$ 才能实现无失真采样。基于此而实现的脉冲编码调制(PCM)是最早出现的数字通信方式之一,一般用于语音通信,其系统框图如图 6.2.6 所示。

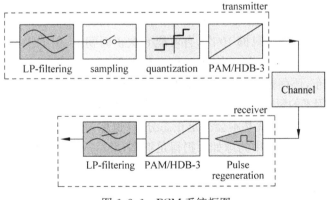

图 6.2.6 PCM 系统框图

需要指出的是,在 PCM 系统对语音信号进行采样时,常采用 A 率和 μ 率的非线性量化,来降低整个系统的量化噪声影响,非线性量化函数示例如图 6.2.7 所示。

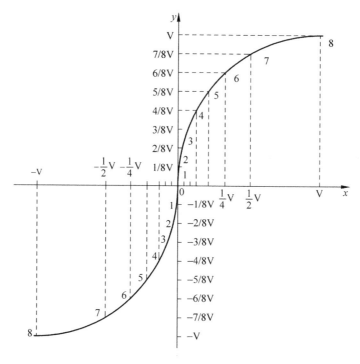

图 6.2.7 非线性量化

6.2.2 通信基础理论

大数定理是通信中常用的一个著名定理,它明确指出,当我们做了足够多次的实验之后,事件发生的频率就会接近其发生的概率。例如,当我们在掷硬币时,正面和反面朝上的概率应该各占一半,如果只掷 10 次,有可能 8 次正面朝上,但如果掷 2 万次,那么基本上正面和反面向上的次数各占一半,即与概率相吻合。

关于概率分布,还存在一个常用的基本定理,即中心极限定理。大自然中的很多现象都是受无数微小因素的影响而发生的,虽然这些微小因素的概率分布各种各样,但当很多微小因素影响叠加到一起时,就基本会满足正态分布(也称为高斯分布)。可以通过图 6.2.8 所示例子来说明此定理,图中的球如果扔得足够多,最后落在各个位置上的球的个数近似满足高斯分布函数。

在信号无线传输的过程中,由于存在各种各样障碍物的反射和绕射,如树木、建筑物、山脉等,根据中心极限定理,这些信号加在一起,就会满足正态分布,而正态分布的幅值为瑞利分布。

在通信系统中,我们都希望信息能够尽可能准确地被接收,这就会涉及通信的可靠性问题。我们常利用条件概率来分析可靠性,条件概率是指某事件在某特定前提下发生的概率。条件概率满足贝叶斯准则,即 A 事件和 B 事件同时发生的概率等效于 A 事件发生

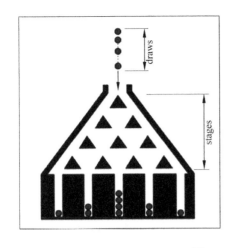

图 6.2.8 中心极限定理

的概率,乘以在 A 事件已经发生的条件下,B 事件发生的概率(这就定义为 A 事件发生条件下,B 事件发生的条件概率)。

信号在传输的过程中会受到噪声的干扰,由中心极限定理可知,噪声满足高斯分布。因此,我们需要对接收到的信号做出判断,如果判断错误,就会产生误码。在一定的时间里,发生误码的码元个数与传输的总码元数目的比值定义为误码率,它是通信可靠性的一个基本衡量指标。既然在接收端需要做出判断,那就会存在判决门限,它的选取直接影响到误码率的高低。根据条件概率和贝叶斯准则,误码率的计算可以如图 6.2.9 来进行。

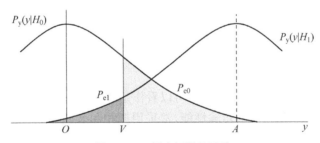

图 6.2.9 判决门限的选取

此外,信息论从另一个角度分析了信息传输的可靠性。香农在其经典的《通信的数学理论》论文中定义了信道容量的概念,在实际码率小于信道容量的情况下,我们一定能够找到一种信道编码的方式,可以保证信息无失真、无误码的接收。

6.2.3 调制与解调

调制就是对信号源的信息进行处理后加到载波上,使其变为适合于信道传输信号形式的过程,就是使载波随信号而改变的方法。一般来说,信号源的信息含有直流分量和频率较低的频谱分量,称为基带信号。基带信号往往不能直接在信道上传输,因此必须把基带信号转变为一个频率非常高的信号(相对基带信号而言)以适合于在信道上传输。这个频率非常高的信号称为调制信号。调制是通过改变高频载波即消息载体信号的幅度、相位或者频率,使其随着基带信号幅度的变化而变化。而解调则是将基带信号从载波中提取出来以便预定的接收者(也称为信宿)处理的过程。

对载波来说,可以改变的属性包括幅度、频率和相位等。因此,基本的调制方式也包括 3 种,即调幅(Amplitude Modulation)、调频(Frequency Modulation)和调相(Phase Modulation)。相应地,基本的数字调制方式也有 3 种,即幅移键控(Amplitude Shift Keying)、频移键控(Frequency Shift Keying)和相移键控(Phase Shift Keying),如图 6.2.10 所示。

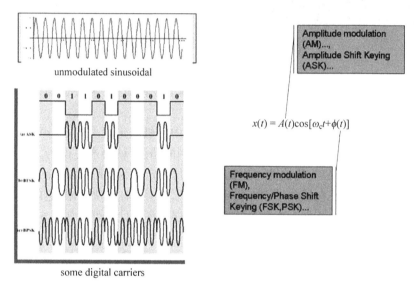

图 6.2.10　基本的数字调制方式

现有通信系统中常用的调制形式都可以看作是这 3 种基本形式的变形和组合。在实际应用中,为了提高通信系统的传输性能,常采用调相和调幅相结合的方式,如正交幅度调制(QAM)。图 6.2.11 所示为 8PSK 和 16QAM 调制的信号星座图。在星座图中,习惯上将 x 分量称为同相(I)分量,将 y 分量称为正交(Q)分量。

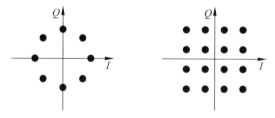

图 6.2.11　8PSK 和 16QAM 调制星座图

由图 6.2.11 中的信号星座图可以很直观地看出,如果单独使用幅度或相位携带信息,则信号星座点仅分布在一条直线或一个圆上,不能充分利用信号空间,而 QAM 调制将幅度和相位相结合,它可以在保证最小欧氏距离前提下尽可能多地增加星座点数目,提高信息传输速率。

在实际传输过程中,信号常常会受到噪声的干扰,这会直接影响到接收端解调的效果。图 6.2.12 所示就是 64QAM 调制信号经过不同程度的噪声干扰后所得到的星座图。其中,图 6.2.12(a)中信号受到的噪声干扰较小,星座点比较清晰和集中,解调比较容易;图 6.2.12(b)中信号受到的噪声干扰较大,64QAM 信号的星座点已经混叠在一起,此时必须通过信道解码等复杂的信号处理才能无失真恢复出原始数据。

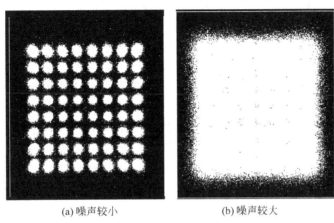

(a) 噪声较小　　　　　　　(b) 噪声较大

图 6.2.12　受到噪声干扰的 64QAM 星座图

6.2.4　编码技术

通信系统中传输的信息一般要进行编码,包括变长编码、压缩编码、纠错编码、加密编码等。

变长编码的基本目的是使用最少的比特数来传输信息,编码输出的长度可变。例如,我们熟悉的唐诗"清明时节雨纷纷,路上行人欲断魂,借问酒家何处有,牧童遥指杏花村"可以看作是一种定长编码,按照变长的断句方式,可以改写成图 6.2.13 所示。

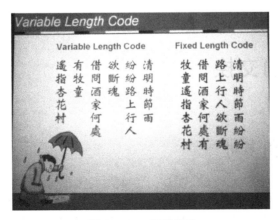

图 6.2.13　变长编码

再举一例,英文有 26 个字母,这 26 个字母出现的频率不一样,在日常书写中,有些字母出现的频率要比其他字母高得多。鉴于此,出现频率高的字母,可以用较少的比特来编码,而出现频率低的字母,可以用较多的比特来编码。通过这种方法,就可以使用较少的比特数来传输同样的信息。

顾名思义,压缩编码的目的是要尽可能减少传输的数据率,一般包括无失真压缩和有失真压缩两种。仍以上述唐诗为例,如果将"路上行人欲断魂"改成"行人欲断魂",我们基本上可以认为是无失真压缩,因为行人一般就是指路上行人;但是,如果将"清明时节雨纷纷"改成"时节雨纷纷",这就算有失真压缩了,因为除了清明还有其他时节。

与压缩编码相反,纠错编码通过增加传输冗余度来提高信息在传输过程中的可靠性,这在数字通信系统中很常用。例如,我们要表达"冷清"这两个字,但在实际传输时发送"冷冷清清"四个字,这样,即便中间某个字传输错误,接收者也能想象出要传输的是"冷清"的意思。

在加密编码中,收发两端会存在一定的其他人所不知的共识,这个共识通过特定方式加入到所传信息中,这样即便所传输的信息被第三方截获,也很难知道信息的具体内容。因此,加密编码在国防应用中非常广泛。在此,我们举两个简单的例子进行说明,如图 6.2.14 所示,如果没有对中国文化的深刻认识和对中国文字的深入了解,人们是很难猜出其准确含义的。

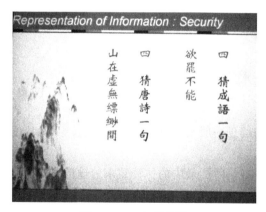

图 6.2.14 加密编码

6.3 信息的交换

6.3.1 复用和多址

由于物理传输介质的带宽或容量往往超过单一用户的信息传输需求,为了更有效地利用通信线路,希望在一个信道同时传输多路信号,这就是所谓的多路复用技术

(Multiplexing)。采用多路复用技术能把多个信号组合起来在一条实际物理信道上进行传输,在远距离传输时可大大节省光缆、电缆等物理介质的安装和维护费用。频分多路复用(FDM)和时分多路复用(TDM)是两种最常用的多路复用技术。频分多路复用是按频谱划分信道,多路基带信号被调制在不同的频谱上,因此它们在频谱上不重叠,即在频率域上正交,但在时间域上是重叠的,使得多路基带信号可以同时在一个物理信道内传输;时分多路复用是将一条物理信道按时间分成若干个时间片轮流地分配给多路信号使用,每一时间片由其中一路信号占用。当然,也可以将时分多路复用和频分多路复用技术结合起来使用,即一个实际物理信道可以按照频段分成许多条子通道,每条子通道再利用时分多路复用技术来细分成若干个时间片。

在日常生活中,光纤常用来传输大数据量信号,波分多路复用(WDM)技术可以大大提高系统的传输效率,光的波分多路复用是指在一根光纤中传输多种波长的光信号,由于波长不同,各路光信号互不干扰,最后再用解复用器将各路波长的信号分解出来。

之前我们介绍了通信中的一些基本概念,但只涉及点对点的单用户之间的传输。与复用技术相对应,如果多个用户需要同时传输信息,就必须解决多址的问题。常用的多址方式分为频分多址、时分多址、码分多址、正交频分多址等,如图6.3.1所示。

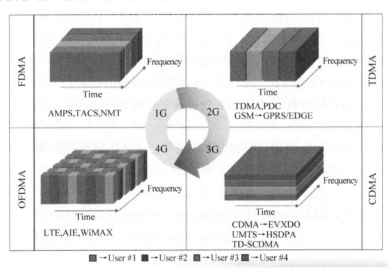

图 6.3.1　多址技术的发展

频分多址即指不同的用户占用不同的传输频道,假设可用频带带宽为 10Hz,我们可以将它分为 10 份,每份 1Hz,其中 1Hz 频段我们可以用在 A 和 B 两个用户之间的通信,同时另外 1Hz 频段我们可以用在 C 和 D 两个用户之间的通信等,最早使用的模拟手机主要采用频分多址的方式;时分多址是指不同的用户占用不同的时隙,所有用户占用相同的频带,我们将每 1s 分成 10 份,每 1s 中的第一个 100ms 支持 A 和 B 两个用户之间的通信,然后每 1s 中第 2 个 100ms 支持 C 和 D 两个用户之间的通信,这即是在时间上把用户进行分割,GSM 手机通常采用这种方式;在码分多址系统中,所有用户信号在时间上、频率上都是重叠的,为了区分不同用户,就给每个用户分配一组码,这组码和其他用户使用的码是正交的,接收端可以通过码的正交性把指定用户的信号恢复出来;随着通信技术的不断发展,未来系统对传输数据率的要求越来越高,正交频分多址技术(OFDMA)也应运而生,它是时分和频分多址的一种结合,其中对应时频两维空间每一个不同的块都会分配给不同的用户,满足更加灵活的资源划分需求。

6.3.2 排队论和网络协议

首先我们介绍排队论,假设中国移动的基站在清华大学这个覆盖范围内,只能支持100部电话同时通话。但实际情况是,这个范围内远不止100部手机。排队论就是要解决在整个电话交换过程中,基站到底需要同时支持多少个用户的问题。

排队论通常采用一些基本模型,例如在打电话时,每个人打电话的可能性一般满足泊松分布,打电话和不打电话之间的间隔可能满足负指数分布。根据这些基本的假设,在具体一个电话系统如何实现时,对经济效益、有效性、用户满意度等指标进行综合的考虑。排队论还会涉及很多基本要素,如到达概率、服务时间、队列深度等,这些都需要通过调查统计来得到一个分布图表,据此来建立整个网络。以下是一个简单的习题。

有一电话查询服务处集中答复三个查询点的所有查询事项。查询服务处与查询点之间用电话联系。查询服务处只有一名值班员答复所有的查询。已知每个查询点平均每小时有两次查询,每次平均通话12分钟,问:(1)值班员空闲的概率;(2)值班员打电话的概率;(3)查询时值班员忙的概率;(4)服务处查询电话的平均到达率;(5)值班员的工时利用率。

排队论可用于更经济、方便、快速、可靠地实现一个电话交换系统,而这个交换系统本身也可以看作一个分层结构,如图 6.3.2 所示。

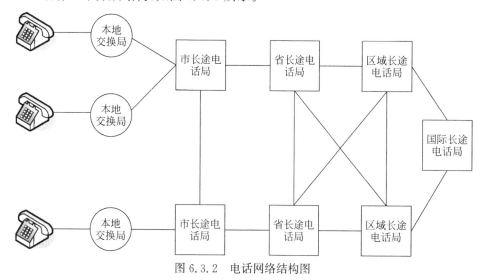

图 6.3.2 电话网络结构图

网络结构有两种设计方式,一种是自上而下的设计,另一种是自下而上的设计。具体采用哪种方式,取决于相应网络的实际需求。网络在设计时一般会采用分层结构,其好处在于只要我们定义好了层与层之间的接口协议,层内的具体实现就会相对独立,无须考虑其他层的影响。图 6.3.3 是国际标准化组织(OSI)定义的一个开放系统互联的七层协议,包含物理层、数据链路层、网络层、传输层、会话层、表示层和应用层。

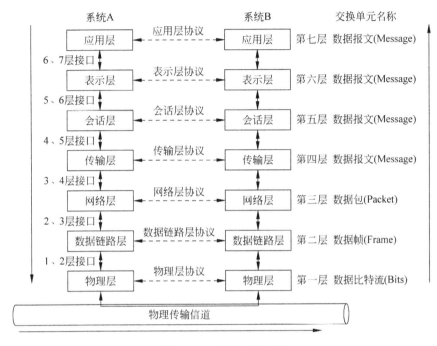

图 6.3.3　OSI 七层协议

OSI 七层协议给出了计算机网络的一些原则性说明,并不描绘一个具体的网络。层与层之间的联系是通过各层之间的接口来进行的,上层通过接口向下层提出服务请求,而下层则通过接口向上层提供服务。两个用户通过网络进行通信时,除物理层之外,其余各对等层之间均不存在直接的连接关系,而是通过各对等层之间的通信协议来进行通信(图中用虚线连接,定义为网络协议),只有两个物理层之间通过传输介质进行真正的数据通信。分层结构的基本思想使得网络具有可扩展性,使得不同的操作系统、不同的数据格式之间,可以进行无缝通信。

6.3.3　交换技术

常用的交换方式可以分为三种,即电路交换、报文交换和分组交换。在电路交换方式中,通信双方独占一条实际物理链路,我们平常打电话就属于这种方式,电话一旦拨通就意味着建立了一条物理链路,直到通话结束才被释放。电路交换的优点在于信息传输时延很小,交换设备成本较低,适合实时通信,但对整个网络而言,其线路利用率较低,无法进行链路复用,而且不同类型终端用户之间不能通信。报文交换是将用户的报文存储在交换机的存储器中,当所需要的输出电路空闲时,再将该报文发向接收交换机或终端,它以"存储—转发"方式在网内传输数据。报文交换的优点是中继电路利用率高,多个用户可同时在一条线路上传送,实现不同速率、不同类型的终端间互通。但它的缺点也是显而易见的,以报文为单位进行存储转发,网络传输时延大,且占用大量的交换机存储器资源,不能满足对实时性要求高的用户需求。分组交换实质上是在"存储—转发"基础上发展起来的,它兼有电路交换和报文交换的优点,在线路上采用动态复用技术,传输按一定长度分割为许多小段的数据——分组数据包。如图6.3.4所示,每个分组数据包标识后(增加分组头),在一条物理线路上采用动态复用的技术,同时传送多个分组数据包。将来自用户发送端的分组数据包暂存在交换机的存储器内(由于分组数据包长度较小,占用存储器资源不大),接着在网内转发,到达接收端后,再去掉分组头将各数据字段按顺序重新装配成完整的报文。分组交换比电路交换的线路利用率高,比报文交换的传输时延小,因此在实际中应用最为广泛。

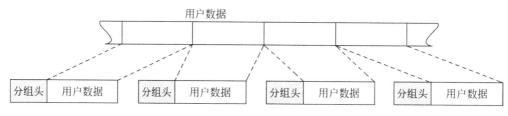

图 6.3.4　分组交换

根据前面介绍的多址技术,实际的链路传输可能需要同时支持多个用户。此时,分组交换有两种处理方式:虚电路(Virtual-circuit transport)和数据报(Datagram transport),如图6.3.5所示。分组交换利用统计时分复用原理,将一条数据链路复用成多个逻辑信道,最终构成一条主叫、被叫用户之间的信息传送通路(称为虚电路)来实现数据的分组传送。即在虚电路交换方式中,收发数据之前,先在网络里建立一条逻辑连接,用户数据通过这个逻辑连接到达目的地。虚电路方式在提高网络信息传输效率的同时,还能保证时延等一些基本要求。而数据报交换则不考虑传输延时,不同分组数据包被独立对待,可以沿不同的路径到达目的地,这样做的好处在于网络结构简单且很容易扩展。当然,为了保证接收端能正确恢复出数据,在数据报交换的顶层,必须加一些传输控制协议。虽然分组数据包到达的先后次序可能颠倒,但可以通过传输控制协议重新封装,根据包头标识获取每个包的顺序,然后重新组织成原始文件。

网络中传输的数据都具备一定的结构,这些结构可能包含二叉树、链表、队列(先进先出)、堆栈(后进先出)等,如图6.3.6、图6.3.7、图6.3.8和图6.3.9所示。不同的应用需要不同的数据结构,可以根据需要进行选择。

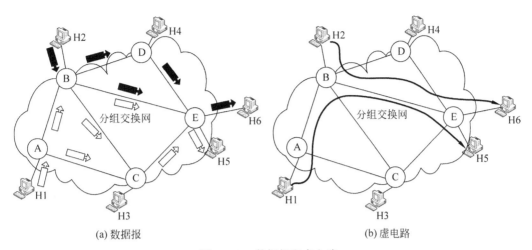

(a) 数据报　　　　　　　　　　　　　(b) 虚电路

图 6.3.5　数据报和虚电路

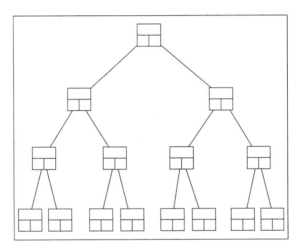

图 6.3.6　二叉树

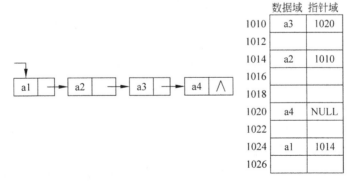

图 6.3.7　链表

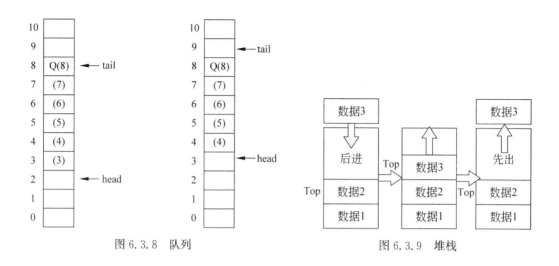

图 6.3.8 队列   图 6.3.9 堆栈

6.3.4 Internet 实例

本节以 Internet 为实例,对前面所阐述的网络结构进行具体说明。20 世纪 60 年代,人们对可靠网络的构架进行了理论和技术上的分析,随之就出现了现代互联网的雏形——ARPAnet,其中 ARPA 是美国的国防部高级研究计划署(Advanced Research Project Agency)的简称。ARPAnet 是由 ARPA 提供经费,联合计算机公司和大学共同研制而发展起来的网络。最初,ARPAnet 用于军事研究目的,它主要基于这样的指导思想:即网络必须经受得住故障的考验而能维持正常的工作,一旦发生战争,当网络的某一部分因遭受攻击而失去工作能力时,网络的其他部分应能维持正常的运作。1970 年左右,ARPAnet 已初步成形,并且向非军用部门开放,许多大学和商业部门开始接入。但当时,它只有四台主机联网运行,甚至连局域网(LAN)的技术也还没有出现。ARPAnet 将加州大学洛杉矶分校、加州大学圣巴巴拉分校、斯坦福大学、犹他大学四所大学的 4 台大型计算机采用分组交换技术,通过专用接口信号处理机和专用通信线路相互连接,通过网络协议使得这四个不同型号、不同操作系统、不同数据格式、不同终端的计算机连在一起实现相互通信和资源共享。ARPAnet 在技术上的一个重大贡献是 TCP/IP 协议组的开发和利用。TCP/IP 协议(Transfer Control Protocol/Internet Protocol)被称为传输控制/网际协议,它是由 Vinton G. Cerf 和 Robert Kahn 博士提出的,现已经成为工业界的标准。作为 Internet 的早期骨干网,ARPAnet 的试验奠定了 Internet 存在和发展的基础,较好地解决了异种机网络互联的一系列理论和技术问题。

Internet 本身可以用 10 个字来概括,即无连接、端对端、尽力而为。TCP/IP 协议组中的网际协议(IP)就是一个无连接协议,当两台机器通过网络传输数据时,不会建立一个像电路交换一样的链接,甚至不会建立一个像虚电路一样的链接。无连接的好处在于整个网络的路由变得很简单,并且很容易扩展。端到端的概念是由传输控制协议(TCP)而来的,网络中传输的分组数据包可能出错,也可能顺序颠倒,而 TCP 协议能够处理这些问题,保证接收端能够尽可能正确地恢复原始信息。所谓尽力而为是指,网络总是尽可能地将其需要传输的数据正确地送达目的地,但并不能保证 100% 送达。例如,当发 E-mail 给朋友时,只能在 TCP/IP 协议规定的一个窗口时间发,其他时间不能发,当连续发了几次没发成功之后,此窗口就会变小,再发几次,发不成功就不发了。尽力而为的好处在于网络不会因为某些数据、某些链路不可预见的错误而发生阻塞。

TCP/IP 协议与 OSI 七层协议的对应关系如图 6.3.10 所示,它具备四层结构,只有物理层连在一起,对于物理层连接而言,可能是光纤、以太、无线、卫星等。为了支持网络的可扩展性,路由是 Internet 的核心之一,它没有一个中心控制,某个路由器只和周围的路由器之间有关系,然后通过周围的路由器不停地调整本身的路由表,这就是常见路由算法的基本思路。

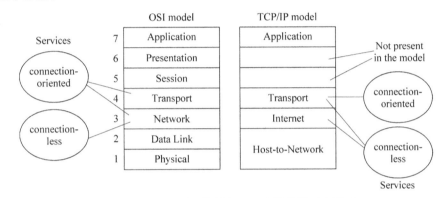

图 6.3.10　TCP/IP 协议与 OSI 七层协议对应关系

以下简单举例说明路由器的工作流程。如图 6.3.11 所示,网络中有 A、B、C 三台路由器,开始时,信宿 10.4.0.0 的机器(简称 P)没工作,三个路由器都没有这台机器信息。当 P 开机之后,C 首先发现它可以直接连接这台机器了;过了一段时间后,B 发现 C 连接 P 而 C 到 B 的距离是 1,所以 B 的路由表也调整为可以连接 P,距离是 1,它也同时记下是通过 C 来连接的;接下来,A 发现,它到 P 的距离是 2,但是必须通过 B 来连接。

图 6.3.11　到达信宿 10.4.0.0 的路由变化

当 P 关机时,C 发现无法连接 P,但可以通过 B 连接,由于 B 的路由距离是 1,所以 C 调整路由距离变成 2;接着,由于 B 已经记录是通过 C 来连接 P 的,所以 B 调整路由距离为 3;由此一直调整下去,直到路由距离超过某个预先定义好的门限值后,所有路由器都认为和 P 无法连接,路由器的更新完毕。

图 6.3.12 所示是一个基本的 IP 数据包结构,用于支持基于 IP 的网络协议。网络的一个核心是可扩展性,这也是 IP 协议的核心之一,只有拥有可扩展性,这个网络才有生命。

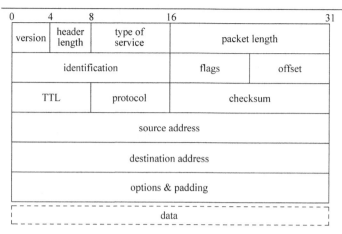

图 6.3.12 IP 数据包结构

TCP 协议本身由 11 个状态组成,是一个复杂的状态机,如图 6.3.13 所示。状态机的状态根据输入来变化,状态的变化过程中产生不同的输出,而输出也可能与输入有关。

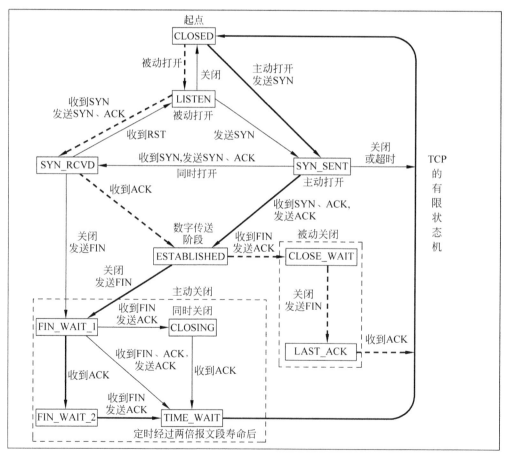

图 6.3.13 TCP 协议的状态机模型

作为 Internet 的特例，下面简单介绍如图 6.3.14 所示的中国教育和科研网（CERNET），同时将我们之后会学习到的一些课程串联起来。

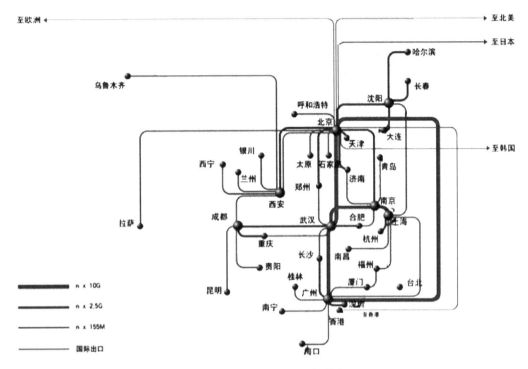

图 6.3.14　CERNET 骨干网

在 CERNET 中，北京和上海的高校节点比较多，所以数据量比较大，而西宁只有几所高校，所以数据量比较小，不同颜色代表不同数据量。物理层的连接采用波分复用技术，就是利用光纤通过不同波长的光携带和传播不同的信息，相关的课程包括通信原理、概率论、信息论和随机过程等。而路由器会涉及 TCP/IP 协议和基本的物理层接口，相关的课程包括通信原理、网络结构体系、概率论与信息论、数据结构、随机过程、排队论和算法原理等。应用层涵盖用户的具体需求，相关的课程包括网络结构体系、概率论与信息论、数据结构、随机过程、排队论和算法原理等。

最后简单介绍网络融合的概念，网络融合有两种方式，即技术融合和业务融合，如图 6.3.15 所示。从技术本身出发，在电信网和 Internet 的融合过程中，电信网基于电路交换，时延等 QoS 有保障，而 Internet 基于 TCP/IP 协议，支持可扩展性但时延等 QoS 无保障（如 IP 电话），如何有效、无缝融合电信网和 Internet？如何有效地解决不同网络融合过程中所带来的时延、扩展性等问题，是一个必须要面对和解决的核心问题。

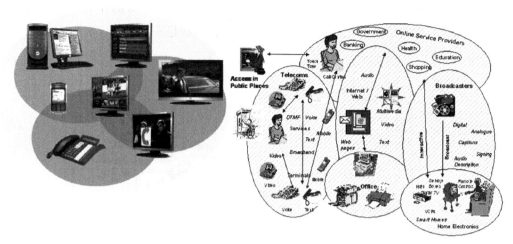

图 6.3.15 网络融合

第 7 章 媒体与认知

作者简介

王生进，清华大学长聘教授，媒体大数据认知计算研究中心主任。主要研究方向为人工智能、机器学习、计算机视觉、图像处理。多年从事图像和视频信息处理、物体检测与分类、自动目标识别与跟踪、智能视频分析、目标检测与识别领域的研究工作。近年来，在计算机视觉、深度学习、智能视频分析、大数据认知计算研究领域开展深入研究并取得了出色成果。

主持或参与多项 973、863、国家自然科学基金、国家科技支撑计划、国家"十三五"科技重点研发计划等国家级项目并取得出色成果。在物体识别研究中，在多个国际权威公开数据集上取得了国际领先的成果；在图像检索研究中，大幅度提升了图像检索中视觉匹配的精确度，在多个国际权威图像检索测试集上均达到了国际领先水平。带领团队构建了行人再识别领域中三个大型数据集 iLIDS-VID、Market1501、MARS，总下载量逾 13000 次，该数据集成为国际上计算机视觉和模式识别国际顶级会议和学术期刊发表的行人再识别论文中的常用测试数据集，在国际学术界产生了较大的影响力。担任 IEEE Trans PAM、IEEE Trans SMC、CVPR 等国际权威期刊和会议的特约审稿人。

作为起草人之一，制定中华人民共和国公共安全行业标准《安全防范系统生物特征识别应用术语》和国家标准《安全防范视频监控数字视音频编解码技术要求（SVAC）》。获国家科技进步二等奖 1 项、获北京市科学技术一等奖 1 项。指导的博士论文获 2017 年中国人工智能学会优秀博士论文奖；2018 年 8 月获国际模式识别学会 ICPR2018 最佳论文奖；2019 年 11 月获吴文俊人工智能科学技术奖自然科学奖二等奖。

兼任北京图像图形学会副理事长、中国图形图像学会视频监控与安全专委会主任、全国安防标委会人体生物特征识别应用分技术委员会委员、公安部安全防范技术与风险评估公安部重点实验室学术委员会委员、自动化学会国防大数据分会副主任委员、IEEE Region 10 Beijing Section 学术活动委员会主席。

7.0 前言

媒体是信息的载体,是信息符号的一种表示形式。由于客观世界所包含的信息浩瀚而繁杂,人们需要借助媒体将信息进行传递。要达到传递信息的目的,就需要把信息进行处理和符号化。在信息技术领域,我们关注的是电子化媒体,简称媒体。其特点是通过电荷耦合或光电器件进行信息的采集、存储和处理,并可以通过互联网或电信网将信息进行传输。这有别于传统的新闻报纸、报刊等纸质媒体。在信息技术领域通常所说的多种形式的媒体是包含各种信息的电子化媒体,如图像、语音和文本,通常称其为多媒体。对媒体的处理实质上是对媒体所含信息的处理。

信息采集主要是通过传感器实现对信号的采集和符号化。例如,通过数码照相机拍摄,可以获得一幅数字图像。而信息处理则是对信息所表达内容的更高层的分析和理解,可以认为是建立在信号处理之上的对信息内容的一种认知处理。例如,对拍摄获得的数字图像进行分析,识别出这是一幅海边图像,还是一幅道路街景图像,或者识别出图像中是否存在人或者人脸。

认知科学研究人的智力产生以及人脑对信息的处理过程。它主要研究知觉、注意、记忆、动作、语言、推理、思考、意识等多个层面的人脑活动规律,并将这些规律用物理的方式加以实现。认知科学是近些年来在融合心理科学、信息科学、神经科学、媒体传播学等科学的基础上出现的一个跨学科的新兴研究领域。

根据人类对客观世界认知的特点,我们可以知道,认知客观世界可以分为表象认知和抽象认知两个主要类别。表象认知是对图像中客观世界外观、形状、色彩等的认知,抽象认知是对图像中客观世界语义的认知,如喜庆、拥挤、美丽等的认知。这两个类别的认知目前主要是通过视觉认知和听觉认知获得。虽然存在触觉认知、味觉认知和嗅觉认知,但在本书中我们主要关注并学习视听觉认知。与人类视觉和听觉认知密切相关的图像、语音和文本三种媒体,在社会、经济和国家安全等领域中扮演着重要角色。图像、语音和文本三个媒体中所包含的信息可被人类直接认知和理解,也可以用计算机进行处理。目前,计算机所拥有的对媒体内容的认知和理解能力远逊于人类,且处理效率尚不能满足当今社会的发展需求。如何借鉴人类的感知和认知机理以及相关的最新研究成果,建立新的计算模型和认知方法,从而大幅度提高计算机对媒体中所包含信息的分析理解能力与处理效率,是目前机器学习研究领域中的前沿研究课题。研究和学习媒体与认知的相关知识,不仅可以有力推动信息科学的快速发展,也将为国民经济和社会发展做出重大贡献。

7.1 媒体概念与形式

7.1.1 媒体的广义定义

媒体具有多种形式。媒体，或称"传播媒体"，也称"传媒"或"媒介"。通用的媒体可以定义为传播信息的载体，即信息传播过程中从传播者到接收者之间携带和传递信息的一切形式的传播工具。如果查字典或者翻阅一些名词的解释，我们会发现关于媒体的这个定义纷繁多样。那么，其主要的核心内容是指传播信息的载体，这也是本书所关注的主要内容。

7.1.2 多样形式的媒体

在日常生活中，被看作媒体的东西有许多。我们举一个例子，蜜蜂。蜜蜂是传播花粉的媒体，它把从一个地方采来的花粉送到另一个地方，这就是自然界中媒体的一种形式。当然，苍蝇又是传播病菌的媒体。还有自然界中的传播介质，如电磁波、光、空气还有电流、磁介质等，这些都是一种媒体的形式。与我们日常生活相关的一些媒体，例如物理的媒体，包括书本、挂图、磁盘、光盘、磁带等存储和传递信息的这些媒体，都是一种媒体的形式。这些媒体把其中所包含的信息传播到另一个地方，供人们使用，并从中获取信息。上述媒体是一种物理载体，也是一种媒体的形式。图 7.1.1 给出了上述部分媒体的图像。

图 7.1.1 光盘、书籍，存储和传递信息的媒体

7.1.3 信息媒体

我们重点关注的是信息技术领域中的媒体。那么，信息技术领域中的媒体有哪些特

征呢？信息处理技术中所指的"媒体"，是电子化信息的存储、传播和表示的一种载体。在信息技术领域，通常人们常说的文本、图形、声音、图像、视频、三维图像，都称为电子化媒体，简称媒体。它是一种信息的表示形式，记录和表示了客观事物某种属性和特征。文字、声音、图形、图像、动画和视频这些媒体包含海量的信息内容，是信息技术领域中所涉及的媒体形式。媒体与认知所要研究的，就是如何对这些媒体所含信息的内容进行处理，以获得对其所含内容的语义理解。文字、图像、声音、视频等，都是单一的媒体，当把这些媒体结合到一起，就形成了我们日常所说的多媒体。同时采集、处理、编辑、存储和显示两种或者两种以上不同形式信息的处理技术就是多媒体技术。

我们以图 7.1.2 所示的数字图像为例，说明媒体内容的采集过程，以及最后如何以一种文件的格式存储到文件中的。考虑一台数码照相机。照相机有一个镜头，镜头的后面有一个 CCD，即电荷耦合器件。它可以把光信号转换成电信号。当光从镜头进入到达 CCD 器件后，形成不同的电信号。电信号的大小与从镜头进入的光强呈正比，处理电路再根据电信号的大小获得一个幅值，即像素的幅值。如果要采集一幅灰度图像，就用一个 CCD 采集光信号，如果要采集一幅彩色图像，因为彩色图像是由 R、G、B 三个通道组成的，因此需要用 3 个 CCD 分别采集三路不同的光信号。每一路采集信号后，每一个位置上都会由于光强的不同作用产生不同的电信号。记录下来后，相对应的位置上所产生的幅值就不同，因此就形成大小不同的灰度值，这个灰度值表现在图像上就会显示出明暗的变化，因而形成图像。记录数据的格式中每一个位置上都会有这样一个幅值，这个幅值就是 CCD 将光转换为电之后的幅度。在此基础上，可以对幅度数值进行编码。通常采用一个 8 比特系统，即用一个 8 比特的二进制，表示最大幅度为 255 的数值。不同的数值描述图像中一个位置上灰度的变化。把每一个位置上的灰度数值按照二进制编码的形式一个一个排列起来，然后保存到计算机的存储器中，或者存储到光盘中，一个图像文件由此生成，媒体的内容则被记录下来。一幅图像数据可以用一个数据矩阵来表达。彩色图像通常使用 R、G、B 三个通道，因此一幅彩色图像实际上存在计算机中是三幅图像，即三个数据矩阵。显示时，这三幅图像通过处理电路组合成一幅看起来十分自然的彩色图像。如图 7.1.2 所示的是一幅彩色图像、三个图像矩阵及其中一个图像矩阵局部的灰度值分布。

图 7.1.2　数字图像及其构成示意图

7.1.4 媒体表示形式

媒体内容可以通过装置获取或制作。在自然科学研究中,通常人们关注媒体的获取和处理;而在社会科学中,通常关注媒体的制作与传播。语音和声音的获取一般采用麦克风。而文本、图形、图像、视频、三维图像等,一般采用照相机、摄像机和扫描仪。

语音是一维信号(1D),一般采用数字音频编码格式,如 MP3。目前已经有很多的便携式 MP3 播放器,MP3 是目前最为普及的一种数字音频编码格式。文本、图像、视频等是二维信号(2D)。静止图像一般采用 JPEG 编码格式;视频图像一般采用 MPEG 和 H.264 编码格式。从图像中还可以通过计算机视觉技术提取场景的三维信息,重构物体几何模型;或者通过三维几何建模,构成立体视觉图像。图像不同于语音,图像是一种二维的信息表达形式,也称为数字图像。数字图像中,每一个像素都有一个特定的位置和幅值,每个位置上的像素灰度表示了图像所包含的不同信息。这就是图像媒体的表现形式。相对于静止图像的二维形式,如果在时间轴上图像的内容发生变化,就生成了视频图像,简称视频,就是我们平时看到的动画、电视和电影。视频中的内容是动态变化的,它实际上是一个图像的序列,连续的图像运动使我们感觉到图像在变化,一个变化的图像序列就构成了一段视频。平常人们看到的电视信号之中实际上包含一幅一幅图像的序列,按时间顺序的排列。就像我们以前看走马灯,多幅变化的图像就会形成一个运动的视频图像。

MPEG 是国际标准化组织和国际电工委员会第一联合技术组(ISO/IEC JTC1)1988 年成立的运动图像专家组(Moving Picture Expert Group)的简称,全称为 ISO/IEC JTC1 第 29 分委会第 11 工作组(ISO/IEC JTC1/SC29/WG11),负责数字视频、音频和其他媒体的压缩、解压缩、处理和表示等国际技术标准的制定工作。从 1988 年开始,MPEG 专家组每年召开四次左右的国际会议,主要内容是制定、修订、发展 MPEG 系列多媒体标准,如视音频编码标准 MPEG-1(1992)和 MPEG-2(1994)、基于视听媒体对象的多媒体编码标准 MPEG-4(1999)、多媒体内容描述标准 MPEG-7(2001)、多媒体框架标准 MPEG-21。目前,MPEG 系列国际标准已经成为影响最大的多媒体技术标准,对数字电视、视听消费电子产品、多媒体通信等信息产业的重要产品产生了深远影响。现在普遍使用的数码摄像机(Digital Video,DV)所拍摄的视频图像都是按照 MPEG 标准保存的。

此外,还有三维图像,也称立体图像。2010 年电影《阿凡达》放映以后,整个社会对立体电影都非常感兴趣,立体电视也相继出现了。三维图像具有什么样的特征呢?三维实际上是除了二维图像所具有的 X、Y 坐标外,还有一个 Z 方向的坐标,也就是说它具有三维的信息。通过特定的显示技术,我们可以看到一幅立体的图像。三维图像和二维图像的区别就是多了一维,这一维实际上就是我们看到的深度信息。人眼之所以能感觉到立体,就是我们能感觉到深度,感觉到了深度,人眼就感觉到了立体。如果是一个在时间轴上变化的三维立体图像序列,就构成了立体电视或立体电影。三维图像有很多应用,可以显示二维图像所不能显示的多个角度的信息,可以改善人类对客观世界的认知程度,也有助于机器视觉中对物体的自动识别。

综上所述,媒体的形式有一维的语音,二维的图像和视频,以及三维的立体图像和视频。以这些媒体形式承载的信息要记录保存下来,以便进行下一步的处理、传输和显示,就需要有相应的媒体存储设备。因此,媒体存储设备是媒体处理系统中的一个必不可少的组成部分。媒体的信息量非常大,要保存大量信息,就需要大容量的媒体存储器。常用的存储器有磁带、磁盘和光盘。早期没有光盘,使用一种被称为 floppy disk 的存储介质,存储的容量有限,现在已经基本不采用了。目前,采用最多的存储器是硬盘、光盘以及 U 盘。由于信息量的巨大,需要存储的数据量也非常大,我们称之为海量信息数据。为解决海量数据存储问题,今后需要进一步研究数据压缩、存储格式化以及数据库技术等。媒体的数据压缩也是目前在媒体处理中所涉及的一个非常重要的研究领域。

媒体内容传输是媒体处理系统中的另一个重要组成部分。媒体内容传输是指信息的远距离传送。媒体内容远距离传送主要需要解决占用带宽的问题。从一个地方把媒体内容送到另一个地方,需要通过信道传输,即媒体通过通信信道去传输信息媒体。可以说通信信道给媒体搭建了一条信息高速公路,在公路上要传输的货物就是媒体的内容。媒体在传输过程中,可以根据人们的需要传输同一个内容的不同部分。以图像传输为例,将编码后的图像进行传输,那么传输不同的编码部分,接收方所显示出的该图像的清晰度是不同的。利用这个机制,就可以针对不同大小的显示终端,传输不同部分的编码。例如,如果想用手机看一幅图像,因为手机的屏幕很小,显示分辨率不高,则可以传输很小的一部分编码数据,其结果就是传输了一幅很小的图像;如果想要用笔记本电脑或者普通的显示器看一幅图像,显示分辨率比较高,因此,可以把其中的编码数据再多传输一部分,显示的图像可以大一些,则相同一幅图像人们看到的细节就会多一些;如果人们想把这幅图像打印出来,就需要最高的清晰度,那么就将这幅图像的全部编码都传输给对方,也就是将更多的图像细节传输过去。这时打印出来的图像就会非常清晰。上述方式表明,在媒体的传输过程中,可以按照人们的需求对数据进行分步传输,以获得不同的清晰度。能够满足这种渐进传输方式的图像存储格式已经成为一种最新的国际静止图像压缩编码标准,称为 JPEG2000 标准。而现在使用的照相机或者手机中的图像存储格式,是较早的一个图像压缩编码标准,称为 JPEG 标准。JPEG 标准不具备渐进传输性能。

在媒体处理系统中,媒体的输出和显示不可缺少。显示方式的种类非常多,主要方式是显示器。显示包括软拷贝方法和硬拷贝方法。软拷贝的方法就是显示以后,可以消除掉显示的内容。图像输出和显示的软拷贝方法包括阴极射线管显示器(CRT)、液晶显示器(LCD)、薄膜晶体管液晶显示器(TFT LCD)、等离子显示器(PDP)等。硬拷贝方法包括打印机、照相机等。对于声音而言,有扬声器是其输出。人们可以通过这些输出和显示设备来感觉和认知媒体的内容,因此媒体的输出和显示是媒体处理系统的一个重要组成部分。

以上，我们从媒体的概念、定义及其表示形式进行了介绍，对媒体有了初步的了解。媒体是信息的载体，而信息的一个主要接收者就是人。人对繁杂众多的海量媒体如何认知，以及媒体处理会对这种认知产生何种影响，则是人们十分感兴趣的重要内容。研究媒体处理与人的认知、媒体处理与智能机器之间的关系，是媒体与认知所主要关注的课题。要研究这种关系，可以通过认知科学了解人类的认知特点，并通过人工智能来实现。

7.2 认知科学

人脑具有感知、认知、学习、联想、记忆、推理等功能。了解人脑的这些功能和机理并加以物理实现，是信息科学发展中具有挑战性的重大科学问题。研究人类认知过程以及信息处理机制，对信息科学与技术的发展具有重要意义。当前，研究认知过程的信息处理，特别是以图像和语言理解为基础的智能信息处理技术，已经成为国际研究的前沿课题和热点。

众所周知，人是一个十分复杂的系统，现在很多研究都在研究人、人的大脑、人的行为特点、人的认知机理。人的结构非常复杂，我们可以把一个人的周围看作外部环境，而将人本身看作一个系统。那么，人这个系统就有多个传感器，作为系统的输入。这些传感器包括人的眼睛、耳朵、鼻子，还有手的皮肤也是一种传感器。这些传感器分别被称为视觉、听觉、嗅觉和触觉。同时，人还拥有手、足、腕等部分作为系统控制器，对外部环境作出反应，即所谓反馈。人自身的系统还构成一个内在的传输系统，或者称为一个内在的网络，通过这个内在的网络可以把很多来自各个传感器的感知信息传输到人体的各个部位。人的大脑作为系统最重要的组成部分，可以看作是一个运算器或者一个记忆器的组合。因此，从上述结构可以看出，人的系统可以比类成一个计算机的系统。这个系统有输入、有输出、有控制、有计算、还有存储等。但是，尽管我们的这个模型很像现有的信息处理系统，但如果我们把人的这个认知系统简单地想象成一个计算机系统，就会有很大的局限性。主要原因就是现有的信息处理系统缺少前面提到的人的认知过程。由于人的认知过程的复杂性，到目前为止还存在很多未能发现或解释不清的问题，该领域的科学问题还处在不断研究的过程中。

7.2.1 认知科学与认知理论

现代心理学有五大理论，即行为论、精神分析论、人本论、认知论、生理科学观。其中，行为论就是行为主义者所持的理论。行为论者的主要论点是：个体一切行为的产生与改变，均系于刺激与反应之间的联结关系。在现代心理学主题中，行为论主要偏重学习、动机、社会行为以及行为异常等方面的研究与应用。认知论包括认知心理学中广义与狭义的两种理论。广义泛指一般认知过程的解释,狭义仅指对信息处理行为的解释。在现代心理学的主题中,认知论主要偏重学习、智力发展、情绪、心理治疗等各方面的研究与应用。

7.2.2 认知过程

认知心理学将认知过程看成一个由信息的获取、编解码(Encoding & Decoding)、存储、提取和使用等一系列连续的认知操作阶段所组成的、按一定程序进行信息加工的系统。信息的获得,就是接受直接作用于感官的各种刺激信息。感觉的作用在于获得信息。信息的编码是将一种形式的信息转换为另一种形式的信息,以利于信息的传输、存储、提取和使用。个体在知觉、表象、想象、记忆、思维等认知活动中都有相应的信息编码方式。

在认知过程中,通过信息的编码,外部客体的特性可以转换为具体形象、语义或命题等形式的信息,再通过存储,保持在大脑中。这些具体形象、语义和命题实际就是外部客体的特性在个体心理上的表现形式,是客观现实在大脑中的反映。认知心理学将在大脑中反映客观事物特性的这些具体形象、语义或命题称为外部客体的心理表征,简称表征(Representation)。通常,"表征"还指将外部客体以一定的形式表现在大脑中的信息加工过程。

7.2.3 感觉与知觉

感觉是日常生活中常见的心理现象。我们用眼看、用耳听、用鼻闻、用手触摸,这些都是感觉。认知心理学认为,感觉是个体对直接作用于感官的刺激的觉察。感觉是认知活动的起点。通过感觉,个体可以获得来自客观事物具体的、特殊的信息。

每个人对刺激物的感觉能力(又称感受性)是不同的。通常,感觉能力是通过感觉阈限来测量的。所谓感觉阈限,是指引起某种感觉的一定限度的刺激量。感觉能力与感觉阈限呈反比,感觉阈限越大,感觉能力越差。人的感觉能力可以通过训练加以提高。

知觉是个体将感觉信息组织成有意义的整体的过程。知觉是在感觉的基础上形成的,但知觉不是感觉信息的简单结合。感觉信息是简单而具体的,是偏底层的。它主要由刺激物的物理特性所决定。知觉则较为复杂,是一种高层理解结果。它利用已有的经验,对所获得的感觉信息进行组织和加工,同时解释这些信息,使之成为有意义的概念。例如,我们听到身后熟悉的脚步声,就知道是谁来了。"听到脚步声"是感觉,"熟悉的"是指已有经验,感觉信息与已有经验的相互作用,使我们产生了"谁来了"这种知觉。

7.3 人的认知机理

7.3.1 人的认知控制系统构成

人的认知控制系统构成如图 7.3.1 所示。它包括传感器（输入）、运算器和记忆器（处理和存储）、通信网络（传输）、控制器（输出）。正如前面我们提到的那样，虽然人的认知控制系统模型与现代信息系统有一定的相似性，但是我们不能简单地把人的认知系统想象成计算机系统。在计算机系统模型中，缺少了人的认知，例如，现有的计算机模型很难解释人的顿悟和灵感，也不能解释人的智力所产生的机理和过程。

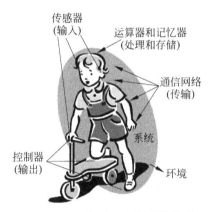

图 7.3.1 人的认知控制系统构成

7.3.2 人的认知控制系统的层次性

下面，我们介绍关于人的认知方面的特点。首先看人的认知系统的层次性。我们发现，通常人对底层处理具有某种偏好（经验值）。通俗地说，就是经验，或者称为经验值。即使是科学家或者经验丰富的工程师，在处理问题时都会倾向于根据经验来判断和研究解决，而不愿意去动脑筋仔细分析和解决一个问题。经验越丰富、熟练程度越高，越有可能在低层处理上完成任务。这是人的一种特点，就是说人通常希望根据自己的经验去处理一些问题，这是人的一种认知控制系统的特点。在日常生活中，凭直觉或者常识，对事件发生的可能性进行估计，进而做出决定的场合比较多，而且这些决定往往是比较正确的。例如，我们判断天气情况，看到云非常多了，觉得可能要下雨了，这就是我们凭经验或常识对事物进行判断的实例。但在有些情况下，人的感知或常识与实际情况是有偏差的。

由此，我们得到启发，媒体设计应该尽量利用人的经验，充分发挥低层处理的优势，避免过于复杂的信息表示形式。同时，在基于经验的处理尚未成熟之前，需要加强对使用者的训练。这是从人的认知控制系统得到的一个启发。

除了底层处理以外，高层处理仍然不可忽略（理论化）。不同的人对同一个任务所建立的经验有差别。很多任务并不能完全依赖于底层的处理，即不能完全依赖于经验。任务越复杂，任务的要求越高，就越需要高层的处理。这表明，在对媒体进行处理时，不能仅仅依靠经验，同时也要进行理论化研究，把具体问题抽象为概念和模型，以解决处理的普适性问题。由此，我们得到启发，媒体设计要考虑高层处理的可能性，把经验变成理论。

关于人的认知系统层次性的启发对我们来说有什么作用呢？举例而言，在生物特征识别领域，根据实际需求需要检测人脸。那么，如果我们提出一个问题：人脸有什么样的特征？一般人会如此描述关于人脸的特征：有这么一个近似圆形的区域，上部有两个横长的有灰度变化的椭圆形小区域；中间有两个带孔的部位；下半部有一个扁横长的椭圆形区域，如图7.3.2所示。这是凭经验所获得的对人脸的一种模式描述，如果用这种描述训练人进行人脸检测，人很容易学会检测人脸的方法。但是，如果想要尝试将这样一种描述输入机器，让机器按照这个描述去检测人脸，目前是难以实现的。因此我们要问，机器是如何在一幅图像中识别人脸呢？做过计算机图像处理的人都

图7.3.2 人脸图像

知道，机器不是靠这种描述去识别人脸的，因为机器不能理解这种描述，它需要通过图像分析理论，建立一套复杂的算法来解决。首先，将边缘检测算法通过计算机编程实现，从人脸图像中提取出灰度、边缘等特征，然后将这些特征构建成一个用于描述人脸的模板，这个模板也称为人脸特征向量；再通过算法，将模板与图像中的某个区域进行比对，当比对结果符合判定准则时，就可以认为检测到了人脸。

7.3.3 人的感知系统特点

除了认知控制系统的层次性之外，人的感知系统也具有其特点。人的感知系统不是无极限的，我们人的感知范围是有限的。例如，人对声音的频率和功率的感知被限定在一定的范围内。人耳听不到超声波，我们也感知不到，但是某些动物，如蝙蝠能够感知到超声波。另外，人对光的频率与亮度的感知也是有限的。我们的眼睛看不到红外线和紫外线。我们人眼能够感受到的光的范围是380~780nm区间，在这个两端之外的红外和紫外部分，人眼都感知不到。人的视觉在空间分辨率上也有极限，过于细小的物体，人眼就无法感觉到。以上事实表明，人的感知系统是有极限的。人的感知系统还具有一些其他的特性。如人的感知系统是非线性的，呈对数特性；人对环境的感知存在延迟；人的感知有错觉；人类通过感知和认知了解客观世界，但感受客观世界的结果，往往会受人的认知和感知特点的影响。

日常生活中,人们凭直觉和常识对事件发生的可能性进行估计进而作出决定。在多数情况下,这些估计是可靠的。但也有相当多的情况下实际的可能性与人们的设想相差很大。人对概率的感知有偏差,如小概率的感受比实际概率大,大概率的感受比实际概率小;确定性的感受是真实的,不确定性的感受是有偏差的;非常不确定的感受与实际比较接近。人的感知系统有处理复杂模式的能力,这是人类认知的一个特点。我们在认知一个景物时,常常注意和寻找它与其他事物不同的地方,然后根据使用目的进行分类和目标的选择,人脑的这种思维能力就构成了模式识别的能力。人的感知系统的这个特点,需要研究人员在分析人类视觉注意选择机制基础上,确立媒体与认知的理论方法,建立计算模型。从人的认知机理可知,人对物体的检测和识别,不只与目标特征的学习有关,也与目标所处的背景特征和目标特征的差异性(或相似度)有关,因此,认知中要特别关注目标周围的背景环境特征。

可以来看这样一个例子。图7.3.3所示一幅图,我们能从这张图里看出什么吗?这张图的特点在于,图中所存在的目标与图中的背景非常相似,所以,不仔细辨别就无法看出其中的一个物体。实际上,图中是一条狗在低头闻路,朝纸面深处方向走。如果仔细观察,可以分辨出狗的头、狗的腿以及狗的后部。为什么很难区分这幅图中的物体呢?就是因为图中的目标(狗)和周围的环境相似度非常大。如果这幅图像是一条狗走在大街上,那么我们就会很容易认识到这是一条狗在往前走。这个例子启发我们,在做媒体认知时,除了要关注目标本身外,还要了解目标周围的背景环境信息。人的感知系统是根据目标和背景这两部分表观上的差别来识别目标个体。这是研究媒体与认知时需要特别注意的。

图 7.3.3　左边图像中你能看出里面的一只狗在哪里吗?

7.3.4　人的视觉感知特点

这一节,主要介绍人的视觉感知特点,包括视觉感知的产生以及关于视觉和空间的感知特性。有统计数据表明,人类信息的获取,80%来源于视觉感知。这表明我们每天得到的信息80%是通过视觉获得的。当然,我们还会通过耳朵听到一部分信息,通过手和肢体触摸到一部分信息,但是主要的信息是通过人眼看到得来的。图像之所以重要,就是因为图像是视觉信息的最主要的一个载体。人去感受客观世界时,实际上主要通过视觉去感知,而图像又是视觉信息的主要载体,因此图像在视觉感知系统中非常重要。人类通过视觉感知理解客观世界,但是感知的结果会因人的感知特点受到影响。

图 7.3.4 显示了两个箭头。这两个箭头两端的箭头方向是不一样的。正是由于两端的箭头方向不一样,它给我们造成了一种错觉,感觉有一条线长,有一条线短。但是,实际上这两条线的长度是一样的。所以,我们的视觉在感知物体时,感知的结果不一定都是真实的。了解视觉感知的特点,是研究媒体认知的基础。在很多媒体处理系统中,必须要了解人的视觉感受。下面,具体介绍有关人的视觉中比较特殊的一些特点。

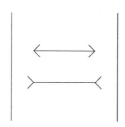

图 7.3.4 两个箭头两端的箭头的方向是不一样的

首先,介绍亮度适应和亮度鉴别。由于图像是一个离散的点集的显示,图像采集传感器 CCD 所采集的是一个一个的离散点,记录在数字媒体上的信号也是一个一个的离散值。我们考察一下人眼对不同亮度的鉴别能力。众所周知,人眼能够看到很暗的景物,也能看到很亮的景物,这个能力称为人眼的亮度适应。人眼的亮度适应范围是非常宽的,人的眼睛能够在黑夜里看到非常黑的物体,也能够在非常明亮的大厅里面看到很多的内容。从夜视一直到闪光灯的强闪光,亮度变化有多少呢?这是一个 10^{10} 次方量级。

人眼大致能在这个范围内感受到光的存在。例如,在图 7.3.5 黑夜中,我们能看到在月光下出现的物体;也能够看到被闪光灯照射下的物体,在这样广域的光强变化范围的物体人眼都能够观察到。但是,人眼在这个范围内是怎样工作的呢?我们来考察人眼的感光特性。虽然人眼对光强的适应范围是 10^{10},但是,人眼不能在一个范围内一直这样工作。在白天,人眼的视觉工作在 10^6 的范围内,比总适应范围要小,如图 7.3.6 中的曲线所示。

图 7.3.5 黑夜中在月光下和闪光灯照射下的物体

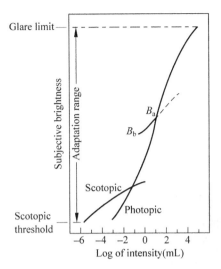

图 7.3.6　人眼亮度适应曲线[1]

如图 7.3.6 所示是一条关于人眼亮度的曲线。我们来看人眼亮度感应特性曲线。这条纵向曲线是人眼的整个**亮度感应的范围**。可以看到，曲线可以从一个很暗的地方到达一个很亮的地方。但是它的工作不是沿这条线变化的。人眼对亮度的感应是怎么变化的呢？人眼的变化曲线实际上是像图中 B_a 和 Scotopic 这样的一条曲线。在暗光处，感受亮度的曲线沿 Scotopic 曲线变换；在明亮处，从 B_b 到 B_a 变化。从 Scotopic 到 B_b 的变化曲线，即纵向的那条曲线，曲线上不同的点，被称为**亮度适应级**。也就是说，人眼从这个亮度适应级调到另一个亮度适应级，它不是沿着这条纵向曲线缓慢变化过来的，而是从 Scotopic 到 B_b 的变化。这个变化需要时间，这个特点被称为人眼的**亮度适应**。人眼通过改变灵敏度来调节不同范围内的鉴别，这就是人眼的亮度适应的基本工作原理。现实生活中，有关这个特性的例子很多。例如，大家买票去电影院看电影，如果你进放映厅时电影已经开映了，那么你进去的头几分钟之内，你去找自己的座位时眼睛基本上看不到座位上的牌号。这是因为，你从一个很亮的地方进入到一个很暗的地方，亮度感应一开始还处在高亮度处，然后从高亮度处向低亮度处调整，调整到 Scotopic 位置以后，你才能慢慢地适应这样一个亮度范围，然后你才开始慢慢地看清。也就是说你进到电影院以后，经过几分钟，才能看清周围的同座，能够看清你的座位。同样，当我们从一个很暗的地方来到一个很亮的地方时，人眼的适应也需要调整。这就是为什么在井下遇到事故被埋的工人被救出来以后，我们需要把伤者的眼睛给蒙上。因为这个时候他的调节能力是非常差的，如果他不及时从很暗的亮度适应级调到高亮度适应级，他的眼睛就会致盲。当然这个时候他的调节能力应该很差，他自身很难完成这个调节，所以必须把他的眼睛蒙上，给他更长的调节时间，慢慢恢复。这就是我们知道人眼的亮度适应以后所采取的防护措施。交通领域也有同样的例子，如果大家有过开车或坐车经历，那么当你开着车进入隧道的一瞬间，你会发现非常暗，以至于看不清前方的道路；同样当你从一个很暗的隧道里开出来，离开隧道时，你会发现周围的光非常亮，以至于眼睛白茫茫一片也看不清前方的道路。这都是我们人眼的亮度适应所造成的。了解了亮度适应以后我们在处理一些问题时就需要特别的考虑,例如在隧道的进口处,需要打特别亮的灯;出隧道时,在隧道口需要点比较亮的灯,让人眼慢慢适应比较亮的环境,这样出隧道时就不会遇到问题。

另外,人眼还有一个特点就是人眼感觉的亮度不是简单的光强度函数。我们来看图 7.3.7 这样的一张图。相信绝大部分人看到这张图,都会感觉到在这些灰度变化的界面上,即在交接处会有一个带毛刺的感觉,好像每个灰度条带的灰度不均一。实际上,在每个灰度条带中其灰度是完全一样的,也就是说它的实际灰度的值是相等的。但是由于人眼对边缘的感觉非常敏感,这就使得人眼的感知亮度并不是一个亮度强度的函数。这是人眼的一个特点。

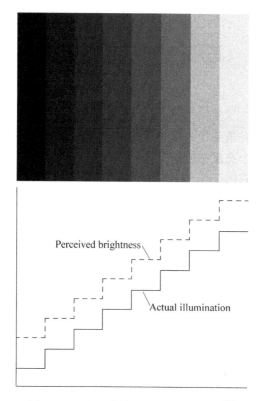

图 7.3.7　人眼感受光强的马赫带效应[1]

此外,人眼还有空间和时间的特性,我们也必须要了解。例如,人眼有分辨率,可以用兰多尔特环(Landolt)鉴别人眼的分辨率,如图 7.3.8 所示。在一定的距离内,我们能分辨的物体的大小,称为人眼分辨率。同样的一个东西,你在近处能够看到它的细节,在远处就看不到它的细节,只能看到它的轮廓,这就是人眼的空间分辨率。人眼的空间分辨率有什么应用呢?我们来考察图 7.3.9 的车模型。

图 7.3.9 中车的模型是用三角形面片组成的。左侧的模型用了 2790 个三角形的面片来构成这个车的模型;通过一种算法把模型的三角形面片减少,减少到 712。这时,你会发现这个模型有点不太好了,有的部位已经凹进去了;再把它减少,变成 164。这个车的形状已经很不好看了,与 2790 个三角形的面片构成的车相比,它已经变得很粗糙了。

图 7.3.8　兰多尔特环(Landolt)

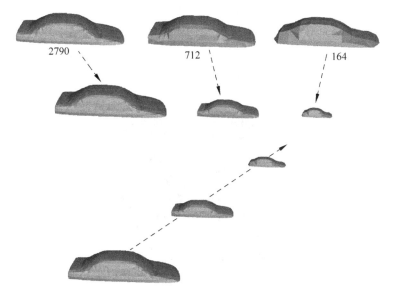

图 7.3.9　不同分辨率的车模型及其在不同视距下的显示

这时，把它拿到近处看感觉到很粗糙。但是如果把它放远了看，粗糙感就不这么强烈了。那么，如果把这些车都放远了以后看，它们之间还有很大的差别吗？差别就变得不是很大了，或者说看不出差别了。利用人眼具有空间分辨率的原理，我们在处理媒体时，对近处的物体用比较多的细节来描述，如果这个物体放到比较远的地方，可以用很少的细节去描述，并不影响视觉的感知，也不影响人的认知，我们仍然会认为它是一辆车，也不感觉到它缺了什么东西，因为人眼的空间分辨率是有限的。

上面所述的人眼空间分辨率有什么用处呢？一个应用就是在图形显示中。玩过游戏的人知道，游戏的很多场景都是用三维图形，如多边形或三角形面片(patch)制作的。如果一个场景中，这辆车所占画面的面积很大，它会把其他东西都挡掉，那么，用比较多的细节来描述车是没有问题的。但是当这辆车开的比较远了，这时场景当中可能会出现很多车。这时想象一下，如果不消减这辆车中三角形面片的数量，例如仍然用 2790 个，在同样的一个场景内描述一辆车，当进来 10 辆车时，三角形面片的数量就会达到 27900 个。这时计算机的图形绘制速度就会大大下降，画面的连续性就会受到很大影响。为什么呢？因为数据量太大了。那么现在的图形绘制是怎么处理的呢？就是当这个车跑远时，就把它的三角形面片的数量降下来，这样即使在远处有很多车，由于三角形面片的数量大大减少，尽管进来的车比较多，但是总体的数据量并没有增加，因此游戏还能很顺畅地运行。

这就是利用了人眼的空间分辨率特性。

人眼还有错觉,如图 7.3.10 所示。相信很多人对这个图的认识是不完全一致的。有人认为这是两个人头相对,也有人认为这是一个高脚杯。关于对这张图的认知,应该说是受人的心理因素所主导,也就是说背景和图形的一种换位,不同的心理主导能够导致不同的结果。这就是人类视觉认知的一个很有意思的地方。此外,还有类似的一些视觉认知特点。例如,人眼的视觉感知具有填补不存在的信息的功能,见图 7.3.11。也就是,尽管只画了四个缺了一个四分之一角的球,很多人还是会感到它的中间好像放了一个立方体;右边的图中心好像感觉有一个圆球;左下图中的两条线实际上是一样长的,但是由于两端箭头的作用,感觉其中一个比另一个长;右下图中的线都是平行的,但是由于那些横竖短线的影响,感觉到这些线并不平行,右侧的图也是如此。所有这些都是人眼的一种错觉。

图 7.3.10 受心理因素主导:背景与图形的换位

图 7.3.11 人眼的视觉感知具有填补不存在的信息的功能

图 7.3.12 是一幅非常著名的画,是在测试人眼的视觉感知时非常有名的画,你可以把她看成一位老妇人,也可以把她看成一位少女。如果把她看成一位妇人,中间部分就是她的鼻子,下面部分是她的嘴和下巴;如果是看成一位少女,中间部分就是她的下巴,下面部分就是她的脖颈,她的面部朝向纸面。这幅画由于受每个人的心理因素的影响,因此所认知的结果是不同的。

图 7.3.12　一幅非常著名的画,测试人眼的视觉感知

以上事实说明,人对于事物的认知,实际上会受到环境的影响。这种影响效果,使得感受和实际情况存在偏差。这就是在前面讲到的,人的认知是有偏差的。

最后,再介绍人眼视觉的时间特性。人眼视觉的时间特性,是指人眼具有暂留特性。有一个著名的实验。1829年,比利时著名的物理学家约瑟夫·普拉托,为了考察人眼耐光的限度,以及他要观察的物象滞留的时间,他曾经一次长时间对着强烈的日光凝目而视。很不幸,最后他因此双目失明。但是他的科学探索的精神是非常令人敬佩的。他发现了什么呢？他发现当他凝视太阳后,太阳的影子深深地印在了眼睛里。他由此发现了"视觉滞留"的原理。也就是说,当我们眼前的物体被移走以后,实际上,物体在视网膜上的物象是不会立即消失的,它会暂留一段时间。经过实验证明,暂留的时间是 0.1～0.4s。由于他的发现,后来人们就利用人眼暂留的特性,发明了电影和电视。电影胶片是以每秒 24 格显示的图像,电视是以每秒 25 帧显示的图像,那么,人眼为什么能看到图像中的人物和场景在运动呢,其实就是利用了人眼视觉的暂留特性。虽然它是一幅一幅显示,但是人们感觉到它是在动的。另一个很有意思的例子就是北京的地铁。坐地铁时会发现有的隧道两边会出来画面动的电视,实际上那就是一幅一幅显示在那里的画面,当然画面内容是有规律地变化的,地铁一开过去,看起来和电视一样。

7.4　智能媒体处理

前面介绍了关于媒体的概念和表现形式,以及人类视觉感知和认知的一些特点,接下来介绍关于媒体认知的智能化处理方法和手段。实际上前面的基础知识,就是为了这部分的内容的展开,因为实际应用系统需要去处理和认知所接触到的媒体。

7.4.1　媒体内容的特点

从概念上而言,信息技术领域中的"媒体",是一种信息内容的表达形式。信息最本质的概念,是客观事物属性的特征。因此,媒体与认知研究的核心,就是对一定形式的媒体进行智能分析,处理媒体内容,进而达到认知媒体。这是智能媒体处理的目的,即要认知媒体的内容。对媒体的内容进行智能处理,即是媒体认知,实际上就是要"认知媒体"。之前各章介绍了很多内容,包括比特逻辑、程序处理、数据与算法、数据包网络,这些都是媒体认知的基础。

媒体是信息的一种表现形式,而媒体内容是信号的一种集合。在物理意义上,信号是信息变化的形式。例如记录的图像,它的每一个像素的幅度大小,都是一种信号。因此,对媒体内容进行处理,就需要提取信号的特征,认知信号的特点,进而认识媒体的内容。这是媒体认知要解决的核心问题。举一个信号集合的实例。例如语音是一维信号,波形的变化构成不同的语音,如图 7.4.1 所示。图像是二维信号,每一个坐标位置上的像素都有辉度值的变化,形成了一幅二维图像。如果在时间轴上产生不同的图像,就形成了视频;如果增加 Z 方向的坐标,就构成三维图像信号。在形态上,信号表现为一种波形。在数学意义上,信号是一个或多个变量的函数,自变量包括时间、位移、周期、频率、幅度、相位等要素。对信号进行分析,是媒体认知的一个基础。从概念上说,信息技术领域中的"媒体"是指一种表达信息内容的形式。信息最本质的概念是客观事物属性的特征,因此,媒体与认知研究的核心,就是对一定形式的媒体,进行智能分析和处理,掌握媒体内容,进而达到认知媒体的目的。

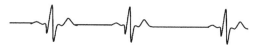

图 7.4.1　一维信号表现为一种波形

7.4.2　信号分析方法

针对信号特点,对其进行特征提取、分析和表达。特征提取和分析表达所涉及的主要知识点如下:

第一,了解信号的基本分析方法。

例如,信号的时域分析就是在时间轴上分析信号变化的规律,发现信号的特点;信号的频域分析就是对信号进行一种变换,例如傅里叶变换,把信号变换到频域,在频域分析信号的频率组成。

傅里叶变换是信号分析的基础。傅里叶指出:任何周期函数都可以表示为不同频率的正弦和、余弦和的形式。傅里叶变换可以获得随机信号的能谱分布及随机信号的参数概率分布。图 7.4.2 显示了一维信号的傅里叶分析结果,最下端信号波形可以分解为上端各波形的组合,即上面四个波形的组合构成了最下端的信号波形。

信号的基本运算、信号的时域分析、信号的频域分析和它的傅里叶变换。如图 7.4.2 最下端所示的波形,实际上就构成了一个时域的波形信号。这里面包含了一些信息内容。为了获得其中所包含的内容,需要对它进行分析。对信号做分析,实际上就是要了解信号

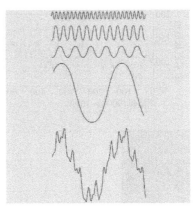

图 7.4.2　一维信号的傅里叶分析：最下端信号波形可以分解为上端各波形的组合

的组成。图 7.4.2 的例子说明什么呢？它表明，在得到了一个波形以后，如果对这个波形做傅里叶变换，就会分析出它的组成，如正弦波成分。因此，我们就可以从中了解到这个信号的组成以及特性，进而可以对这个信号的来源以及内容进行处理和认知。这就是傅里叶变换要解决的一个核心问题，即信号的频谱组成。换言之，对一个信号做分析，我们就能够知道这个信号的组成，从而达到了对这个信号的认知。这是信号分析的一种典型方法。

第二，了解概率、数学期望、随机变量分布以及马尔科夫链。

这里有几个重要的概念，即概率、数学期望、随机变量分布以及马尔科夫链。关于随机变量分布，可以看下面这个例子。图 7.4.3 是通过视频拍摄的一个场景的视频图像。图中左上的地方画了一个圆圈。现在，观察一下这个圆圈中心的像素的灰度变化情况。经过统计发现，它的变化规律是呈如图的一个波形。通过这个例子可以知道，当我们利用摄像机对着一个地方进行拍摄，视频图像中任何一个点的灰度（幅度值），或者说它的亮度，不是一个固定的值。它在一个范围内不断地变化，变化的规律类似于这样的波形变化。这个中心像素可以看作是一个随机变量。这个随机变量的分布是一个高斯分布，也称为正态分布。正态分布的中心就是均值，即所有辉度变化的均值。因此采用数学期望来描述随机变量大致的变化情况。对于另一个像素点，它的均值不一定在 100 的位置上了，可能会在 50 的位置上。这就是随机变量的数学期望。

$$f(x)=\frac{1}{\sqrt{2\pi}\sigma}e^{-\frac{(x-\mu)^2}{2\sigma^2}}$$

但是，如果只计算随机变量的数学期望，还不能完全描述出一个随机变量的特性。例如，某部队进行作战训练，现在有甲、乙两门炮。这两门炮同时向一个目标射击 10 发炮弹。炮弹落点距离目标的位置，由图 7.4.4 的两张图表示。如果仅看均值，这两组炮弹距离目标的均值是一样的。都是图中的红点，大致的位置是相对集中的。但是我们会发现，如果只看右边乙炮射击的弹着点图，很容易能感觉到，乙炮的射击精度要高于甲炮的射击精度。因此，这个例子说明，仅采用均值描述一个随机变量是不够的。如果这两门炮射击到某些位置，只用弹着点的平均值做统计，就会发现甲、乙两炮的射击精度是一样的。但

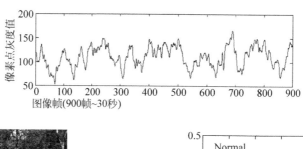

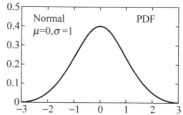

图 7.4.3　通过视频拍摄的一个场景的视频图像中某个点的灰度变化情况

是很显然,乙炮的弹着点更集中一些,甲炮的弹着点更分散一些。那么,怎么样去描述它们之间的差别呢?由此引出了方差的概念。就是这些点离平均点的距离的累积和也作为评价内容。因此,在做随机变量分析时,除了均值外,还有方差。所谓方差,就是一段时间内,它离均值的距离大小。所以,通常是采用均值和方差来描述一个随机变量。

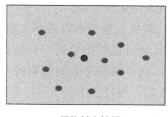
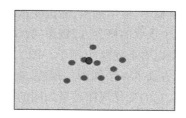

(a) 甲炮射击结果　　　　　　(b) 乙炮射击结果

图 7.4.4　甲、乙两门炮同时向一目标射击 10 发炮弹,其落点距目标的位置图

随机过程,就是利用统计学方法,研究随机信号(随机变量)的变化规律和动态关系。客观世界中有这样一种现象,过去的知识并不影响现在如何决定未来。这种在已知"现在"的条件下,"未来"与"过去"彼此独立的特性称为马尔科夫性,具有此性质的随机过程称为马尔科夫过程,其最原始的模型是马尔科夫链。马尔科夫链的例子:苏格兰植物学家布朗(R. Brown,1773—1858)于 1827 年发现的悬浮微粒的无规则运动。马尔科夫性是随机过程中非常重要的一个概念。马尔科夫链,简单地说,就是下一步要做什么,与前面那一步是没有关系的,只与当前这一步有关系。举一个例子,明天下不下雨,与昨天没有直接关系,只与今天的天气有关系。这就是一个典型的马尔科夫链,也是我们所涉及的第二个很重要的概念。

第三,了解离散信号分析、离散傅里叶变换以及数字滤波器的设计。

图 7.4.5 显示了图像信号的谱分析结果:二维离散傅里叶变换。傅里叶变换是分析时域信号中所包含的频率成分的一种有效方法,可以得到频域的频谱分布。通过频谱分

析可以获得信号的特性,这是了解信号特性的一种手段。对于二维图像信号同样可以采用这种分析方法。图 7.4.5 左边是一幅图像,是一幅集成电路的扫描电子显微镜图像。其中包含两个主要特征:±45°的边缘和一条白色氧化带。对这幅图像进行二维离散傅里叶变换,于是得到右边的频谱图。我们从频谱图中可以分析出关于这个信号的一些特性。仔细观察这幅频谱图,再对照左边的原图像,会发现频谱图与图像之间存在一定的关联。频谱显示了沿着±45°方向所对应的原图像中的边缘,频谱图中垂直方向的成分是由原图像中那条白色氧化带所导致的。傅里叶变换也是二维图像信号分析的基础,可以利用二维离散傅里叶变换进行二维信号的频谱分析。

图 7.4.5　图像信号的谱分析:二维离散傅里叶变换[1]

第四,了解媒体处理方法。

以图像为例,图像媒体的主要处理算法包括图像增强、图像复原、图像分割、图像识别等。同样,语音媒体和文本媒体也有类似的处理方法。这些处理方法在今后的专业课中都会涉及,可以进一步学习这些相关的知识点,对于对媒体进行智能处理、认知媒体是非常重要的。7.4.3 节介绍媒体的智能处理方法。

7.4.3　智能处理方法

本节中,以图像媒体为例,介绍媒体处理的具体方法。图像媒体处理,主要包含图像增强、图像复原、图像分割、图像识别等内容。

1. 图像增强

目的是对图像进行加工处理,以得到视觉效果更好、更清晰的图像。图像增强的典型算法是直方图均衡化和直方图规定化。

只有在认知了媒体以后,才能更有效地处理媒体。处理媒体以后,又可以得到一个更好的媒体服务于认知。图 7.4.6 显示了有两幅图像。左边一幅图像由于曝光不足等原因显得过暗,很难看到其中的内容。这样的媒体就不利于使用者使用。右边这幅图像比较亮,导致较亮的地方过饱和了,也无法让人分辨清楚其中的内容。这两幅图像都是很差的图像,对比度都不好。那么,对它进行处理,使图像变得好看,以便让人们更容易理解图像的内容及所包含的信息。这个处理的过程称为**图像增强**。

图 7.4.6　对比度差的图像二例：左图对比度低且整体偏暗；右图对比度低且整体偏亮

图像增强最典型的方法就是直方图均衡化。可以采用一种信号处理的方式，把这两幅图变成灰度、对比度分布比较均匀的图像。图 7.4.7 显示了对图 7.4.6 的两幅图像进行图像增强后的结果，可以看到图像对比度明显改善。还有一些其他的例子。例如，一幅带有很多噪声的图像，经过处理以后，将原图像变成一幅非常干净的无噪声图像。这些处理同样需要对图像做分析，所谓的图像分析就可以理解为对媒体的认知。

图 7.4.7　图像增强结果[1]

2. 图像复原

图像复原是对一幅产生模糊的图像进行去模糊化处理。图像产生模糊的原因或者是由于传感器内部噪声，或者摄像机未聚焦，或者物体与镜头之间的相对移动，等等。图像复原的主要目标是消除图像模糊。数学上是对退化的图像进行逆滤波处理。

图像复原的最主要任务是通过对退化的图像进行逆滤波，把原来模糊的图像恢复成一幅非常清晰、漂亮的图像。我们看这几幅模糊的图像，这些图像由于在拍摄时，在快门打开的时间内摄像机和目标之间产生了相对的运动、抖动等，使拍摄获得的图像变得非常模糊。图像复原仍然需要对媒体进行认知，分析图像模糊产生的原因，建立退化模型，然后进行逆滤波处理，最终获得复原后的高质量的图像媒体。

图 7.4.8 是模糊图像复原实例。图 7.4.9 显示了对一幅模糊的人脸图像处理以后的结果，得到了没有受到干扰的图像。图 7.4.10 左图是一幅受到正弦波干扰的图像，图像中有一些波纹。对它进行处理复原，就需要对它进行分析，分析产生条纹干扰的原因和造

成这种波纹式干扰的频率成分,然后采用相应的办法,把这些波纹的干扰消除,最终得到一幅如右侧图像所示的干净漂亮的图像。对该图做傅里叶变换后得到的傅里叶频谱是这样一幅图,在中心的频谱成分是图像的原来成分,其周围有分布的点,一共是八个点。这八个点就是图像的噪声干扰点,表明干扰信号的频率成分。通过傅里叶变换分析处频谱上的干扰点后,可以构建一个滤波器,在频域把这些干扰点滤除。该滤波器是一个线波滤波器,就是把在干扰点位置上的频谱滤除。干扰的频率成分被滤除后,就得到了一张清晰的、没有受到干扰的干净图像。上述过程表明,对受到干扰的图像,需要对它进行分析和认知,再恢复它的本来面貌。

图 7.4.8　模糊图像复原实例:左侧为模糊原图像,右侧为复原图像[1]

图 7.4.9　模糊图像复原实例:左侧为模糊原图像,右侧为复原图像

图 7.4.10　模糊图像复原实例:左侧为模糊原图像,右侧为复原图像[1]

3. 图像分割

图像分割是数字图像处理中的重要技术,将图像分为构成它的子区域,获得感兴趣目标。例如,在工业检测当中,图像分割可用于对生产线上的的零件识别;在医学诊断中,

需要对某种染色体进行分割以获取组织成分；在军事侦察与监控中，需要对出现的目标进行检测等。图像分割主要利用梯度算子与边缘检测，对图像求导数可以检测图像中的边缘点，确定目标物体的边缘，从中提取出目标。图像分割仍然是通过媒体的认知，发现媒体的属性，通过对媒体的处理，认知媒体的内容。图7.4.11是图像边缘检测与分割的一个实例。

图7.4.11　图像边缘检测与分割实例

4. 图像识别

图像识别包括目标检测、目标识别。主要是把场景中感兴趣的物体检测出来。运动目标检测可以通过背景建模——图像差分——阈值分割——前景提取，以检测出目标。在视频监控中，需要发现一个场景中是否有物体出现，称为侵入检测。运动目标的检测，就可以解决这样的问题。在一些重要的场合，如果不应该有人进来的地方有人进来，就需要通过图像分析的手段发现进入的目标，然后根据情况进行报警。为了识别出进入的物体是什么，可以将其分割出来，通过提取目标的轮廓，实现对目标的识别，如图7.4.12所示，这是对媒体的一种智能处理。发现不该出现的物体，就是对媒体内容的一种认知。另外，还有检测场景中的车辆，检测到车牌，再对车牌照进行识别，之后读出这辆车的车牌号。这些都属于对于媒体进行认知，进而获取媒体的内容。

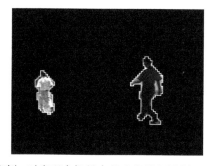

图7.4.12　视频监控中的目标检测实例：对出现在场景中的人物进行识别

上述的知识点和概念，如信号、概率、信号处理等所涉及的相关的课程，今后将在信号与系统、概率论与随机过程、数字图像处理等专业基础课和专业课中学习。这些课程包含信号和信息处理领域重要的专业知识。

7.4.4 深度学习方法

深度学习是一类新型统计模式识别方法的统称。深度学习由人工神经网络发展而来,是机器学习领域中一个新的分支和研究方向,与人工智能密切相关。近十几年来,随着深度学习研究的进一步深入和应用的不断发展,其在图像识别、视频分析、语音识别、自然语言处理、数据挖掘等研究方向取得了显著的性能提升效果。由此,使得深度学习方法在视频安防、智能交通、工业自动化、智慧农业、智慧医疗、智慧城市、军事国防等众多领域开始广泛应用。

深度神经网络以分层的方式模拟大脑神经元的活动,数据的传播和处理方式与大脑神经元类似,由 Geoffrey Hinton 领导的研究人员,已经证明了深度神经网络模型在处理大量数据和提高机器学习能力方面的巨大潜力。一方面,深度学习一定程度上受到神经科学启发,试图在大脑神经机理层面上对动物、人类进行模拟,让人们看到了真正意义上实现人工智能的曙光。当一个物体经眼睛成像后,其影像从被视神经接收到最终被大脑识别、理解,需要经过多层神经归纳与传递。深度学习正是采用了颇为类似的自下而上传递、从敏感细节到感知全局、逐层抽象的作法。如图 7.4.13 所示,对图像在一个典型卷积神经网络模型(CNN)中不同层的特征进行可视化,能够观察到:低层特征主要响应点、边缘等细节信息,中层特征主要响应纹理、部件等较抽象信息,而高层特征主要响应类别、语义等高度抽象信息。此外,深度学习常用的卷积神经网络结构,与动物视觉神经的机理也有相似之处。另一方面,深度学习使得计算机视觉的能力水平达到了前所未有的高度。进入 21 世纪以后,随着大规模数据集的出现和计算机硬件特别是 GPU(Graphics Processing Unit,图形处理器)的发展,计算机计算处理能力有了巨大的提高,为基于大数据的计算机视觉研究提供了平台支撑,随之而来的是深度人工神经网络分类性能的广泛而显著的提升,因此深度学习得到了广泛的认可,直至 2010 年以后深度学习的爆发。LeCun 提出的卷积神经网络、Geoffrey Hinton 在 2012 年发表的论文 *ImageNet Classification with Deep Convolutional Neural Networks* 为深度学习打下了良好的基础,由此在计算机视觉领域掀起了一场革命性变革。

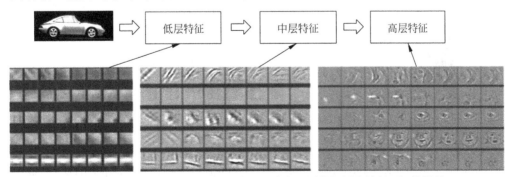

图 7.4.13 数字图像在深度卷积神经网络中不同特征层的特征可视化结果
(三张特征图来自 Zeiler M D 等,ECCV2014)

深度学习方法主要由以下 4 个部分组成：数据采集和标注，深度网络模型构建，模型训练与优化，测试与评价。

在实际应用中，例如图像分类、语音识别、医学影像识别中，深度神经网络模型的分类准确性得到了显著的提升，已经可以为用户提供可靠的智能服务。由于深度神经网络中的待学习参数量巨大，动辄几千万甚至上亿。以典型的 VGG16 模型为例，其参数数量约为 1 亿 4 千万个。如此多的参数，从数学方程求解的角度考察，则需要巨大的数据进行学习和求解，因此，在进行深度学习训练之前，根据目标任务的特点，构建较大数据集用于深度神经网络的训练，实现模型参数的求解，就是必须要完成的一项工作。数据的采集可以根据深度学习的任务而进行。例如，如果要进行人脸识别的深度学习训练，就应该采集大量的含有人脸的图像或视频；如果要进行车辆识别，则需要采集大量包含车辆的图像数据；如果要对医学影像进行深度学习自动诊断，如肺部疾病的图像识别，则需要收集大量的 X 光胸片数据；在进行语音识别的深度学习训练时，可以采集大量的语音相关数据。由于目前的深度学习主要是以鉴别式学习为主，生成判别模型，因此，有时根据任务需要，除了要采集大量正样本之外，还需要采集等数量或几倍数量的负样本。随着深度学习的发展，已经有一些典型的数据集公开供研究人员使用。这些公开的数据集极大地降低了广大深度学习研究者进行数据准备的难度。

深度网络模型对深度学习的性能具有一定的影响。比较知名的有牛津大学在 2014 年提出来的 VGG 卷积神经网络模型，2014 年 Christian Szegedy 提出的一种全新的深度学习结构 GoogLeNet（也称 inception），2015 年由微软研究院的 Kaiming He 等提出的 ResNet（Residual Neural Network）模型，以及英国剑桥大学 Computer Vision and Robotics Group 的 SegNet 模型，等等，这里不再一一列举。图 7.4.14 所示是 VGG16 的网络结构图。

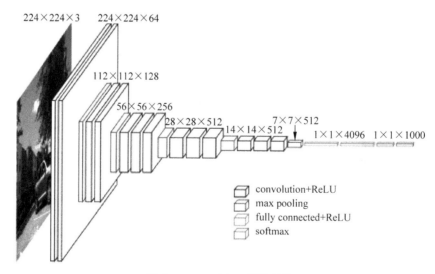

图 7.4.14　VGG16 网络结构

(Copyfrom：https://blog.heuritech.com/2016/02/29/a-brief-report-of-the-heuritech-deep-learning-meetup-5/)

模型的训练的基本过程如下：对数据预处理、将数据输入神经网络（每个神经元先输入值加权累加再输入激活函数作为该神经元的输出值）正向传播并计算得分；将"得分"输入误差函数（正则化惩罚，防止过度拟合），与期待值比较得到误差；通过反向传播（反向求导，误差函数和神经网络中每个激活函数都要求，最终目的是使误差最小）来确定梯度向量；通过梯度向量来调整每一个权值，向"得分"误差趋于 0 或收敛的趋势调节；重复上述过程直到设定次数或损失误差的平均值不再下降（最低点），训练完成。

　　在深度学习训练中，训练是在训练数据集上进行的，经过训练获得的模型需要在测试集上进行泛化能力的测试。测试集作为新的测试数据不能参与训练过程。训练获得的模型是否能够拟合新的测试数据称为模型的泛化能力。如果模型设计的合理，并且训练得当，则模型的泛化能力就强，反之泛化能力弱，在测试集上的性能就会有较大下降。为了测试深度网络模型的泛化能力，训练好的模型都需要在测试集上进行测试。同时，在测试时，需要定义性能的评价指标和评价方式。评价指标可以对模型在测试数据集上的性能进行评价。

　　当前，计算机视觉是深度学习乃至人工智能研究中颇为活跃和卓有成效的前沿领域。计算机视觉的终极目标，是使机器视觉能够像人类视觉一样，具有智能的视觉感知和认知能力，包括实现复杂目标的识别、丰富场景的理解，甚至人类感情流露的察觉。同时，还希望能够将语言与计算机视觉结合，将视觉的结果加以表达，或完成某项指定的任务。2012 年，Geoffrey Hinton 带领的团队采用卷积神经网络的方法，在当年的 ImageNet 大规模图像分类竞赛中，以绝对优势获得第一名。自此以后，越来越多的计算机视觉细分领域中，深度学习方法大幅超越传统计算机视觉方法，并仍在逐年快速攀升中。目前，基于深度学习的人脸识别算法，在人脸识别权威测试库 LFW 上的准确率已经达到 99.8%，超过了人类 97% 的性能；ImageNet 上的目标检测准确率超过 66%；场景分类 top-5 的错误率低于 10%；基于给定数据的定位错误率低于 8%。2017 年，国际计算机视觉两大顶级会议发表的论文，在低中层视觉、图像描述生成、三维视觉、计算机视觉与机器学习理论、弱监督下的图像识别等五大前沿领域都有了令人赞叹的新进展。CVPR2017 和 ICCV2017 发表的论文和专家报告表明，自然场景理解和与语言结合的计算机视觉，将是今后一个时期深度学习和计算机视觉研究的发展方向和进一步研究的挑战性课题。自然场景理解和与语言结合的计算机视觉，将搭建起一座跨越人类和机器之间鸿沟的桥梁，沟通人与机器之间的交流，为人机和谐的机器系统奠定良好的技术基础。

　　深度学习在计算机视觉上初露锋芒，便吸引了学术界、工业界甚至是金融资本的强烈兴趣、密切关注与大量投入。据统计，近年来，计算机视觉三大顶会（CVPR、ICCV、ECCV）的论文中，半数以上的论文均与深度学习相关；谷歌、脸书、苹果等科技巨头均以深度学习为主要方向牵引其在人工智能、计算机视觉方向的战略发展；国内一些科技公司也均围绕深度学习打造其核心竞争力。面对这一现象，一些理智的学者、专家也发出了另外的声音。例如，著名华人数学家朱纯松多次呼吁计算机视觉研究人员在深度学习大潮冲击下，应保持"正本清源"的清醒。近日，被誉为"深度学习教父"的 Hinton 也对目前广泛采用的反向传播方法提出了怀疑，认为深度学习存在"推到重来"的可能。深度学习与计算机视觉仍面临着巨大的未知与挑战，有待学术、工业界的协力探索。

7.5 媒体认知应用

7.5.1 媒体与认知的相互作用

学习媒体与认知,是要通过对媒体的处理,认知媒体。而认知媒体,就是认知媒体的内容,分析媒体所承载的信息。通过对媒体的认知,可以生成高质媒体,获得了高质量的媒体,反过来又可以获得对媒体更好的认知。这是一个相辅相成、相互促进的过程。

媒体与认知技术,包括信息采集、信息编码、信息传输、信息处理、信息显示以及应用等多个部分。对图像和语音信息而言,包括图像和语音采集、图像和语音传输、图像和语音处理、图像和语音识别、图像和语音显示,以及图像和语音应用。上述处理技术以系统设备和装置的形式在日常生活得到了广泛的应用,如摄像机、麦克风、图像显示器、电子显示屏、智能手机、视频监控系统等。其应用涵盖了国防军事、公共安全、工业自动化、交通运输、医疗诊断、气象预报、资源勘探、文化娱乐等众多领域。

通过对媒体的处理,人们可以认知媒体;通过对媒体认知,可以获得媒体的信息并生成高质媒体;在高质媒体的基础上,又可获得对媒体更好的认知,提升人类认识客观世界的能力。下面,概括介绍媒体认知技术在上述各个领域中的典型应用。

7.5.2 媒体认知应用领域

1. 军事和安全领域

在军事领域,主要应用是在信息感知和情报侦察方面,如军事侦察、导弹制导,以及军事模拟训练。20世纪末以及21世纪初发生的多次局部战争,我们称之为"高技术条件下的战争",其特点是对信息的利用程度大为增加。作战双方运用一切战场感知和侦察手段,包括星载、机载、车载、舰载和人工携带的各种侦察设备,及时掌握战场态势和情报信息,使己方处于主动有利的位置。对信息的利用程度的增加,导致对信息的获取、传输、处理、存储和显示的需求越来越高,其各部分对承载信息的媒体认知成为必然要求。军事行动的成功很大程度上要归功于信息技术的高度发达。这些信息都是通过利用图像、语音、无线电信号等先进的情报侦察、全球卫星定位、惯性导航、态势感知等一系列媒体认知技术所构建的信息系统和智能化平台所获得的。

在公共安全领域,视频监控系统通过图像传感器获取监视场景的图像,一旦有目标进入,可以通过图像处理技术发现运动目标,对其跟踪并加以识别,进行报警。另外,还有人脸识别、指纹识别等身份认证系统。例如,两枚指纹是否一致,首先需要把指纹提取出来,然后进行比对,判别是否是同一个人。图 7.5.1 显示了一个指纹采集图像与纹线提取结果。图 7.5.2 显示了一个视频监控系统中的侵入人物检测实例。

图 7.5.1　指纹采集图像与纹线提取结果

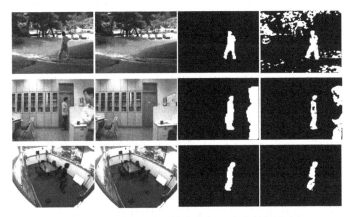

图 7.5.2　视频监控系统中的侵入人物检测实例

2. 资源与环境保护

在资源与环境保护方面,可以利用遥感技术对我们生活的环境进行监测。湖泊的污染情况、受灾的情况,都可以通过遥感技术进行实时监测。环境的污染,也可以通过图像分析获知它的实际状况。

遥感技术的应用:可以利用卫星平台,从空中远距离对地面进行观测;可以进行地质资源勘探、地图绘制、地理信息系统(GIS)构建、观测河流分布;可以进行环境监测,对水质及大气污染调查,也可以利用卫星遥感对海洋污染实施监测。图 7.5.3 显示了一幅某地区的遥感图像。

3. 海洋与气象

在海洋和气象方面,可以通过对卫星云图的分析,进行天气的预报。通过对云图的分析,可以进行近期、中期、长期的天气预报。每天从中央电视台看到的天气预报信息,就是设在国家卫星气象中心的接收设备,接收从卫星上发来的卫星云图,然后通过云图分析,预测明天或将来、在哪个地区、将发生什么样的天气现象。云图分析是利用卫星遥感技术,通过采集云图图像,利用计算机图像处理技术对所拍摄到的云图进行分析,进而实现对大气和海洋的动态监测。图 7.5.4 显示了卫星遥感图像的拍摄。

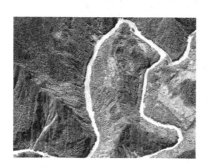 

图 7.5.3　某地区遥感图像　　　　　图 7.5.4　卫星遥感图像的拍摄

4. 工业与交通

在工业自动化领域,可以利用超声波图像进行工业产品的无损探伤、表面和外观的自动检查等。这些应用都需要对图像媒体进行分析,处理后获知它是否存在缺陷问题。另外,工业自动化生产线上的机械手也是通过机器视觉确定物体的位置、方向、状态,完成操作任务。用机械手抓一个产品或零件时,需要通过机器视觉去分析确定所要操作的物件在什么位置,然后让机器手运动过去取这个物件,实现工业生产线的自动控制。

在交通领域,可以检测场景中的车辆,统计出每个小时通过了多少辆车,以及通过了什么样的车。通过获取这些交通的信息,发挥智能交通的作用。此外,还可以进行车牌照识别、路况检测等。智能交通系统(ITS)的出现,使图像处理有了更大的应用场所。图 7.5.5 和图 7.5.6 分别给出了城市交通监控图像的车流统计以及车牌照识别的例子。

图 7.5.5　城市交通监控图像与车流统计　　　　　图 7.5.6　车牌照识别

5. 医学与生物学

在医学和生物学领域,图像媒体技术的应用更加重要。不论是基础科学还是临床应用,都是图像处理技术应用最多的领域。例如,X 射线成像、计算机断层扫描(CT)、核磁共振、超声波检查等,都要利用图像处理技术。这些装置都是利用检测装置去探测信号,通过对获取的信号进行分析,认知我们所要关注的物体内部信息。图 7.5.7 显示了一幅苍蝇的 X 光图像。

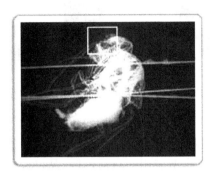

图 7.5.7　苍蝇的 X 光图像

6. 多媒体通信

在多媒体通信领域,信息内容包含声音、文字、图像、视频和数据等媒体形式的结合,这些内容称为多媒体技术,需要对媒体进行处理,才能实现所需功能。在通信领域称为多媒体通信,包括传真、电视、广播,还有文字识别、电子商务、智能手机等。这些产品和系统在我们日常生活中都已经得到广泛应用。

互动电视是关于媒体认知的一个具体应用,目前这个功能还没有完全实现。例如,你正和朋友或父母在家里边聊天边看电视。当电视上显示出一幅人物图像时,如一位演员,如果你发现演员穿的衣服非常好,就想了解衣服是用什么布料制成的,在哪个商场销售的,价格是多少,等等。那么,怎么办呢? 可以提供一个互动电视系统,你如果对这件衣服感兴趣,可以用手指向电视屏幕上的这件衣服,图像处理系统能够分析出你指的位置上是一件衣服;于是,系统就把这件衣服分割出来。分割出来以后,系统能够自动地认知到它是一件毛衣;然后,通过互联网,去查找这件毛衣,这样就可以知道这件毛衣的质地、大小、号码、颜色、价格,以及在什么商场能买到,等等。这些都可以从互联网上检索到,然后你再单击购买标志,表示你要购买这件毛衣,通过网上支付手段付款后,第二天毛衣就通过快递送到了你手上。这是未来的一种消费方式,是我们的一个梦想。要想实现这样的方式,首先就要知道用户感兴趣的是什么物体,怎样把它从图像中提取出来,然后把这个物体和现有的网上信息进行比对,对它进行查找,如图像检索,然后进行购买。这是媒体与认知相互作用的一个最典型的例子。这个例子代表了媒体与认知的一种互动,也代表了人和机器之间的一种相互的交互作用。图 7.5.8 为一个多媒体应用实例。

7. 文化娱乐与影视

目前,著名的文化娱乐与影视应用,应该是我们都熟知的微软 Xbox 和三维立体电影《阿凡达》。微软的 Kinect 是利用图像设备进行人机交互的一个典型应用。它充分显示

图 7.5.8　多媒体应用实例：左图为腕型显示器；右图为智能手机显示电视画面

了媒体和认知是如何相互作用的，其应用场景如图 7.5.9 所示。这个例子包含了图像媒体认知、语音媒体认知，也包括了行为媒体的认知。其中涉及的内容较多，这是通过自然行为来进行人机交互的一个典型应用。目前，其产品已经应用到我们的日常体感游戏之中。

图 7.5.9　微软的 Kinect 是利用图像设备进行人机交互的一个典型应用

电影《阿凡达》是利用图像和虚拟现实技术在电影制作上的一次开创性应用。《阿凡达》不仅是三维的电影，《阿凡达》即使是一部二维的电影，也将非常成功。立体摄像机、虚拟摄像机的使用、运动捕捉、表情捕捉等媒体技术的应用都开创了一个新纪元。《阿凡达》中，60%的镜头采用了"行为捕捉"（Performance Capture Workflow）技术。可捕捉演员的肢体动作和面部表情，将真人演出影像与电脑动画结合，令动画人物的造型与表情更接近于真人。图 7.5.10 显示了其中的拍摄场景和电影画面。

图 7.5.10　第一部令人感到震撼和惊艳的三维电影《阿凡达》

由于电影《阿凡达》的独特摄影技术和立体显示效果,它成为全球电影票房历史排名第一、全球第一部票房突破 19 亿并一路达到 27 亿美元的影片;它创造了全球影史票房最快过十亿美元的纪录:17 天。《好莱坞记者报》更是评价:詹姆斯·卡梅隆(James Cameron)证明了他的确是"世界之王",作为视觉特效技术大军、生物设计大军、动作捕捉大军、替身演员大军、舞蹈演员大军、演员大军、音乐和音响大军的总统帅,他用让人目瞪口呆的方式把科幻片带入了 21 世纪,这就是《阿凡达》,这是第一部让我们感到震撼和惊艳的三维电影。

最后,关于媒体与认知,可以总结如下 3 点。第一,媒体是信息的载体;第二,信息是信号变化形式的集合;第三,学习媒体与认知,是为了认知媒体。那么,认知媒体,是为了什么呢?可以认为:认知媒体,是为了让机器系统,也就是计算机,能够拥有像人一样的眼睛,像人一样的耳朵,像人一样的大脑。它能够替人类去完成很多人力所不能及的工作。

综上所述,通过媒体与认知的学习,可以得出以下有关媒体和认知的重要结论:

(1) 媒体是信息的载体。
(2) 信息是信号变化形式的集合。
(3) 学习媒体与认知,是为了认知媒体。
(4) 认知媒体,是为了让机器系统(计算机)拥有像人一样的眼睛、耳朵和大脑以感知和认知媒体内容。

7.5.3 人工智能应用前景

1956 年夏天,年轻的美国学者麦卡锡、明斯基、朗彻斯特和香农共同发起,并邀请莫尔、塞缪尔、纽厄尔和西蒙等人参加,在美国达特茅斯大学举办了一次长达 2 个多月的研讨会,热烈讨论用机器模拟人类智能的问题。会上,首次使用了"人工智能"这一术语。这是人类历史上第一次人工智能研讨会,标志着人工智能学科的诞生,具有十分重要的历史意义。英国数学家图灵(1912—1954),1936 年创立了自动机理论亦称图灵机,1950 年在著作《计算机器与智能》中首次提出"机器也能思维",他被誉为"人工智能之父"。美国数学家、电子数字计算机的先驱莫克(1907—1980),1946 年研制成功世界上第一台通用电子数字计算机 ENIAC。"尤金"在 2012 年图灵诞辰 100 周年的比赛上,以 29.2% 的成绩,险些通过图灵测试。奇点大学创始人兼校长、谷歌技术总监库兹韦尔预言,在 2045 年跨越人工智能超过人类智能的"奇点"。2012 年,多伦多大学的 Geoffery Hinton 宣布在深度学习领域实现重大突破。IBM 推出超级计算机 Watson,2011 年 2 月 17 日在电视智力竞赛中战胜人类对手。2016 年 3 月,人类最后一块保留地围棋被机器攻陷。英国人工智能研究公司 DeepMind 开发 AlphaGo,2016 年 3 月,世界围棋大师李世石在韩国首尔以 1∶4 的成绩败阵。

以人工智能为核心技术的虚拟现实技术(Virtual Reality,VR)是 2015 年的国际热词,也是 2016 年产业界的一个重要的关键词,随之而来的各类 VR 体验加盟项目已成投资热点。2017年开始,一大批冠以各类名号的VR主体公园、VR体验馆将遍地开花。2016年9月29日,Facebook、Amazon、谷歌、IBM和微软等美国五大国际IT巨头结成史上最大AI联盟,联盟全名为"人工智能造福人类和社会联盟"。2016年年初,世界首款无人驾驶公交车在荷兰小镇Wageningen正式上路,这款名为WePod的电动汽车由法国机动车制造商EasyMile和欧盟运输计划Citymobil2设计。DeepMind的深度学习技术可以帮助谷歌的服务器节省数亿美元的电费。2016年10月,人工智能语音识别系统实现了与专业速录员相当甚至更低的词错率(WER),达到了5.9%!这一成果和实现进展速度让一些人类转录员感受到了失业的风险。图7.5.11和图7.5.12分别是车载视觉智能感知和图像语义描述的实例。

图7.5.11　车载环周视频车辆检测技术(本例为前后左右4个摄像头的检测结果)

人工智能应用前景广阔,基于人工智能的新兴产业将会进一步发展,包括但不限于以下几个主要方面:

(1) 智能软硬件,即研发面向人工智能的操作系统、研究图像识别、语音识别等;

(2) 智能机器人,需要攻克核心部件、研制智能工业机器人、服务机器人等;

(3) 智能运载工具,如发展自动驾驶汽车和轨道交通系统,以及相应的控制系统;

(4) 虚拟现实与增强现实,关键技术需要突破高性能建模、增强现实与人机交互等;

(5) 智能终端,如研发新一代智能手机、5G车载智能终端等移动智能终端;

(6) 物联网基础器件,如发展新一代物联网高可靠性智能传感器芯片、AI芯片等。

2015年,中国工程院设立人工智能2.0发展战略研究。2017年2月中国"科技创新2030——重大项目"新增"人工智能2.0"。2017年6月8日,中国工程院原常务副院长潘

图 7.5.12 图像语义描述（经过对本图识别分析后形成的语义描述如下：a blue sky with no clouds. man riding bicycle. a blue car parked on the street. traffic light on a pole. a traffic light. a city street scene. a building with a large roof. traffic light on a pole. a large tree in the street. a large window on the building.）

云鹤院士在 2017 浙商人工智能峰会上，以"人工智能 2.0"为主题，深入分析了人工智能现状，指出中国人工智能 2.0 的重点方向是大数据智能、群体智能、跨媒体智能、人机混合增强智能、自主智能。2015 年 7 月 4 日国务院发布《国务院关于积极推进"互联网＋"行动的指导意见》；2016 年 5 月 23 日国家发改委等四部门关于印发《"互联网＋"人工智能三年行动实施方案》的通知；2017 年 7 月 8 日，国务院印发《新一代人工智能发展规划》。2018 年 10 月 31 日，中央政治局就人工智能发展现状的趋势举行第九次集体学习，会上将人工智能提高到新一轮科技革命和产业变革关键驱动的战略高度。会议提出要求：AI 在各个领域发挥融合效应，提高全要素生产率；并强调 AI 与改善民生相结合，提高公共服务和社会治理水平。人工智能已经成为国际竞争的新焦点，是引领未来的战略性技术；人工智能成为经济发展的新引擎，作为新一轮产业变革的核心驱动力；人工智能带来社会建设的新机遇，将深刻改变人类社会生活、改变世界。抢抓人工智能发展的重大战略机遇，构筑我国人工智能发展的先发优势，加快建设创新型国家和世界科技强国。

《新一代人工智能发展规划》针对我国人工智能发展的迫切需求和薄弱环节，提出设立新一代人工智能重大项目，形成以新一代人工智能重大项目为核心、以现有研发布局为支撑的"1＋N"人工智能项目群。"1"，是指新一代人工智能重大科技项目，聚焦基础理论和关键共性技术的前瞻布局，包括研究大数据智能、跨媒体感知计算、混合增强智能、群体智能、自主协同控制与决策等理论，研究知识计算引擎与知识服务技术、跨媒体分析推理技术、群体智能关键技术、混合增强智能新架构与新技术、自主无人控制技术等，开源共享人工智能基础理论和共性技术。"N"，是指国家相关规划计划中部署的人工智能研发项目,重点是加强与新一代人工智能重大科技项目的衔接,协同推进人工智能的理论研究、技术突破和产品研发应用。加强与国家科技重大专项的衔接,在"核高基"(核心电子器件、高端通用芯片、基础软件)、集成电路装备等国家科技重大专项中支持人工智能软硬件发展。加强与其他"科技创新重大项目"的相互支撑,加快脑科学与类脑计算、量子信息与量子计算、智能制造与机器人、大数据等研究,为人工智能重大技术突破提供支撑。

媒体与认知与人工智能密切相关,密不可分。媒体与认知既是人工智能的一个理论研究内容,也是人工智能的一个应用载体。结合人工智能的发展历程和对未来人工智能应用前景的展望,在此我们认为,在今后一个时期,人工智能的主要研究方向需要在以下五个层次展开:

(1) 计算智能,即快速计算和记忆存储能力;
(2) 感知智能,即视觉、听觉、触觉、嗅觉、味觉能力;
(3) 认知智能,整合、注意、理解、记忆、判断、推理能力;
(4) 情感智能,了解、表达、控制、反应情感的能力;
(5) 创造智能,人工智能最高境界,从无到有,发明新物。

我们期待人工智能的发展和应用为人类社会带来更加美好、舒适、便捷的工作环境和生活服务,创造更加美好的明天,让人类和自然更加和谐地共存在这个星球上。

参考文献

[1] 冈萨雷斯. 数字图像处理. 2版. 北京:电子工业出版社,2007.
[2] 向华,徐爱芸. 多媒体技术与应用. 北京:清华大学出版社,2007.
[3] 王志良. 脑与认知科学概论. 北京:北京邮电大学出版社,2011.
[4] 罗四维,等. 视觉信息认知计算理论. 北京:科学出版社,2010.
[5] 边肇祺. 模式识别. 2版. 北京:清华大学出版社,2004.
[7] 王生进,彭良瑞,李亚利. 媒体与认知. 清华大学课程讲义,2019.

图书资源支持

感谢您一直以来对清华大学出版社图书的支持和爱护。为了配合本书的使用,本书提供配套的资源,有需求的读者请扫描下方的"书圈"微信公众号二维码,在图书专区下载,也可以拨打电话或发送电子邮件咨询。

如果您在使用本书的过程中遇到了什么问题,或者有相关图书出版计划,也请您发邮件告诉我们,以便我们更好地为您服务。

我们的联系方式:

地　　址:北京市海淀区双清路学研大厦 A 座 701

邮　　编:100084

电　　话:010-83470236　010-83470237

资源下载:http://www.tup.com.cn

客服邮箱:tupjsj@vip.163.com

QQ:2301891038(请写明您的单位和姓名)

用微信扫一扫右边的二维码,即可关注清华大学出版社公众号。

教学资源·教学样书·新书信息

人工智能科学与技术
人工智能|电子通信|自动控制

资料下载·样书申请

书圈